编　写	湖南省商务厅　华声在线文萃传媒
主　编	肖彬
副主编	王　峰　王兴银
编委会成员	戴　琳　刘　文　周光曙　孔杨林　陈识君　周　明
	胡　晴　范莉娜　姚　瑶　余　娅　陆嘉琪　王　燕
	陈暑艳　杨海英　彭　静　刘伟丹　张又心

湖南故事老字号

湖南省商务厅
华声在线文萃传媒 编写

肖彬 主编

中国文联出版社
http://www.clapnet.cn

图书在版编目（CIP）数据

湖南老字号故事 / 肖彬主编. -- 北京：中国文联出版社，
2019.1
ISBN 978-7-5190-4171-7

Ⅰ．①湖… Ⅱ．①肖… Ⅲ．①老字号－湖南－通俗读
物 Ⅳ．①F279.276.4-49

中国版本图书馆 CIP 数据核字 (2019) 第 010479 号

湖南老字号故事

主　　编：肖　彬	
出 版 人：朱　庆	
终 审 人：奚耀华	复 审 人：王东升
责任编辑：李　民　周　欣	责任校对：刘　静
封面设计：张　璨	责任印制：陈　晨

出版发行：中国文联出版社

地　　址：北京市朝阳区农展馆南里 10 号，100125

电　　话：010-85923064（咨询）85923000（编务）85923020（邮购）

传　　真：010-85923000（总编室），010-85923020（发行部）

网　　址：http://www.clapnet.cn　　http://www.claplus.cn

E－mail：clap@clapnet.cn　　　　lim@clapnet.cn

印　　刷：长沙市精宏印务有限公司

装　　订：长沙市精宏印务有限公司

法律顾问：北京市德鸿律师事务所王振勇律师

本书如有破损、缺页、装订错误，请与本社联系调换

开　　本：787×1092	1/16
字　　数：310 千字	印　张：20.75
版　　次：2019 年 1 月 第 1 版	印　次：2019 年 1 月 第 1 次印刷
书　　号：ISBN 978-7-5190-4171-7	
定　　价：98.00 元	

擦亮"老字号"金字招牌

◎ 陈先枢

"杨裕兴的面，徐长兴的鸭，德园的包子真好呷！""三王街、三兴街、三泰街，三三得九九如斋。"这些流传很广的顺口溜是不少湖南人对"老字号"的记忆。"老字号"是一个地方的发展印记，是一个地方历史文化和商业文化的沉淀，也是一代人的乡愁。

目前，湖南拥有116家老字号企业。其中由商务部授予的"中华老字号"20家，省商务厅授予的"湖南老字号"96家。从老字号的行业分布看，食品加工、餐饮、酿酒、制茶居前四位，占总数的74%。

老字号品牌凝聚着一代代湖南人共同的记忆。任何一个品牌的成长壮大都离不开一批批为之辛勤付出和奉献的经营者，不管是享誉三湘的"火宫殿"、名扬四海的"九芝堂"，还是拥有"绣花花生香，绣鸟能听声，绣虎能奔跑，绣人能传神"美誉的湘绣企业，都是一代代湖湘儿女聪明才智的结晶，印记着湖南民族工商业发展轨迹，深深镌刻着湖南人以诚信为本和"吃得苦、霸得蛮"的时代品格。

"诚招天下客，誉从信中来。"湖南老字号不仅商业业绩令人瞩目，而且许多老字号企业以其良好的商业精神和商业道德为世人所称道。字号即企业的品牌。丧失质量也就丢掉了品牌。信誉是一家字号在长期商业活动中以诚信待人而形成的，是不可估量的无形资产。"市不豫贾"正是湖南老字号商业精神的精辟总结。湖南的老字号品牌历经了社会的洗礼，跨越了时代的鸿沟，在岁月的炼洗中生存并成长，其能够发展壮大本身就是一部励志的传奇。湖南老字号企业身上体现出来的永不言弃的精神也早已成为"湘商"的代名词。湖南的老字号企业经历年代久远，文化底蕴深厚，其背后蕴含的强大精神力量和知识背景是影响后代、教育后代的重要力量来源。老字号企业在长年累月里形成的具备湖湘特色的文化，成为推动湖南发展的一支重要力量。

如今，越来越多的人呼吁，要从保护和弘扬中华民族传统文化的战略高度，加强对现有老字号的保护和发展。这是老字号之幸。湖南商务厅编辑出版此书的目的，也正是旨在通过深度挖掘湖南老字号企业的匠人精神和品牌内涵，讲述老字号创始人、传承人的故事，揭示湖南老字号的文化传承和商业道德，树立湖南老字号的整体形象，提升湖南老字号的品牌价值，增进社会各界对湖南老字号企业的了解。

保护老字号，政府一直在努力。2017年底，湖南省商务厅等14部门联合印发《关于保护和促进湖南省老字号发展的若干意见》。政府层面在保护，企业层面要自强，"尊古不泥古""创新不离宗"，一旦老字号能够打破观念桎梏，进行机制、思维、营销、技术等方面的创新，其潜力和活力都将被激发，会迸射出惊人的能量来。

（作者系湖南省文史研究馆馆员）

Contents 目录

中华老字号

老字号是一种记忆，伴随着儿时的味、年少的情，以及终生不能忘怀的人和事。

「露从今夜白，月是故乡明。」

一块饼、一碗面、一道菜，浸满风雨骄阳，饱含百年沧桑。

火宫殿：吃的是美食 品的是故事

火宫殿，又名乾圆宫，位于长沙市天心区坡子街，原是祭祀火神的庙宇，始建于明万历五年（1577 年），距今已有 440 余年的历史，至清末民初，因庙市的兴盛，火宫殿发展成为集宗教文化、饮食文化和民俗文化于一身的大众文化场所。而又以其丰富且独具地方特色的美食给人们留下最为深刻的印象，并享有"湘风小吃的源头和传统湘菜的主要代表"之誉。

长沙民间曾流传着一句谐语："进门火宫殿，出门钱圆工。""钱圆工"意取"乾圆宫"谐音，比喻为饱食火宫殿美食而不惜倾囊一尝，火宫殿美食所带来的无法抵挡的诱惑可见一斑。1943 年徐斌编写的《长沙纪实》一书，把火宫殿与北京的天桥、上海的城隍庙、南京的夫子庙相媲美，火宫殿当时之繁盛由此可见。中华人民共和国成立后，火宫殿的饮食文化得到传承和发展，经过公私合营，成立长沙火宫殿有限公司，进行体制改革，火宫殿逐渐完成了餐饮经营模式从传统到现代的转变。

品类丰盛，匠心独运。"火宫殿，样样有，饭菜小吃热甜酒。油炸豆腐喷喷香，馓子麻花嘣嘣脆，姊妹团子数二姜，猪血蹄花味道美，各式小吃食不完……"这首在长沙传唱百年的民谣，点出了火宫殿美食的丰富多彩。其中点到的臭豆腐、龙脂猪血、姊妹团子、红烧猪脚、肉丝馓子等至今仍是火宫殿的招牌美食。百年耕耘，百年传承。时至今日，火宫殿已经传承并开发湖湘传统小吃品种300多个，传统湘菜品种200多道。火宫殿小吃王国、湘菜首府，成为湖南美食的集萃之地。在火宫殿就能尝遍湖湘美食的消费者共识应之而生。

即使品种繁多，也要保证品质卓越。火宫殿传统菜品的制作始终遵循传统制作工艺流程，坚持纯手工制作方式，并在原材料的选择上有着相当苛刻的要求。火宫殿的臭豆腐卤水就须选用鲜冬笋、浏阳豆豉、香菇及上等白酒等原料发酵而成。为保证卤水发酵质量，火宫殿还曾向卤水中倒过茅台酒。豆腐坯的制作也要选用颗粒饱满、水分充足的大豆作为原料，这才有了"黑如墨、香如醇、嫩如酥、软如绒"的火宫殿臭豆腐。尽管长沙街头小巷卖臭豆腐的数不胜数，但还得以火宫殿的臭豆腐为正宗。龙脂猪血中所用的猪血是从屠宰场采回的新鲜猪血加工而成，才使得龙脂猪血有如龙肝凤脂般的鲜嫩。传统湘菜发丝牛百叶，以其主料切制得细如发丝而得名，考究的刀功是这道菜的灵魂，为此，

即使供不应求，火宫殿也要坚持手工切制这道菜……正是独具匠心，质量并重，不负食客，才铸就了火宫殿的美食盛名。

食中有典，以文载道。常有人说，到火宫殿请客吃饭就不担心没话题。火宫殿是一个不缺话题的地方。火宫殿的历史变迁，名人名事的历史故事，著名菜品的制作工艺、特点及其背后的典故等，就是说上几天几夜也说不完。在火宫殿放眼望去就是历史，举箸之间就有故事。一桌主席宴，把毛主席1958年视察火宫殿时所品尝的菜肴原汁原味地再次呈现。品味美食之间，听着服务人员述说当时情景，在脑海中刻画着一张张伟人就餐时的历史画面，于享受美食的同时，习得一段历史，别具一番风味。姊妹团子是火宫殿所特有的小吃，相传，清末时期，有姜氏两姐妹在火宫殿经营糯米团子，因心灵手巧，做

出的团子玲珑剔透、味道鲜美，颇受客人喜爱，食客便将这糯米团子雅称为"姊妹团子"，流传至今。听到这样的菜品介绍，不由让人拔高对菜品的印象分。火宫殿的每个传统菜品都有其典故，可谓是一食一典。经营场所的美食文化墙，美食本身所蕴含的历史，让食客在品尝美食的同时，加深了对火宫殿菜品及历史文化的认知。火宫殿也借着对历史文化的挖掘利用打造出了具有浓郁地域特色的经营文化氛围，创造了更为丰富的餐饮消费体验，在业界独树一帜，引得食客接踵而至。

名食民俗，相得益彰。火宫殿的饮食文化依托于祭祀火神的庙会而产生、发展。作为火宫殿历史文化的一个重要组成部分，火宫殿庙会于 2001 年在中断几十年后再次走上历史舞台。在火宫殿庙会上，有来自湖湘各地的传统民俗文化展演，有泥人、糖画、棕编等传统手工艺品的现场制作和展卖。一边品尝传统美食，一边观看庙会，就仿佛置身于历史故事的情境之中。对湖湘传统饮食文化和火宫殿庙会文化的传承和弘扬，让火宫殿成为感受湖湘饮食文化和民俗文化的圣地，也使火宫殿成为长沙这座历史文化名城的一个重要文化元素和闪亮名片。长沙火宫殿成为外地游客来长沙后的必到之地。

"星城一绝非凡技，座客千秋仰盛名。"火宫殿对菜品品质的追求和对传统饮食文化的弘扬，将传统湖湘美食的骨肉和灵魂尽情地展现在食客面前，造就了火宫殿今日胜于往昔的盛况。有食客戏谑地说，到火宫殿就餐是"欢迎光临，自己找位"。看来，如今想要品尝到火宫殿的美食也不是一件容易的事了。

火宫殿"八大小吃"典故

火宫殿"八大小吃"中最有名的当数臭豆腐和姊妹团子。

臭豆腐是长沙独特的小吃，民间流传有话道："住在长沙没吃过臭豆腐，不为地道长沙人；来到长沙不吃臭豆腐，有如白到长沙走一遭。"清同治年间，长沙府湘阴县姜氏世代制作豆腐，他在当地经营豆腐脑、白豆腐干子、酱腌豆腐等制品，深受当地人喜爱。酱腌豆腐的制作工艺非常讲究，偶尔放置时间过长，就会发臭、变黑，虽然可惜，但为了保持声誉，姜老板也只好忍痛倒掉。一次，又有一罐酱干因久置发臭，姜老板执意倒掉，老板娘却心痛舍不得，偷偷留下几片另做打算。第二天，她用豆豉辣椒蒸了几片发臭的酱干，谁知越蒸越臭，实在难闻，无法入口。老板娘并不灰心，又将有臭味的干子拿茶油去炸，结果奇迹出现了，一股异香飘满了她家里，引得大家都来观看，口水都流了出来。姜老板知道后，经反复试验、不断改进，终于制作出了远近闻名的"臭豆腐"。姜老板的后人于清道光十六年（1836 年）进入火宫殿，并将臭豆腐的制作工艺发扬光大，流传至今。

臭豆腐选料讲究，制作严谨，过程复杂。其制作要选用上等大豆，经洗豆筛除杂质后泡软磨碎，磨出豆浆后制坯成形，再放入卤水中浸泡一段时间，出缸后就变得又黑又臭。此时再经油炸，臭气立时消退，香味渐渐飘了出来，"臭"名远播的臭豆腐就这样出锅了。

臭豆腐的制作，最重要的是卤水。火宫殿的卤水是姜氏亲传配方，采用纯植物制剂制作而成，不添加任何添加剂，安全、卫生、质量过硬。用这种卤水制作出来的臭豆腐，保持了纯正的黑与臭，炸熟之后更是外焦内嫩、质地细腻、芳香爽口，几百年来一直深受大众喜欢，连毛泽东主席也赞不绝口。

姊妹团子，顾名思义，是一个有关女孩的故事。传说20世纪初，长沙有一位叫姜立仁的铜匠，练得一手制铜器的好手艺。生意的兴隆使他衣食无忧，经常就着店铺的灶台做点小吃打打牙祭，做得最好的是糯米团子。姜师傅生有一对孪生女儿，长大后亭亭玉立，聪明美丽。她们对铜器手艺不感兴趣，偏偏喜欢上了做糯米团子。姜老爹无奈，做了一副担子让姐妹俩在火宫殿的庙会场上卖起了糯米团子。团子，用糯米粉蒸制而成，一甜一咸、一高一矮，高的馅咸，矮的馅甜；一团一尖，圆的矮的像荸荠，尖的高的像蒜球。团子很快在长沙城出了名。一天，有一位爱吃的食客说："妹子，这团子还叫什么'糯米团子'，干脆叫'姊妹团子'算了。"这名字很快就在市面上传开了。而"姊妹团子"也成了姜氏两姐妹的谋生品牌，流传至今。姊妹团子采用纯手工制作，外观白净、吹弹可破，口感细腻油润、鲜香爽口，深受食客喜爱。

火宫殿"八大小吃"的其他六种分别为：

红烧猪脚。100多年前，火宫殿里有一摆摊的邓姓人家，以卖红烧猪脚出名。邓氏将猪脚加桂皮、干椒、八角、香叶等配料煨之，其口味独特，总能引得食客驻足品尝。红烧猪脚色泽红亮，骨肉分离而不烂，肥而不腻，味浓鲜香，至今仍为饕餮一族必选。

荷兰粉。荷兰粉名字洋气，却是地道的长沙风味，俗称"鳞皮豆腐"。清末年间，有一民间小贩以卖蚕豆粉为生，也就是"鳞皮豆腐"。20世纪30年代，火宫殿的周福生对其加以创新，将其切成薄片后加入上等汤料，其味爽开胃，取名"荷兰粉"。荷兰粉采用传统工艺制作，将优选出来的上等蚕豆磨碎，取其淀粉浸泡之后，放入热水迅速搅拌至凝胶状，待其自然冷却成形之后切成薄如蝉翼的片状，再配以煨炖的原汤，其白皙嫩滑、鲜香清醇，备受人们欢迎。

八宝果饭。早在唐代，湖南人每逢腊月时，使用糯米、红枣、湘莲、核桃仁等干果果料蒸熟，掺入白糖做成一道甜品，以庆五谷丰登，又兆来年吉祥。旧时火宫

殿小贩用这些方法，制成小碗八宝果饭分装出售，大受食客欢迎。

龙脂猪血。清同治年间，长沙胡氏一家在火宫殿经营的猪血因口感味道好，有如龙肝凤脂之细嫩，故而得名。

三角豆腐。清代，在火宫殿的豆腐经营者为吸引顾客，在豆腐的外形和汤料上加以创新，制作出了"三角豆腐"。三角豆腐采用上等大豆制成豆腐，成形后再将四方豆腐干子对角切开呈三角形，油炸后用加入香料的高汤煨之，出锅后颜色翠黄、口感嫩滑、鲜美多汁，广受食客喜爱，老长沙人称其为"三角干子"。

牛肉煮馓子。馓子在我国有千余年的历史，火宫殿的煮馓子是火宫殿的一大创新。清同治年间，火宫殿周氏独创馓子放入原汤内煮食的方法，并用牛肉盖码佐以麻油、葱花等，其制作方法独特，口感极佳，备受食客青睐。🔴

（余娅）

玉楼东：让『湘』味回溢

玉楼东，取唐代诗人白居易《长恨歌》中"金屋妆成娇侍夜，玉楼宴罢醉和春"之意而得名。悠悠千载，玉楼宴饮，从君王享乐的描述，走进了市井生活，成为长沙市民家庭聚餐、款待宾客的好去处。

宰天下当如是肉，治大国若烹小鲜

玉楼东由长沙人饶石顽创办。它开设在长沙市青石桥东茅巷口，其前身叫"玉楼春"。当年，玉楼春开业之初，还曾经因为其一副对联引发了一场小小的风波。

"宰天下当如是肉，治大国若烹小鲜"，这样一副对联，如果只是文人抒怀，则罢了。而当它挂在一家酒家门前，就有人犯嘀咕：哪个店家如此大胆，敢拿做菜跟治国并提！

其实，这副对联正好契合了玉楼春东家的经历和抱负。饶石顽出身于商贾世家，但因富经世之才，走上了仕途。在京师时，他致力于研习边务及中外兵略权谋。1903 年，饶石顽在任清廷内阁中书期间，曾护送中国学生赴欧留学。接近过当时的权力中枢，如此经历，也可称得上"治过国"了吧！

而在留欧期间，他亲身感受到外国人对中国菜肴的浓厚兴趣，

20世纪90年代屹立在长沙市五一广场的玉楼东酒家

玉楼东五一路店

于是决定"弃官从商",重返商界,经营饮食业。1904年,饶石顽回长沙后即集股创办了玉楼春酒家,主要经营湘菜酒席。玉楼春开业时,他亲撰一联贴在店门上:

要汤以割,

见尧于羹。

后因股东汤翁庄认为此联的政治倾向过于显露,便另撰写一联取代:

宰天下当如是肉,

治大国若烹小鲜。

一段百年餐饮老店传奇的大幕,自此拉开……

麻辣子鸡汤泡肚,令人常忆玉楼东

饶石顽身跨政界、商界,开办了玉楼春(开业当年,改名"玉楼东",东,东茅巷之谓也),也是"谈笑有鸿儒,往来无白丁"。他与清末翰林、曾国藩之孙曾广钧交好。曾广钧曾登"玉楼东"用膳,题写了"麻辣子鸡汤泡肚,令人常忆玉楼东"的千古佳句。

此后,玉楼东的命运便跟长沙城休戚与共。先是辛亥革命后,饶石顽因反对袁世凯复辟,而遭遇不测。1938年,又因长沙"文夕大火",被烧成一片废墟。1942年,才由余文炳等出资重建于东茅巷。

民国时期,玉楼东发生过"顶级厨子办砸酒楼"的逸事。相传,1920年,玉楼东由当时号称"湖南第一厨"的谭奚庭接管经营并掌勺主理。按理说,顶级厨师坐镇,

生意自不会差。可谁承想,这谭奚庭竟是个"厨痴",醉心厨艺,不理俗务。他对烹饪技艺精益求精,只求菜肴之完美,常不计成本,最终生意难以为继。后转由姚某经营,仍由谭奚庭掌厨,生意红极一时。

中华人民共和国成立后,"公私合营"的玉楼东店名几经变更,先后改名为"奇珍阁食堂""广场饮食店""长沙实验餐厅"。玉楼东逐渐淡出时人视野。

人们无不惋惜,玉楼东能否迎来重归呢?

春风又绿江南岸,改革开放让神州大地发生了翻天覆地的变化,而像"玉楼东"这样的老字号,更成为获益者。20世纪80年代末,长沙市饮食公司决定振兴湘菜,在五一广场恢复"玉楼东酒家"这一老招牌。公司先后投资260多万元,两次对店堂进行了装修,使其面貌焕然一新,古朴典雅与时代气息融为一体。两座仿古塔式阁楼雄踞酒家顶层南北角,上面装配大型时钟,按时音乐报点响彻整个五一广场。

饱经沧桑的玉楼东酒家,又焕发了生机。

玉楼东归来,老树发新枝

虽数次改名,可成功归来的玉楼东酒家,却依旧保有原来的味道,并不断推陈出新。其最大的依仗就是一批湘菜名师在此传承。舒桂卿、蔡海云、周子云、王墨泉、许菊云等在湘菜领域赫赫有名的人物,都曾先后在玉楼东掌勺献艺。这些湘

菜名师在继承的基础上，采取外部移植、内部创新的办法，推出海味、汽锅、火锅、罐焖、铁板、牛百叶、甜菜、素菜八大系列160多个品种。此中众多名菜，多以技艺精湛和风味独特著称。

仅举一例可"窥全豹"。玉楼东创新的名菜"柴把鳜鱼"，是选用一尾近1500克重的鲜鳜鱼，开剖洗净，切下鱼头、鱼尾和前鳍，加绍酒、鸡蛋清抓匀。然后把葱用开水焯下，置砧板上，将鱼条两根横放成"U"形，将冬笋、火腿、香菇、姜、韭白丝各一根，置"U"形中间，捆成柴把形，共32把。将菜油烧至五成热，下入柴把鱼，出锅沥油，锅内留油25克，再倒入柴把鱼，加鸡汤、味精、芝麻油、蒜头颠匀，用湿淀粉勾芡出锅。鱼身由柴把拼成，头、尾、鳍过油后放在原位，并在鱼头上镶一颗樱桃作眼睛。整个成品造型逼真，栩栩如生、肉质鲜嫩，味感丰富。

此菜由该店国家特一级厨师许菊云制作，曾荣获1988年第二届全国烹饪大赛金牌。

许菊云大师的厨艺非凡，品格更不一般。1988年，许菊云应邀去香港洞庭楼餐馆参加开业典礼。在此期间，他每天推出4～6个不同的湘菜，深受香港美食家好评。临走时，老板想用高薪挽留他，他婉言谢绝了。次年，他又随省厨师代表团访问日本。日本老板特邀不少名流聚餐，请他到家里当场献艺。宴罢，老板也是想用高薪聘请他，他同样谢绝了。

玉楼东厨师团队

许菊云热心传授技艺，使青年茁壮成长。其中23岁青年厨师张涛所烹制的象形冷盘双雀闹梅、热菜冬笋里脊丝，在首届全国青工技术大赛上，一举夺得银牌，成为全省烹饪界唯一获得此项殊荣的参赛选手。

湘菜千姿色香味，玉楼百年真善美

玉楼东酒家的名声日高，慕名前来就餐和造访的顾客络绎不绝。1990年4月，中国电影明星赴湘演出团来店，而这一桌酒席，惊艳到了这群走南闯北，尝遍天下美食的明星人物。

厨师们先为他们上了六个冷菜：炸泥鳅、烤子鸭、卤牛肉、甜藠子、泡黄瓜、掸韭黄。入口有焦有烤有卤有甜有酸有香，"序幕"就撩人食欲。

紧接着，第一道菜上鸡汁鲍鱼。鲍鱼发得通体透明，软硬适度，伴以鸡汁煨出来，又鲜又嫩。

第二道菜清蒸裙爪，只取水鱼的裙边和腿子，清汤一勺，满口余香，营养价值自不待说。

第三道菜是铁板鳝鱼，当服务员刚通报菜名，将一碗生鳝片朝烧红的铁板上一倒，随着"吱吱"的淬火声，整个店堂便弥漫着油盐香。用筷子一拨，鳝片全熟了。

接着上的是过桥百叶、汤泡肚尖，都是该店的拿手名菜，不断博得阵阵掌声。最后上的是翠竹粉蒸鱼，只见一截青青的南竹，上面开个"天窗"，将"天窗"一揭，悠悠的植物清香沁人心脾。明星们无不称奇，啧啧不已。每上一道菜，大家都频频举杯，来几句评论，认为"走南闯北，今天算得一餐"。

明星团团长郑在石，当即挥毫写下"佳肴美酒玉楼东""玉楼东酒分外香"两幅条幅。著名电影艺术家谢添、陈述和陈强等人，也写下了"观景武陵源，美食玉楼东"和"湘菜千姿色香味，玉楼百年真善美"等赠言。

1992年6月，省会文化艺术界名流来店，面对众多的名菜佳肴，省书法家协会主席、副主席和国画家们，也当场挥毫泼墨写下了"竹叶杯中缘，杏花上脸红。清风明月夜，常醉玉楼东"的诗句，绘制出大型《春声图》等佳作。

玉楼宴罢醉和春。千年食文化，百年玉楼东，就这样奇妙地融合在了一起。

2002年，完成企业改制后，玉楼东酒家定名为长沙玉楼东有限公司，总店今址位于万家丽路，拥有多家连锁店和加盟店。2005年，"玉楼东"获湖南省著名商标称号。2006年被国家商务部认定为"中华老字号"。2010年，许菊云被长沙市政府公布为首批非物质文化遗产"玉楼东传统湘菜制作技艺"代表性传承人。

历经百年沧桑的玉楼东，已深深扎根于市民心中，成为家喻户晓的餐饮品牌。当下经营者确立下一步的发展思路是：在市内开立数家旗舰店和子品牌店，坚持传统与创新相结合，再造百年名店新辉煌；在市外开立若干连锁加盟店，实施快速扩张，不断拓展品牌形象。组建原材料供应基地和产品配送中心，实现产供销一体化。成立厨师培训学校，形成技术人才储备库。

中国烹饪大师、湘菜大师、玉楼东常务副总经理、技术顾问许菊云

一代湘菜名厨许菊云

2009 年，玉楼东的麻辣仔鸡、发丝百叶、酱汁肘子、洞庭龟羊、柴把鳜鱼、腊味合蒸六道传统湘菜成功"申遗"，成为长沙市首批手工技艺的非物质文化遗产，而一代名厨、玉楼东技术顾问许菊云，是这六道经典湘菜当之无愧的传承人。

许菊云 1964 年参加工作，进入饮食行业从事湘菜烹饪。1977 年他被调入玉楼东酒家工作，当时玉楼东名厨云集，他虚心向大师们请教，逐步掌握了湘菜烹饪的各种基本技法。不倦的耕耘，终于赢来了收获的季节。1978 年在长沙市烹饪技术比赛中，许菊云取得了第一名的佳绩。1984 年在湖南省烹饪名师技术表演鉴定会上，他荣获"全省最佳厨师"雅誉，长沙市人民政府给他记大功一次。1988 年在省第二届烹饪技术选拔赛中，

他荣获热菜、冷菜两块金牌。同年，他被选派参加第二届全国烹饪技术大赛，制作的"柴把鳜鱼""双味太极里脊""鸡汁透味参鲍""金鱼戏莲"四道热菜，获得一金二银一铜四块奖牌，为湖南代表团实现了金牌"零"的突破，为几乎抛在被遗忘的角落里的湘菜打了个漂亮的"翻身仗"。大赛归来，他被破格晋升为特一级厨师，成为全省最年轻的特级厨师。

从 1989 年起，他一直担任玉楼东酒家总厨师长。面对激烈的市场竞争，他提出将"人无我有、人有我优、人优我精"作为产品创新的目标，不断推陈出新，使玉楼东菜品更迭不断，让广大食客常吃常新，企业经济效益逐年递增。

在实践中不断总结的同时，他还开展了烹饪理论的探索。他撰写的多篇论文，曾多次在全国和省级烹饪学术研讨会上宣讲。他集自己几十年的烹饪实践经验撰写出版的四本图文并茂的理论专著，更是受到了烹饪界的极力推崇和高度评价。

许菊云身上的光环也十分耀眼：全国劳动模范，全国五一劳动奖章获得者，全国技术能手，享受国务院政府津贴的"有突出贡献专家"；他是元老级中国烹饪大师，中国湘菜大师，国家高级烹饪技师，第十一届、第十二届全国人大代表，第八、九、十届湖南省人大代表；他还受聘为世界烹饪大赛国际评委、国家烹饪一级评委；他还是中国烹饪协会副会长、湖南省餐饮行业协会副会长、长沙饮食集团公司技术总监、长沙玉楼东有限公司常务副总经理兼技术顾问。

玉楼东部分名菜制作方法

【麻辣仔鸡】

做麻辣仔鸡，剔骨切鸡丁是刀功的技术关键。要剔除鸡的全部粗骨细骨，斩断筋络，剞上花刀，然后将鸡切成两厘米见方、大小均匀的鸡丁。烹制前上浆最为重要。鸡丁要用精盐、酱油、料酒、湿淀粉等抓匀上浆，使湿淀粉黏附在鸡丁之上，主要是保持原料营养成分不流失和肉质的鲜嫩。麻辣仔鸡做出来外焦内嫩、麻辣鲜香，这是玉楼东制作的技术秘诀。烹制时第一次油温要烧到八成热下锅，把鸡丁炒散捞出，待油温回升至九成热再下锅，过第二次油。

【酱汁肘子】

玉楼东的酱汁肘子采用的是现宰的鲜猪肘。将猪肘烙净余毛，和冷水下锅一起煮，煮至八成熟起锅，摊凉。肘子靠内的瘦肉那一面，要剞花刀。剞花刀以切到瘦肉的八成深处为宜，不能切穿。肘子入煨锅前，要在煨锅里先垫好篾折，以免在上火煨制时肉皮粘在煨锅上。肘子放进煨锅里，要肥肉朝下瘦肉朝上放，并把事先备好的红干椒、八角、桂皮等，全部放在瘦肉的上面一起煨。炒糖色调味是酱汁肘子的一个秘诀：用少量红糖在锅里炒热，兑入适量的水，加在肘子里一起上火煨。🐦

（王燕）

『又一村』：老店品珍馐 新风吹雅座

又一村饭店位于长沙市中山西路又一村地段。"又一村"为原位于此处的清湖南巡抚衙门花园，后成为地名。该店所在地为20世纪40年代中岳楼茶馆和明明面粉馆及40年代后期的青年馆餐厅。1956年几店合并，更名为"又一村饮食店"。"文革"中，改名为"五一饮食店"。1978年，将相邻的为康药店及清泉池澡堂并入，复名又一村饭店。新建五层楼房一栋，建筑面积6000平方米。

又一村饭店建成开业后声望日增，首先得益于烹饪名师主理。尤以蔡海云和蔡金彪父子（人称"父子双虎将"）著称。蔡海云生于1915 年 10 月，15 岁时从长沙县入长沙市杏花园酒家学徒，得益于湘菜名厨师龚保生等人的指点，三年学成出师后，先后在玉楼春酒家（玉楼东酒家前身）、奇珍阁酒家等正式掌勺，有机会接触更多不同帮派的名老师傅，博采众长。他能根据顾客的不同籍贯、不同年龄和不同身份，制作不同口味。1953 年到 1958 年先后在北京大同酒家等名店从事厨师工作，1958 年回长沙。1978 年调入又一村主理。蔡海云经几十年苦心钻研，通晓南北名菜烹调技艺，尤以熘、炸、煨、烤、煮、炖、煎、煲拿手，并学得泡发海参等绝技，同时旁通川、粤、江浙等菜系的烹调技艺。蔡海云烹制的祖庵鱼翅、奶汤鱼唇、

发丝牛百叶、花菇无黄蛋、香酥鸭、锅贴鱼、烤乳猪、烧方肉、麻辣仔鸡等传统湘菜，连日本著名厨师吴祥勇品尝后也连声称赞："潇湘风味，古风犹存。"欧、美、日、法、德等国及我国港、澳、台同胞和海外侨胞品尝后均交口称赞。1982 年，由日本银座等酒家组成的日本料理考察团到湖南考察时，一下飞机就先到又一村饭店，点名要品尝蔡海云大师的名菜。蔡海云烹制了花菇无黄蛋、发丝牛百叶、香酥鸭、锅贴鱼等名菜让客人们品尝，获得了日本料理考察团全体成员的高度赞誉。餐毕，日本料理考察团还特邀蔡海云合影留念。

蔡海云将其绝技单传给儿子蔡金彪。他对蔡金彪要求特别严格，意在让儿子尽快继承父业。蔡金彪不负父望，三年学成，煎、炸、熘、烤、炖、煮、煨、煲，无所不通，大有青出于蓝而胜于蓝之势，尤以烹制子龙脱袍、玉带鱼卷等得名。所谓子龙脱袍，就是将鳝鱼去皮去刺后，切成细丝，加入其他配料煸炒而成。此菜颜色好看，鳝肉油滑鲜嫩，醇香微辣，因鳝鱼去皮去刺故得名。玉带鱼卷则是用精鱼肉片包以辅料，卷成鱼卷后，用葱打结滑熘而成，鱼卷白嫩、葱节翠绿，故名。蔡氏父子所烹制菜点，既有相通，又各具特色，故声名大振，为饭店生意日兴立下汗马功劳。

国家实行改革开放政策后，又一村饭店率先由单一向国营渠道购进鲜活、干货等原材料，改为同时向农村养殖专业户、长途贩运户采买，并和广东、广西、福建、浙江、江苏、山东等主产区直接挂钩，使鲜活时令品种及时应市。例如，本省武冈县所产铜鹅，以其肉质细嫩、独具特色而驰名中外，历史上是敬献朝廷的贡品。该店与武冈县铜鹅产区专业户直接挂钩，直接购进名产铜鹅，开拓创新铜鹅全席系列菜品29种，昔日贡品变为今日应市时鲜，顾客慕名而来，争相品尝为快，吸引省、市诸多领导到店视察品尝，副省长曹文举品尝后即兴提笔挥书"天鹅腾飞，企业兴旺"。

1980 年以后，长沙普遍接受了深圳特区"效率就是生命，时间就是金钱"的新观念，生活节奏日益加快。又一村饭店抓住机遇，及时调整经营策略，于1986年春，筹集资金人民币 85 万元，从香港

购进先进快餐厨房设备，在长沙市率先经营快餐盒饭系列品种，对饭店附近的机关、学校、商店和其他企、事业单位，实行预约登记、送货上门；为各种会议和集体活动开设快餐宴、饺子宴，八九个人，花人民币几十元，要不了一小时便可以吃上热气腾腾的饺子、包点或套餐，经济实惠。卫生、方便、快捷，符合快节奏的时代特点，被消费者所接受，迅速占领了长沙大众化饮食市场。快餐盒饭日销售量最高时达万余盒，月销售额最高时达人民币15万元。

为适应不同层次和不同季节的不同需求，又一村饭店又以快餐盒饭为龙头，逐步发展大小品种配套、中西品种配套、咸甜品种配套、干稀品种配套、冷热品种配套供应的新思路，从中式点心到西式点心，从大众化面食到别具风味的糯米鸡，从绿豆汁、豆腐脑到牛奶、咖啡，从湘式杯茶到广式壶茶，从小卤腊制品到凉拌菜、酸泡菜，百花齐放，推陈出新。

1992年初，又一村还高薪聘请三位广式点心名师，精心制作椰茸糯米糍、香酥炸雪枣、莲茸水晶饼、安虾咸水角、蜜汁叉烧包、莲茸蛋黄包、爵士奶皇包、香滑生肉包、新奇橙汁果、京都沙琪玛等上百种正宗广式点心，丰富了长沙小吃市场。每到节假日，又一村饭店顾客盈门，生意兴隆。每逢除夕之夜，一楼快餐厅灯火辉煌，营业时间通宵达旦。

1993年初，饭店二楼芙蓉厅和宴宾楼与香港缪氏兄弟有限公司合资经营，开设海霸皇海鲜酒家，投资百余万元，按照港式格调进行改建装修，并于同年4月26日正式开张营业。

2003年完成企业改制，定名为长沙又一村有限公司。2006年，商务部认定"又一村"为"中华老字号"。楹联家胡静怡撰联赞曰：老店品珍馐，忆百载沧桑，山重水复；新风吹雅座，喜一朝变化，柳暗花明。

长沙又一村有限公司倡导"高效、优质、求实、节能"的理念，以专业团队致力卓越，不断突破技术层次的壁垒，不断填补管理领域的空白，事业成就得到了市场及行业同人的一致认可。

（杨海英）

杨裕兴：「面面俱到」「条条顺心」

面条起源于中国，已有 4000 多年的制作食用历史。面条制作简单，食用方便，营养丰富，既可当主食又可做快餐，是一种健康保健食品。"中华老字号"杨裕兴，100 多年来只专注一件事：卖面。

百年一面

长沙人杨心田家境贫寒，但却深谙汤粉技术。1894 年，他用省吃俭用攒下的钱在长沙市三兴街租了一间铺面，开设粉馆兼营汤圆，取名"杨裕兴"，以图利市大吉。技术精湛的杨心田在生产和加工上总是高人一等，又加之选料上乘、味道鲜香，所以很快便打响了名声，成为长沙城首屈一指的著名面粉馆。远近食客纷至沓来，杨裕兴的面被誉为"神仙难吃刀下面"。

用心经营面馆的杨心田获利颇丰，遂在 1922 年，购置房产，雇工七人，扩大经营。12 年后，杨心田渐渐年老，精力不济，便将面店交由其子杨菊邨掌管。

杨菊邨掌管杨裕兴，一如其父般兢兢业业，店中所用原材料均由其每天清早去道门口、游击坪一带的市场亲自采购。休息时，杨菊邨常在店中与食客攀谈，倾听他们的意见。遇见有人未将店中食物吃完，他总会过去询问原因，有时还尝尝顾客留下的剩面剩粉。众人笑话，说他像"叫花子"，杨菊邨也不以为意地说："剩面剩粉中有道理。"说来也奇怪，渐渐地，杨裕兴店中食客出现剩余食物的现象逐渐绝迹。三年后，杨菊邨在青石桥（今司门口）建杨裕兴分店，雇工 40 余人，增设煎饺、卤味、腊味等小吃品种，生意更兴隆，日销售额达 400 银圆。

1938 年，长沙"文夕大火"，杨裕兴的两店俱毁。杨菊邨不屈不挠，多方周旋，搭设简易帐篷，勉强维持杨裕兴的经营。1945年，两店合并于青石桥。杨菊邨集父子两辈积蓄，筹划新修铺面。经其努力，在青石桥原址修建三层砖楼，占地 70 多平方米，杨裕兴成为长沙城战后重建的先行者，生意较之前更红火。当时，长沙市民都以到杨裕兴吃面为荣，并称它为"胜利面"。

中华人民共和国成立后，杨裕兴实行公私合营，"文革"期间改

杨裕兴之创业者杨心田

杨裕兴之开拓者杨菊邨

名裕兴面馆，20世纪80年代恢复旧名。由于店中一直有大批技艺超群的面粉师傅，出品水准始终保持一流，是湖南面粉行业的标杆。

2001年改制组建成立了长沙饮食集团长沙杨裕兴有限公司，致力于杨裕兴面食文化的发展和品牌连锁经营，目前在长沙市内有70余家品牌门店。

杨裕兴现任董事长张仕其，19岁即在杨裕兴基层锻炼，苦学手艺，系杨裕兴第五代传承人，其管理大巧若拙，自成一派。他从20世纪80年代开始一直担任杨裕兴的主要负责人，打拼一生，为杨裕兴的跨越式发展奠定了坚实基础，描绘了宏伟蓝图。

百年一面，始终如一。杨裕兴收获了众多殊荣：中华老字号、湖南省著名商标、长沙市市级非物质文化遗产……2012年开始，杨裕兴开始在北京、深圳、南宁等地开辟市场，反响热烈，有了全国性影响力。

杨裕兴总店外观图

好汤下好面

杨裕兴走过了两个甲子时光，形成了自成体系的面食文化系统。长沙有句歇后语，"杨裕兴的面——牌子多"，说的是杨裕兴独有的面牌文化。

有人曾将杨裕兴的面牌串成一副对联，"宽汤、扣汤，轻油、重油，免青、落锅起；重挑、轻挑，二排、溶排，过桥、带迅干"。面牌是杨裕兴的专用术语，是面粉馆和老顾客约定俗成的行话。当食客光临杨裕兴，听服务员口齿伶俐地大声唱报面牌和数量，身手敏捷地用面板一端就是十多碗面粉，会体验到独有的面食文化氛围。

杨裕兴面馆所做面条很早以来就享有盛誉，被称为"中国南方面食之冠"。其特点是注重合理选料，精工制作，调料讲究。其面条全部采用手工擀制，面质优良、精细均匀，下锅不黏不稠，吃起来极有韧性。

好面，更需要好汤，面的精髓还在其汤底。杨裕兴的汤料，从来只用新鲜筒子骨、鸡骨熬制，而熬汤，就落在一个"熬"字。骨头要焯水，汤熬出来才漂亮。打泡撇沫要及时，当汤面上刚出现浮

杨裕兴狮子山店

沫时，就要打泡撇沫了，既不能快一步，也不能慢一拍，鲜美之余钙质营养更丰富。

上等好面浇之以鲜羹汤料，当然还少不了精心煨制的油码料。杨裕兴的油码也选料考究、制作精良、色香味俱佳，60多个花色品种各具特色，特别是酱汁、肉丝、牛肉、酸辣、杂酱五款传统油码，深受食客青睐，已被列入长沙市非物质文化遗产名录，顾客可以根据自己的口味喜好自主选择。在水清火旺的大锅前，一抖二冲，覆上秘制的油码，一碗弹牙爽口、滋味绝美的面条就出炉了。

肉丝是最受大众欢迎的品种，煨制好的成品如筷子粗细，长约一寸，肉质鲜嫩，清香扑鼻，原汤甘美。酸辣以上等酸菜、干笋为原材料，食来酸爽可口，让人口舌生津，回味无穷。酱汁的制作工艺与肉丝类似，只不过素肉切成方块状，每碗面粉加盖三到四块。牛肉选用牛后腿肉做原料，改切须符合肌理走向，煨制时须加入干红椒、八角、桂皮等配料，很费一番功夫。杂酱选用新鲜里脊肉剁碎，水发玉兰片、金钩、香菇切丁，旺火红油，先炒玉兰片，然后烩炒，加调料品勾芡，在面粉中淋入适量芝麻油，上桌时油泡闪烁，撩人胃口。杨裕兴的炒面，用鸡蛋面油炸而成，黄金间色，下锅烩炒香气四溢，尤以鸡丝炒面、肉丝炒面最具特色。杨裕兴的锅面，一碗面够五六个人吃，上盖荷包蛋，以三鲜锅面、伊府锅面最负盛名。

"面面俱到，条条顺心""关心您的胃，我们从清晨开始"这一条条简单的广告语，远不只是停留在嘴边的口号，杨裕兴人用实际行动来彰显杨裕兴的精神，杨裕兴人知道，做面更是做面子，做服务。百余年来，杨裕兴改造工艺的同时更关注改进服务。为此，杨裕兴人更注重员工的服务意识的培养，用精细做面的规范服务顾客，从一句普通的招呼语和询问语开始，从一个平常的微笑和手势着手，杨裕兴规范着员工的整个服务流程。

独当一面

鸡蛋面由杨裕兴面馆创始人杨心田首创。光绪年间的某日，杨心田和往常一样正在制作碱面，一不小心，他将放在货架上的一篮鸡蛋碰翻，数个鸡蛋打烂在地上装面粉的盆里。鸡蛋清沾上面粉无法分开，心急之下，杨心田按以往经验，加水、食用碱制作面条。他将煮好的面条送给顾客吃，没想到大家纷纷表示这面条色泽嫩黄，软滑适口，比以往的品相和味道好，纷纷追问缘由。杨心田若有所思：莫非是因为加入新鲜鸡蛋的缘故？从此，鸡蛋面应运而生。

鸡蛋面的制作工艺颇为复杂。首先是和面，要选特定筋度的面粉按特定比例加入新鲜鸡蛋和纯碱，很费周章。面和好后要用竹杠压平，压平后再折叠起来，再次压平，如此反复十余次。压面时竹杠一头固定，人坐其上如同骑马，俗称"骑

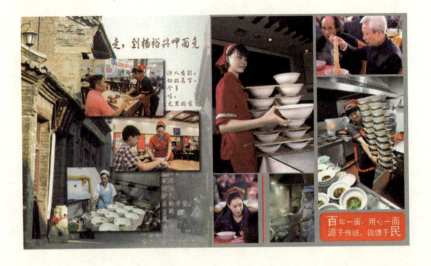

马式"。面团最后被压成等厚的布匹状，再用刀均匀地细细切成面条。这种面下锅不黏不稠，入口不滑不腻，软硬适度，富有韧性。

闻名不如见面

上至达官贵人，下至贩夫走卒，不论身份、地位和贫富，泰然共处一店进食，这种现象在其他地方并不多见，但在杨裕兴却习以为常。

晚清时期，湘籍中兴四大名臣曾国藩、左宗棠、胡林翼、彭玉麟与长沙粉面都结缘颇深，他们都是杨裕兴的老主顾。曾国藩是湘乡人，自幼喜欢吃粉。左宗棠系湘阴人，发迹前在长沙待的时日颇多，喜吃面，杨裕兴的特制炸酱面是其生前最后一年的口舌之好。益阳人胡林翼晚年曾主讲长沙城南书院，闲暇之余，以去长沙城的大小粉面馆食粉吃面为乐。"雪帅"彭玉麟为衡阳人，素爱长沙民间的炒码腰花面，据说衡阳名菜"玉麟香腰"也由其首创。

一代伟人毛泽东，在长沙第一师范求学期间，常带着恩师杨昌济的女儿杨开慧去杨裕兴吃面、粉。两人同桌食面，毛泽东爱吃店中的酱汁面，而杨开慧素喜原汤肉丝粉。湖南湘潭人杨度，人称"旷世逸才"，喜欢吃杨裕兴的牛肉面，曾在店中当众吟诵他的《湖南少年歌》："若道中华国果亡，除非湖南人尽死。"号称

"胡子将军"的王震将军，老家在浏阳，参加革命前在长沙车站当工人，偶尔会去杨裕兴吃面，并说"来这里吃面是最好的享受"。

"到杨裕兴呷碗面，嗍碗粉"，不仅是当代长沙年轻人的就餐选择，也是一些演艺明星的选择，甚至许多外国友人也迷上了杨裕兴的面和粉，吃杨裕兴面粉是国际友人体验中国饮食文化最直接的方式。

面貌一新

百年专注一面的杨裕兴面馆内，热气腾腾的，不只那一碗碗美味营养的面条，还有顾客与杨裕兴人的心。

作为一个百年品牌，杨裕兴深厚的历史文化积淀是千金不换的宝贵财富，值得代代相传，它承载着记忆，凝聚着古朴的商业文化，是许多人的精神家园。然而，在21世纪，百年老字号的杨裕兴也不可避免地面临着品牌和信誉的双重考验。

只有创新，才能发展，只有与时俱进，才能永续经营。在新的形势下，杨裕兴面馆现任总经理周光华为杨裕兴铺就了一条"杨裕兴品牌升级发展之路"。他带领公司制定了"立足长沙，服务全省，面向全国"的发展目标，努力打造稀缺资源，力图差异化，拒绝同质化。通过在连锁管理、外埠拓展、文化经营和团队建设等方面着力，实现一骑绝尘，领军行业。他力求运用现代连锁经营的手段，推动传统面粉和小吃产业化经营和规模化发展。经过不断努力，开拓进取，终于让百年品牌重新焕发出勃勃生机。

杨裕兴面食传统术语名词解释

1. 落锅起（落锅）——见水跑，面条浮起来就挑起

2. 带迅——熟而不烂

3. 带迅干——带迅、油稍多、不要汤

4. 二排——熟而不溶

5. 溶排——溶而不碎

6. 轻挑——分量少一点（湿面二两左右）

7. 重挑——分量多一点（湿面三两左右）

8. 轻油——油少一点

9. 重油（双油）——油多一点

10. 宽汤——汤稍多

11. 扣汤——汤稍少

12. 免青——不放葱、蒜

13. 免色——不放酱油

14. 过桥——面和码子分开

15. 过桥加码——双份码子过桥

16. 二排干——熟而不溶，不要汤

17. 二排宽汤——熟而不溶，汤稍多

18. 来原——不要码子，多放原汤

19. 羊肉带酸——羊肉面、酸菜（排冬菜、榨菜、酸菜最好切碎成米粒状，一边盖羊肉码子，另一边放酸菜）🔖

（王燕）

九
如
斋
：
湖
湘
味
道
百
年
传
奇

"三多斋，三元斋，三吉斋，三三如九九如斋。"这是老长沙的一副名联的上联，由四家知名食品店店名组成，九如斋为后起之秀，却成为其中翘楚。"三王街、三兴街、三泰街，三三得九九如斋。"这是长沙的80后儿时经常念唱的儿歌，三条街就是九如斋后面不远的三条巷子。这些都以文字或口口相传的方式记载着人们关于九如斋的记忆，亦见证了九如斋的百年跌宕传奇。

诞生于1915年的九如斋，在创建之初就引领了一个时代的食品新风潮，很长的一段时间内独步长沙的食品市场，在20世纪80年代的长沙也曾红极一时。老长沙人几乎都吃过九如斋产的糕点，还能对其特色产品玫瑰排骨、叉烧肉、菌油、牛奶法饼等如数家珍。如今的九如斋虽不复当年的繁盛，但九如斋人仍在传承与坚守，他们保持着老字号厚重的底色，留住了古法与初心，将老长沙的独特味道包裹进了每一块糕点中。

一个绸庄老板缔造的食品王国

1915年农历十月十五，在长沙城药王街口天申福绸缎庄隔壁，一家不起眼的小南杂店开张了。当时，这家店只是一位绸缎庄老板搞的一个"副业"，属于今天所说的"跨界"，没有人会预料到它能历经百年风云不倒，并成为长沙食品业的一块金字招牌。这个小店就是"九如斋"，创办人为饶菊生。

饶菊生本是八角亭日新昌绸缎庄的股东之一。1915年深秋的某日，饶菊生与亲友数人围炉烤火，闲话聊天，谈及长沙绸缎业很发达，但在吃食方面却没有几家像样的南货馆，精巧美味的糕点、各地有名的地方产品以及罐头、洋酒等，都不如京、沪齐全，真是有钱都买不到称心如意的东西。在这样的情况下，何不开办一家南货馆，着力做好本地糕点，并多办一些罐头、洋酒等时髦东西，生意盖过其他各家呢？

一场头脑风暴过后，饶菊生就开始着手筹办他的南货店了。其间，适逢饶菊生过生日，宴席间聊到最新的创业计划，想拟定一个品牌名，既要响亮、吉利，容易为人所记忆，又要雅俗共赏。饶菊生的堂弟饶尺珊说，今天正值寿诞之期，不如就用"九如"两字作为牌名，真是再好没有了。"九如"两字，是依据《诗经·小雅·天保》中"如山如阜，如冈如陵，如川之方至，以莫不增……如月之恒，如日之升，如南山之寿，不骞不崩，如松柏之茂"，篇中连用九个"如"字，有祝贺寿福绵延不绝之意，于是众人确定"九如"二字为牌名。

九如斋开业时资金为500银圆，有五个股东，店员不过七人，没有作坊，既无名气也无规模。此后，饶菊生邀社坛街湘达阜股东聂秉诚参股共同经营。聂秉诚原为一个作坊的"绳墨"（技师），对于制作糕点有一定的经验和技术水平。几年下来，九如斋由于经营得法，业务逐渐发达，品种不断增多，最兴旺时商品多达1000余种。随着口碑日盛，客流量越来越大，原有的店堂显得十分拥挤，也导致了很多生意的流失，扩张势在必行！数年之后，九如斋在药王街设立了分店，又承顶了三尊里王万裕酱园并征购其他基地作为

20世纪80年代五一广场二门市部

加工厂及堆栈。加工厂分为作坊、面点、酱菜、酱油、鸡面、腊味、制罐、蜜饯八个生产部门。

到了1931年，九如斋的生意越做越旺，盈利积累颇多，饶菊生再次展示出一个优秀商人的眼光与魄力，在这一年成立了股份有限公司，聚资10万元，计200股，每股500元，发行股折，认钱不认人。此时的饶菊生雄心勃勃，梦想把九如斋打造成南货零售业的"托拉斯"。他先将药王街分店改为一分公司，又在国货陈列馆内成立二分公司，到了1936年又在日新昌绸庄内设立临时分售点。

九如斋在短短的几年时间内迎来了蓬勃发展——营业额达到每月4000多元，春节时日营业额高达1万多元，员工也扩充到了300多人，逢年过节时还要加雇临时工200余人。一个长沙本土的食品王国就此搭建起来！

20世纪90年代黄兴路一门市部

一个花篓的心思和一包荔枝的品控

旧时的长沙城里，人们的生活闲适安逸，尤其一到日落之后，吃过晚餐便三朋两友，扶老携幼，出门逛闹市消遣，繁华的八角亭则为必游之地。九如斋看准这一商机，不断推出一些时新产品应市，如光酥饼、油炸花生米、油酥豆、马口酥、茴饼之类，或以物美价廉取胜，或以新鲜口味见长，游人们便被吸引进店品尝购买。所以，晚间时段的九如斋依旧是门庭若市、车水马龙，每天夜市的收入竟占了全天营业额的三四成。

旧历年底为一年中生意最旺、收入最高的时期，采办年货的多为家庭妇女，选购的商品大大小小多达数十包，针对这种情况，九如斋也颇花了些心思。先是将零散纸包用竹篾编织的花篓盛装起来，花篓大小如箩筐，有镂空的花眼，算得上精美，却并不计价，随货奉送。货物装好后，店员问清顾客的住址，雇好人力车，再付清车费，连人带货一齐送回顾客家中。

随着九如斋的生意日益兴旺，其经营的项目也日益增多，很多商品都是开了长沙市场的先河。凡是有亲友或顾客提及某地出产某某东西最为有名，或味道特殊，或做工精细，又大都限于山川阻隔道远难至，饶菊生对此必虚心听取，想方设法采办来。如金华火腿、福建肉松、香港蜜枣、龙江粉丝、云南大头菜等，甚至是洋酒、罐头、太妃糖等高档舶来品，只要有

精美的糕点   工人在净化间包装产品

所耳闻，顾客有需要，无不尽力搜罗，也可算得上是如今"海淘"的先行者了。

货物品类的丰富并没有影响九如斋对商品品质的一贯追求。九如斋的糕点多由自家作坊生产，都是雇请手艺高超、经验丰富的名师制作，产品求质不求量。另一方面，店铺管理部门掌握了顾客的喜好和销售规律，和制作部门及时沟通信息——哪些产品应多产，哪些应少产，都能心中有数，因此做到了无久存之货，确保了产品的新鲜。

对于需要进货的商品，九如斋除优中选优、委派专人采办外，出货时同样细心挑选，做到了精益求精。九如斋某位股东的眷属，要买荔枝送礼，特意嘱咐购买者必须到九如斋去买，男主人在一旁听到后却不以为然："荔枝是树上结的，又不是手工做的，有什么好歹可分？随便去哪里买都是一样的。"眷属回道："你就各买一包看看。"待荔枝买回，解开包装一看，九如斋的那包大小均一、色泽均匀、没有破口；另一家的那包却是大小都有、色泽不均、破口颇多。男主人无言可辩，只得感叹道："真是不怕不识货，只怕货比货啊！"

一份寿礼背后的味道密码

民以食为天。九如斋的不断创新与坚守品质让"好恰（好吃）"成为自身的标签，也让它在几代长沙人甚至湖南人中收获了众多的粉丝，与一些历史名人也结下了不解之缘。

毛主席与九如斋就颇有渊源。早在湖南第一师范求学期间，青年毛泽东就经常光顾九如斋，还将一些特色糕点带回湘潭老家给外婆和父母品尝。

国画大师齐白石和毛主席都是湖南湘潭人，虽然年纪相差了29岁，却相知甚笃，情谊深厚。1953年，正逢白石老人九十大寿。毛主席特意为尊敬的老人送上四件寿礼，以示祝贺。四件寿礼分别是：一坛湖南的特产茶油咸菌、一对湖南产的王开文笔铺特制的长锋纯羊毫书画笔、一个精装的东北野山参和一架鹿茸。而其中的茶油咸菌正是出自九如斋，俗称菌油。

说到菌油，不仅是九如斋的"镇店之宝"，更是湖南饮食文化的特色与代表。湖南凡是山有树木茅草的地方，就有菌类生长，农历九十月上市的叫寒菌，质软味美。晚清时期，湖南人特别重视炼制菌油，即以寒菌为料，用上好的茶油小火慢熬出来的油。菌油极为鲜香，号称最好的纯天然味精。汪曾祺曾在散文《菌小谱》中记及："湖南极度重菌油。秋凉时，长沙饭馆多卖菌油豆腐、菌油面，味道很好。"

而最初的菌油都是家庭个人小量制作，贮存于陶瓷坛中，由于菌子含水分多，虽经熬炼油浸，放置过久还是会变酸败坏。饶菊生了解到这一情况后，认为这一地方特产大有可为，于是每年农历九十月间，派人在长沙及常德大量收购寒菌，雇工摘去蒂、洗净杂质泥沙，挑选大小均匀的菌体（以菌盖不大于4厘米，不小于1.5厘米为合格），由富有操作经验的人员精心熬制，成品装入马口铁罐，经高温蒸煮灭菌脱气，封罐出售。而熬炼的火候和时间就成为品质的关键所在，也是九如斋所产菌油优于别家、驰名中外的独家秘方。火力过大容易枯边，过小菌体水分又不能适当排出；时间太长菌体入口不润不鲜，时间过短则含水分多，容易发酸变质……熬制工作相当繁复细致，非熟手不能胜任。

一种传承，一片初心

回首九如斋百余年的历史，尽管历经风雨无数，可贵的是几代传承人始终保有初心，坚持为消费者提供货真价实、味美多样的食品，也因此将九如斋打造成了长沙甚至湖南食品市场的一张闪闪发光的名片。

1938年的"文夕大火"几乎将整个长沙城付之一炬，正值鼎盛的九如斋也遭受重创。之后逐渐衰落，又历经了城市拆建、公私合

2016年中山路店

营、"文革"等一系列变革，几度停业、更名，直到20世纪80年代，在改革开放浪潮的洗礼下，才重新焕发生机与活力。

1982年，九如斋在走马楼新建了作坊，成为长沙市副食品公司所属国营商店之一。2002年，九如斋迁至中山西路，完成企业改制，主要从事糕点生产与批发。而此时的大背景是副食品市场发生了革命性的变化，国有企业体制的僵化使一些老字号企业没落甚至倒闭。正是在这个阶段，九如斋掌门人的接力棒交到了一位名叫朱法明的年轻人手中，有想法、有魄力的他带领九如斋在市场的风云变幻中撑过了相当艰难的一段时间。也是在这期间（2006年），九如斋被国家商务部首批授予"中华老字号"。

如今的朱法明给自己定的目标是"坚守十年，传承百年"，而给九如斋制定的发展方向也格外清晰——立足本土文化，将中式糕点做到极致。一如前辈饶菊生，朱法明对品质的坚持也近乎执拗，"好与不好之间或许也就毫厘的差别，但这一点差别最终会体现在消费者的舌尖上"。直到现在，九如斋仍然保持着传统工艺、配方。每年农历四月就开始为中秋节月饼备料。最有名的本式月饼，饼皮制作时水温、油量都视面筋度、气温等因素由师傅准确判断、加减，反复揉搓至柔软而表面光滑，以自制火炼猪油擦酥，包裹精心挑选、清洗并依标准炒制的各种果仁和自家腌制的桂花糖、糖橘皮、叉烧肉等馅料，烘烤而成，成品微黄、香酥，饼皮12层，层层分明。

时代在变，理想与品质恒久不变。2018年4月，在长沙市年轻人聚集的悦方广场，九如斋的新店开幕。老字号有了一张新面孔，这与一个世纪前刚创立时的情景何其相似。或许，这就是九如斋新一段传奇的开启……

（范莉娜）

九芝堂：湖湘中医药瑰宝

民国时期的九芝堂坡子街总店原貌

　　湖湘中医药文化是中国医药宝库中的一颗璀璨明珠，九芝堂是湖湘中医药文化的典型代表，"北有同仁堂，南有九芝堂"，九芝堂是"中国驰名商标""中华老字号""九芝堂传统中药文化"被列为国家级非物质文化遗产。300多年来，九芝堂秉承"药者当付全力，医者当问良心"的祖训，将"悬壶济世、利泽生民"的文化精髓一脉传承。

"一条街全是劳九芝堂的"

今天的上市公司九芝堂，其前身为长沙劳九芝堂药铺，说起劳九芝堂药铺创始人，当追溯到劳氏第十一世先祖劳澄。

劳澄是文人，工诗画，通医道。1650年（清顺治七年），劳澄慕游湖南，退职后隐居长沙岳麓山，他心忧天下，目睹民生艰难、疾疫肆虐，于是在古城长沙坡子街开设一家无名小药店。劳澄先生弃文从医，在创建药铺初期，效仿神农氏亲自试药，并立下"吾药必吾先尝之"的店规，意味着凡是劳九芝堂研配出的新药都要在自己或者亲属身上试验以确保用药安全。

清康熙年间，劳澄之子劳楫举家迁至长沙定居，劳澄将药铺交给劳楫经营。在劳楫的经营下，药铺渐有发展，但仍然无招牌名号。

一日，劳楫在睡梦中，见一道人明烛焚香跪拜在两株大桂花树下，烟雾升至上空，幻化出九株灵芝。劳楫定神后回忆梦中所见，联想到父亲所绘《天香书屋图》，画中有"植双桂，桂生九芝"之语，顿生灵感，取"九芝"二字，冠以劳姓，取名"劳九芝堂药铺"。

自此，"劳九芝堂药铺"招牌正式诞生。而将劳九芝堂药铺做大、做成品牌者，当数劳氏第十五世"克"字辈的几兄弟及其后人，特别是第二任经理劳克敬，主持业务达50年之久。他既有中医药知识，又能听取职工和顾客意见，为了改进

经营，往往打躬作揖地向提意见者道谢。

劳克敬晚年选拔培养的第三任经理劳德扬继承祖先衣钵，戒奢从简，对店务做了进一步整顿，而且定出了一套经营方针和管理制度，代代相传。从此，劳九芝堂逐渐成为长沙药业中的大户，到清代同治年间，每月平均营业额高达白银4000两。

1930年前后，劳九芝堂年营业额已达18万银圆，有员工60多人，在长沙东山还有几百亩地、几百平方米房屋土地。

至1938年11月长沙"文夕大火"之前，劳九芝堂累积资产达40万银圆。

劳氏后人回忆，"文夕大火"前，劳九芝堂店铺从坡子街顺着衣铺街一直延伸至樊西巷，"一条街全是劳九芝堂的"。

"药者当付全力，医者当问良心"

劳九芝堂能从一个小小的无名药铺壮大到占领江南药业半壁江山的局面，立300多年不倒，最重要的原因还是其坚持

九芝堂老药瓶、古书等老物件

"讲诚信、重质量"的经营理念。

劳九芝堂生产的"膏、丹、丸、散",选料都很讲究。生产原料通常是挑选上等的,不用次货。如制参桂鹿茸丸和附桂紫金膏用的上桂,总是购买中越边境或越南北部产的肉桂,比普通货要好几倍。鹿茸用细茸、锯茸。麝香用云南产的黄色有油润的,色枯无油的不用。

劳九芝堂在中成药的制作工艺上更是讲究,如生痢眼药用的炉甘石要反复研细,珍珠用豆腐合煮,使之易于研碎,退翳障用的荸荠粉要过水飞等。这样加工而来的眼药,患者使用时眼膜不受刺激,有清凉舒适之感。

熬制膏药的黄丹与麻油则按季节下料,夏季多用丹少用油,冬季反之。膏药熬制时须注意火候,药料必须在油熬到"滴水成珠"的程度再趁热拌入。收膏时趁热洒水入锅,让水蒸气把油烟带走。因此,劳九芝堂熬制的膏药"明如镜,黑如漆。热天不漫不流,冬季不硬不脱",香味浓,无油烟气,很受用户欢迎。

生产与储存同样讲究。劳九芝堂根据每种成药在一定季节的销量和有效存放期长短,分期分批安排生产,避免成品积压或脱销。

据劳氏后人介绍,以前民间号称专治疑难杂症的江湖游医,所用丸、丹、膏、散,很多都是从劳九芝堂进的货,因为他们知道劳九芝堂的药靠得住,药效奇特,见效快。

战乱时期,药材吃紧。劳九芝堂从北方新购进一批黄芪,因运输途中受潮,全数发霉。当时,劳九芝堂资金短缺,虽黄

九芝堂企业文化馆

九芝堂是同时拥有"中国驰名商标""中华老字号""国家级非物质文化遗产"称号的企业

芪洗净晒干后仍可入药,但时任掌门人拍案而起:"药者当付全力,医者当问良心,世代古训,岂容我辈放肆!然黄芪之霉可晒干,吾辈良心却已霉也!"遂将全部黄芪搬到湘江边当众就地烧毁。

中华人民共和国成立之初,劳九芝堂研制的"十全大补丸"好评如潮,但因缺少一味中药材入药,劳九芝堂毅然决定停止对该药的生产。面对市场的脱销、客源的流失,有人提出用其他药材替代或者缺一味也无妨。但劳九芝堂人恪守诚信经营,不糊弄顾客、不用劣药,直至缺少的那味中药材到货才又开始投入生产。

"恤苦济贫,优待同业"

除"药真不假"以外,劳九芝堂热心支持公益事业、乐善好施也是其闻名遐迩的重要原因。

从清代咸丰年间起,劳九芝堂就有一个"恤苦济贫,优待同业"的活动。外地往来户,都以八折价格优待。每逢初一、十五,附桂紫金膏便半价出售。此举吸引了众多外地顾客赶集似的集中在这两天来采购。每月这两天的营业额相当于平日的10倍。这样做,既带活了全盘业务,还扶植了大批中小商贩,扩大了推销网点,也培养了许多义务宣传员,提高了商业信誉,节省了业务费用。

每逢生产参桂鹿茸丸时,药铺总要先将养得膘肥体壮的雄鹿在店门外展示一两天,然后敲锣打鼓当众将鹿茸割下,以示货真价实。药铺对来自四面八方的顾客总是热情招待,邀请其参观工厂,介绍所用的优质原料。

平日,劳九芝堂对穷苦百姓散发"万应膏""时疫散"等常备小药品,年三十夜,还会派人给露宿街头的穷人发米票等。这些善举，扩大了劳九芝堂的影响，提高了声誉。

岁月如歌，前行不止

像所有老字号一样，成长发展的过程中免不了出现低谷与曲折，劳九芝堂的发展也是如此。

19世纪末帝国主义侵略中国，兵荒马乱，给劳九芝堂带来了不利影响，其经营开始走下坡路。为了挽救危局，第五任经理劳昆僧筹措资金，对店务做了一番整顿。

除了这次危机之外，劳九芝堂还经受了两次特大考验。一次是"文夕大火"后的惨重损失给劳九芝堂带来的考验，另一次是抗战胜利后复业与否的抉择。

1938年11月13日凌晨的那场大火，给劳九芝堂造成了巨大损失。价值20多万银圆的存货和店屋付之一炬，产业几乎全部烧掉。

1939年部分群众凑集了三四千银圆做流动资金，在原地搭了个棚屋，挂上"劳九芝堂临时营业处"招牌，继续营业。

全国解放的春风给劳九芝堂带来了复苏与振兴。1956年，公私合营中以劳九芝堂药铺为主，合并多家药店，成立了"九芝堂加工厂"，并设计启用了"芝"字牌商标，1959年，改名为"九芝堂制药厂"。从此，九芝堂告别了漫长的风雨飘摇历史，跨入了一个崭新的时代。

1994年6月，改制为长沙九芝堂药业集团公司，实现了工厂制向公司制的转轨。

1999年5月，集团公司与国投药业投资有限公司（现已变更为国投创业投资有限公司）等五家发起人以发起设立方式成立湖南九芝堂股份有限公司，九芝堂逐渐发展成为湖南省医药行业龙头企业。

九芝堂长沙科技产业园

2000 年 6 月，湖南九芝堂股份有限公司在深圳证券交易所上市交易，企业开始实行资本化运作。

2004 年 6 月，湖南九芝堂股份有限公司更名为"九芝堂股份有限公司"，九芝堂也从一家湖南区域性品牌发展为全国知名品牌，并成为全国医药行业的驰名企业。

2008 年 6 月，九芝堂中药文化被列入中国第二批非物质文化遗产项目保护目录，标志着以"药者当付全力，医者当问良心"为代表的九芝堂文化已经深入人心，并获得政府的支持与保护。

九芝堂传奇古方

驴胶补血颗粒——源自经典古方，采用地道中药材，经九芝堂现代化制药工艺精制而成，是国内首创的治疗气血亏虚、疲乏无力的良药，填补了阿胶当归等复方制剂治疗体质虚弱、气血亏虚的空白。该药以驴胶为主药，配以白术、党参、黄芪等健脾益气之品，再辅以当归养血，从而达到气血双补气血足、强身健体精力旺的功效。

六味地黄丸——传承北宋钱乙的千年古方，结合国内顶尖浓缩丸生产工艺，颗颗饱满、大小均匀，拥有"黑珍珠"的美誉。公司的六味地黄丸采用国内市面上首创的透明瓶包装。由熟地黄、山茱萸（制）、牡丹皮、山药、茯苓、泽泻等组成，具有滋阴补肾之功效。主要用于肾阴亏损、头晕耳鸣、腰膝酸软等症状。

阿胶——据考，湖南长沙马王堆汉墓出土的帛书《五十二病方》是我国已发现的最古老的医方，它记载了 2500 多年前的长沙就已经有了阿胶的生产技术，为南派阿胶的发源地。九芝堂作为南派阿胶唯一继承者，制作出来的阿胶平滑有光泽，胶质地脆硬，断面没有孔隙，属阿胶中的上品。具有补血滋阴、润燥、止血之功效，男女都可以服用，素有"血中之圣药"的美誉。

（余娅）

长沙凯旋门：老字号的『变形记』

位于长沙市中心五一广场的凯旋门摄影公司，自创立至今，以其雄厚的技术力量、过硬的影像质量和完美的服务而备受顾客青睐，是一家久负盛名、享誉三湘的摄影名店。

开业逢时生意旺

1946年3月1日，摄影行家朱振三集资12股计1200银圆开设灯光照相馆，店址设在长沙药王街。时值抗战胜利，为祝捷，取名"凯旋门摄影社"。店内设日（灯）光摄影室、营业厅、工作房等15间房，店堂宽敞，艳毯铺地，彩灯闪烁，气派非凡，且首次采用新颖别致的一人多影照，一照多影，表情各异，一时被崇为时尚，引起轰动。特别是经过抗战时期离乱，人思团圆，拍照留影者甚众。故开业逢时，生意颇兴隆，日均营业额达100银圆，名列行业前茅。

开业之初，除股东任店内职员外，另雇22人，其中技工17名，学徒5名，员工月薪照发，年终还可分红。当时参与营业的五大股东均系摄影名师，他们每照必亲自摄制，分工把关，保证质量，不论拍照、冲洗、放大，也不论团体、个人，均按规矩办事，毫不敷衍，做到认真摄制，精心选印，稍有瑕疵，立即重照，直到顾客满意为止。1947年，在一次拍摄集体婚照时，摄影师不慎失误，照片略显灰色，但外行难以分辨，连顾客本人看后都说"可以了"，并将相片取走。经理朱振三得知此事，正色说道："凯旋门的照相质量不是'可以了'就行，而是要顾客真心满意才行。"他随即亲自跋涉200余里路程，逐个登门邀请，约日重拍。重拍之照甚佳，博得顾客赞誉，纷纷加印放大。结果，此笔生意竟增收千余银圆，并且声望日高，至今仍传为行业佳话。1947年，凯旋门摄影社被编入《长沙一览》一书，书中称其为"著名商店"，次年又荣登《长沙日报》，被誉为"长沙市五大摄影权威之首"。

名师荟萃威名扬

1949年8月，凯旋门摄影社迎来新的春天。它开始兼营照相器

创始人朱振三

"文革"结束后的凯旋门

五一广场店2000年原貌

材,财源茂盛,月最高营业额达 11 万余元,仍为行业之冠。1954 年与白宫照相馆合并,集资 6 万元,新建四层营业楼,占地 650 余平方米,请著名书法家黎泽泰题写招牌。1956 年,"凯旋门"转入公私合营,其后又合并华昌、红日等照相馆,实力壮大,业务倍增,并荟萃一大批摄影名师,如萧伯闿、邹子庄、周振怀、陈更新、蒋国政等,他们或擅长拍摄,或精于修工,各有所长。特别是著名技师萧伯闿,16 岁进照相馆当学徒,开始步入摄影圈,从此,一辈子与照相机结了下不解之缘。1937 年,为应对抗日战争,国民党空军派人到长沙招收有照相技术的人员 13 名,要求年龄在 22 岁以下,且技术较好。萧伯闿符合条件而被招去,随军八年。时军

中使用的照相机和照相器材,大都是德、美、日、意等国制造,拍摄、冲洗方面技术均较复杂,所招人员均进照相训练班培训,学习照相技术和器械操作,萧伯闿勤思苦学,刻苦钻研,不但掌握了进口设备的操作,还能利用字典翻译使用说明书等有关资料,为自己的照相生涯打下了坚实的基础。1945 年,萧伯闿带着一手好技艺回到长沙,先后在国际、华昌、红日和凯旋门等照相馆献技。他每拍一片,极为认真,从胶片的选择,到用光、布景、摄影画面的构图等方面都很讲究,使得照片的构图在主体、背景、轮廓形状、影调配置、色彩关系等方面协调统一。他拍的人物肖像,若通过放大镜来看,人的头发、眉毛、睫毛一根根清晰可辨,其技艺可谓

摄影大师萧伯闾

革新能手邹子庄

炉火纯青。1956 年，著名京剧表演艺术家梅兰芳来长演出，有关方面特请萧伯闾为其拍照，所拍之片张张立体感强，神态自然，惟妙惟肖，深得梅先生赞许。1964 年元月，经商业部批准，湖南省商业厅任命萧伯闾为一级摄影技师，直到 1979 年退休。修相名师邹子庄，人称"长沙一支笔"。特别是相上修眉，更是一绝。萧伯闾、邹子庄虽技精却毫不保守，把技术传给众多徒弟，如今，这些徒弟秉承师艺，继续为摄影行业做出贡献。

凯旋门摄影社由于名师济济，摄影业务日趋发展，声名远扬。20 世纪六七十年代，凯旋门曾多次派人为毛泽东、朱德、叶剑英等中央领导同志在长沙的活动拍照留念。著名艺术家贺绿汀、李谷一等也慕名来凯旋门摄影，其中为贺老所摄的照片，还荣获全国人像摄影作品二等奖。

1956 年公私合营后，国运鸿昌，各行各业开展技术革新和专业练兵活动。凯旋门摄影社根据行业特点，进行攻关，取得了一批革新成果，主要项目有光电测密印相机、电动座机、照相油压阀门等，有的项目达到当时国内先进水平。凯旋门摄影社的革新成果，为同行所瞩目，各级领导给予了充分肯定，对摄影行业的发展做出了很大的贡献，凯旋门被评为"全国行业技术革新先进单位"，获得市技

摄影大师邹建强

术革新成果奖。"文革"中，凯旋门遭到冲击，招牌被砸，更名为"人民摄影社"，技艺也遭批贬，技术革新停顿，业务受挫，收入下降。到 1978 年，经拨乱反正，凯旋门业务复苏，恢复原招牌。

婚纱影照领风骚

进入 20 世纪 80 年代，凯旋门率先引进彩色扩印机，成为省内首家开展彩扩业务的照相企业。该店不断扩大照相器材经营，新辟照片压膜、相机维修等业务，生意越做越红火，规模也越来越大。1988 年，成立"凯旋门摄影公司"，设"一楼、五部、两车间"，即摄影楼、彩色加工部、摄影广告部、摄影器材部、营业部、财务部、整修车间和维修车间。公司有各类高、中级技术人员 30 多名。除保持传统的黑白照优势外，彩色摄影及冲扩业务发展迅速，特别是婚纱摄影，更是独领风骚。

凯旋门的婚纱礼服照有大套、小套和豪华套照三种，每套四张，情调各异，大套和豪华照放大两张，规格 24 寸，豪华照一张压膜。千元以上的婚纱礼服款式多样，异彩纷呈，任君选用。在服务方式上，设看样选择台，派专人接待，提供美发、化妆、着装等一条龙服务。所拍婚纱照构图新颖，用光别致，色调高雅，画面豪华。摄影室内清新舒适，四季如春，被群众誉为"婚照之家"和"情侣影地"。为提高档次，凯旋门摄影公司投资 26 万余元，引进高科技设备，增设前背景豪华套照摄影室，为婚纱照锦上添花。前背景照是将室外景和科幻景的彩色图片放入前背景投影仪内，通过摄影仪将图片投射到定向(珍珠)屏幕上，使人物和景物一次合成在一个画面上。摄影时，人立置于屏幕前面，摄影师自由调节投影仪，把图像移到合适的位置上，人物和图景一起摄入镜头。顾客可根据爱好自由选择图像，并能做到一片一景。图景千姿百态，真实感强，既有山水风光，又有都市风貌。有的金光闪烁，彩霞当空；有的视野开阔，气势恢宏，使人如身临其境。这种放大的相片经真空压膜，就如油画一般逼真，且能延长存放时间，保持色彩艳丽。这种豪华影像尽管价格昂贵，但由于摄制精心、影像精美，故吸引力大，大多数新婚夫妇乐于拍摄这种全背景豪华婚纱照。凯旋门的婚纱照由于设备先进，质量可靠和服务规范，赢得了大量的顾客。婚照业务每年以10％的速度递增，市场占有率曾达到70％以上，最多时日照达80余对。不少外地大工厂、大企业，经常送来一车车、一队队集体婚照情侣，他们排队等候拍照，以待留下永恒纪念。1993年凯旋门收入突破千万元，成为湖南省最大的摄影企业，同年获得原国家内贸部"中华老字号"称号。

"老字号"焕发新气象

为支持长沙市五一广场商业特区建设，凯旋门于1996年迁至蔡锷中路。这一次的搬迁成为凯旋门发展史上的一个拐点。

董事长龙立

五一广场店现貌

经过几十年的发展，摄影行业已经走到了发展的瓶颈期。千篇一律的服装、造型，批量化、流水线运作的模式，隐约出现的消费陷阱，已经让日渐理性的消费者心生反感，也无法满足 80 后 90 后个性化的需求。这向凯旋门这类传统的摄影机构提出了挑战，要求突出品牌特色，提供个性化的消费体验。

另外，从那年开始，长沙摄影业进入快速扩张和一个市场细分的时代。各种专业主题摄影机构粉墨登场，这些影楼强有力的营销手段、具有视觉冲击力的装修、布景、高超的后期制作技术，让一直坚持着技术为先的凯旋门心生落寞。

然而，作为长沙摄影界曾经的王者，重展雄姿，一直都是凯旋门的不灭梦想。

2000 年新掌门龙立先生改革用工和收入分配制度，激发企业活力，同年回迁长沙市五一广场（新世界大厦）。2003 年初完成国有企业产权制度改革，成立长沙市凯旋门摄影有限责任公司，同年在长沙市劳动西路（东塘）开设湖南省首家全程数码摄影店，一时引领省内摄影业界潮流。2006 年合并原"长沙国营照相总店"企业，公司实力进一步壮大，积极发展望城、星沙加盟店，直营门店收入达到 2000 万元。2006 年，商务部重新认定凯旋门摄影有限责任公司为"中华老字号"，同年"凯旋门"获"湖南省著名商标"称号。2013 年凯旋门引进合作团队，全面升级品牌服务，进驻长沙市芙蓉区浏阳河婚庆文化园开辟婚纱实景拍摄基地，2017 年在长沙市韶山北路开办凯旋门窑岭店，现正打造东塘（韶山北路）婚纱摄影城。⊕

（杨海英）

玉和酿造：玉露调名醋 和风暖客怀

中国的醋文化博大精深源远流长，它既是东方最古老的调味品，在老百姓的锅碗瓢盆间发挥着奇妙的作用，也是保健品，还是一种特殊的饮品。古往今来，不少文人纷纷用之作为赋诗作曲的内容。唐宋八大家之一苏东坡有诗云："芽姜紫醋炙银鱼，雪碗擎来二尺余。"南宋吴自牧《梦粱录》云："盖人家不可网者，柴米油盐酱醋茶。"有趣的是，"柴米油盐酱醋茶"一诗开创了"开门七件事"一说。

在长沙，提到醋会让人情不自禁地想到玉和。这个曾经比肩山西陈醋、镇江香醋的长沙玉醋在经历了一代又一代玉和人艰苦卓绝的努力与奋斗后，依然延续着它璀璨生辉、经久不衰的传奇故事。

诚信谦和，玉和醋的"和"文化

17世纪中期，众多苏帮酿造技师先后来湘开设酱园，使湖湘酿造业得到空前的发展繁荣。江苏苏帮酿造大师董玉和于清朝顺治六年（1649年）来湘开设酱园，并以自己的名字命名为"玉和酱园"，原址位于古城长沙小西门，现长沙"玉和园巷"就因此而得名。

相传，康熙年间玉和醋曾作为朝廷贡品，为众贵妃美容养颜之饮品。日饮玉醋二三两，面色红润肌肤柔嫩，众贵妃活力倍增，全无往日深宫病态。玉和醋由此受宠皇宫，名噪京城，进而饮誉大江南北。据长沙市地方志等史料记载，长沙曾流传有"陈年老醋出坛香，玉字封泥走四方"的说法，可见玉和当年的兴盛。

玉和醋曾因工艺讲究、品质独特、生意兴隆，而受到地方帮派的非议、排挤甚至挑斗。但董玉和恪守和气生财的原则，

从不与人争斗，最终凭实力和技术站稳脚跟。同时，董玉和在苏派与湘派醋系、苏人与湘人的融合方面展示出了超凡的智慧。在醋系融合上，他把湘苏两派的优势进行互补，各取所长，有机融合，形成了独创一家的"玉醋"；在苏人与湘人的融合中，董玉和更是把"相融共生，和为金玉"发挥到了极致。

因此，如今的玉和人继承的不只是董玉和的酿醋技术，更有在酿醋工艺上如影随形的"和"文化。

"20世纪90年代以来，调味品行业勾兑配制成风，玉和人始终坚持'诚信谦和'的原则，固守着传统的酿造工艺和优良的产品质量，对消费者负责，不做有损广大消费者利益的事情。在激烈的市场竞争中，特别是面对假冒伪劣产品的冲击，老字号企业始终不愿违背祖训，固守一方净土。"玉和酿造有限公司董事长胡立东说。玉和一直秉承着中华民族传统文化的核心——"和"文化的精髓和300多年来的古训"坦坦荡荡做人，明明白白做醋；做醋如做人，醋品如人品"。

中西合璧，玉和走进了麦当劳

数百年来，玉和发展一波三折。玉和酱园自创始人董玉和后，几易其主，但品牌名一直保留。1945年以前，由叶培生、徐铭笙、叶雨成、雷祖会（公产股）四股接顶，员工35人，改牌老玉和。至1945

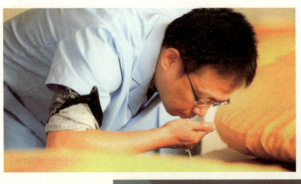

长沙市非遗传承人、长沙玉和酿造有限公司公司总经理胡立东工作照片

年，叶培生拆股，改牌玉和，杨步云任经理。该园有独占市场的优质玉醋，又地处江滨，批发外销业务多，底子殷实，内销外销多按账期一年或半年结账，优待顾客，以广招徕。1956年公私合营，品牌一直未改变。20世纪70年代，玉和曾经创造过辉煌。1983年，玉和酱园更名为长沙玉和醋厂。

1998年改制，长沙玉和醋厂及另外六家调味品企业合并成立长沙双凤实业有限公司，四年后成立长沙玉和酿造有限公司。公司成立初期，犹如摸着石头过河，战战兢兢地经历过人才流失、产量上不去

等阵痛。对不少"老字号"而言，历史既是优势，也是包袱。上百年的历史尽管留下来一个"老字号"品牌，留下了长沙人对它的情感和记忆，但也同样留下了旧观念，以及大批退休员工和需要安排就业岗位的年青一代的员工。

"无论多大的困难也得想办法解决。"胡立东坚信，只要方向正确，用诚信说话，所有问题与困难都只是暂时的。于是，一系列改革大刀阔斧地进行，提升品质、优化包装、规范管理、加强生产，打造销售团队以及实行销售渠道的多元化……

许多人在麦当劳吃薯条时喜欢蘸番

茄酱，那种酸酸甜甜的味道让人回味无穷。然而很多人不知道的是，这种可口的味道，与"长沙制造"有着密切的关系。2009年4月，味可美中国供应链副总裁邓卫民先生在全国调研白醋市场并寻找合作供应商，四处考察，在长沙的麦德龙发现了"玉和"这个中华老字号品牌醋，并立即与玉和公司进行了联系，通过一番交流后，初步达成合作意向。此后，邓卫民花了近三个月的时间从企业信誉、质量管理保证体系等多方面调研考察，最终确定玉和为味可美（广州）公司白醋唯一供应商。由此"玉和"白醋通过"味可美"产品（番茄酱）走向了全国麦当劳，所以你去吃麦当劳，就会吃到玉和的醋。2011年，"玉和"液态发酵白醋又成功与台湾忆霖（广州）食品有限公司、上海梁氏食品有限公司、味好美（上海）食品有限公司开展合作。

而早在1998年，玉和就已开始向湖南中烟供应米醋，每年的供应量有500吨左右，"市面上所有的白沙系列烟里都含有玉和醋"。玉和的产品通过经销商布局到了外省，北抵武汉，南至深圳。玉和销售额已由原来的每年400万元提高到每年2000多万元，年产食醋、料酒等突破6000吨。玉和还属于出口企业，产品早在2009年就贴牌出口到马来西亚。

2002年，玉和迁址长沙县榔梨镇，投资千余万元，建成占地面积53亩，年产酿造醋能力上万吨的现代化股份制企业。

此唱彼和，传统与现代工艺结合

醋坊设在榔梨镇的生产车间二楼，为了微生物发酵免受影响，平常一般人不允许进去。为了揭开玉和醋的神秘面纱，胡立东说给笔者一个"特殊优待"：可以去醋坊参观。刚走到一楼，就有一股醇香扑面而来，沁人心脾。走进醋坊，技师夏荣揭开金黄色盖子，用专用的耙子慢慢搅动起醋液，更是香不可挡。据说在这个陈酿过程，需要多次进行搅拌，以使发酵更加充分。醋坊常年恒温，这温度不是人为的，而是自然生成的。夏荣介绍道："玉

木米盆 耙子

木甄

风车

米箩筐 箩篮

扁担 木桶 竹醋沥

米臼

竹醋沥子

玉和酿造传统手工技艺
部分原生产用工具

民国时期位于古城坡子街西玉和园巷内的老玉和酱园

和酱园以玉和醋（俗称玉醋）驰名，迄今已有369年的历史，玉和酱园用压印有'玉'字的泥团封坛口，既是原始的商标品牌，防伪标记，又可确保醋的风味不变。"

　　记者跟着技师穿梭在一个又一个盛醋的大缸之间，感悟300多年制醋的文化。"糖化，酒化，醋酸发酵。"玉和醋另一御用老技师龚修仁站在一个大缸面前，总结了玉和醋的三部曲。"首先要放在这个缸淘米，洗干净之后放入木甑中蒸煮，然后加入熟料进行发酵。发酵出酒后再进行醋酸发酵，最后酿成了米醋以后，还要经过炒色加工，并放入八角、茴香等十几味香料，才能成为玉醋。"根据传统工艺流程，酿造一批醋的时间大约是21天，无论口感还是营养成分，都是普通醋比不了的。"它要从淀粉转化为糖，到酒化，再经醋酸发酵成醋，是最高的境界。"经过如此复杂的工艺酿造而成的玉和醋，也与普通的勾兑醋口感大不一样。它具有浓（浓而不浊）、香（芳香醒脑）、醇（越陈越香）、鲜（酸而鲜甜）四大特点，不仅是日常烹调佳料，还具有开胃生津、和中养颜、醒脑提神等多种功效。

　　风味取决于工艺，工艺取决于手艺，而火候、诀窍都掌握在师傅手上，这更是老字号的传承密码。胡立东说："数百年来，玉醋能够一直受到长沙人的喜欢，就在于品质保证。我们坚持传统古法酿醋，希望给长沙市民提供正宗的、健康的、高品质的玉醋。"

随着时代的发展，食醋的其他用途也被不断地开发，不少人把醋当成饮料，以苹果醋为代表的果醋饮料一时风靡市场。面对新的饮食时尚，玉和也不断地拓展自己的产品线，开拓新市场。2016年，玉和推出了"玉和最恋山楂醋"和"玉和秘制醋"两款深受现代人喜爱的新品。据《本草纲目》等医典记载，山楂自古以来便被作为开胃消食的要药，近代研究表明山楂中山楂酸等有机酸入胃以后，能增强酶的作用，促进肉食消化。山楂既有保健功能，酸酸甜甜的味道又很可口，山楂汁也成为年轻人追捧的饮品。正是瞄准这一契机，玉和推出了"玉和最恋山楂醋"。

"'玉和最恋山楂醋'是在'湖南省非物质文化遗产——玉和醋传统酿醋技艺'基础上，采用现代工艺，用优质山楂为原料，发酵生成的山楂果汁醋饮料。由于山楂醋饮料成品中添加了山楂萃取液，所以保持了山楂原果的营养和风味。"另一大产品"玉和秘制醋"则更加注重保健养生，它采用现代工艺，添

加食药同源的中草药上品黄精、枸杞、山药、葛根等萃取物发酵秘制而成。这两款产品都是可直接饮用的新型饮料。

同时，玉和醋利用老法酿醋的前期工艺，新建了一个黄酒车间，并引进全新料酒生产线。玉和料酒以优质糯米、原酿黄酒、食用酒精为原料，配以八角、肉桂、茴香等香辛料精制而成，具有去腥、除异味、增鲜香等功效。原来品种单一的玉和醋，经过几代人的努力，已成长为"玉和家族"。

时和年丰，老字号中的靓丽名片

在玉和公司的荣誉室里，陈列着一路走来的各种奖杯、荣誉证书，展示着玉和醋玉和人"周游列国"的足迹。

2006年，"玉和"被国家商务部认定为首批"中华老字号"。女楹联家曹琴撰联赞曰：玉露调名醋；和风暖客怀。2007年，"玉和"商标（醋、酱油、调味品）连续四届由省工商局认定为"湖南省著名商标"。2009年，"长沙玉和醋传统酿醋技艺"被列为长沙市非物质文化遗产保护名录。2010

年，获"全国质量诚信 AAAAA 级品牌企业"称号，并建立了长沙玉和醋文化博物馆。2012 年，"长沙玉和醋传统酿醋技艺"被列入湖南省级非物质文化遗产保护名录。湖南省食文化研究会颁发"2014 年度优秀非物质文化遗产保护单位"，获"2015 意大利米兰食品展优秀参展商"证书。2016 年，湖南省企业信用评价中心评定为"信用等级 AAA 级企业"。2017 年，玉和产品入驻国家出入境检验检疫局打造的"三同"（同标同线同质）平台，产品出口菲律宾。也在这一年，同时获得

OHSAS 18001、2007 职业健康安全管理体系认证证书、ISO 14001：2004 环境管理体系认证证书，以及 HACCP（危害分析和关键控制点）体系认证证书；2018 年 5 月，玉和酿造通过知识产权管理体系贯标现场审核，顺利取得知识产权管理体系认证证书，该认证的通过，标志着企业知识产权管理进入全新阶段。

2018 年 6 月，湖南农业大学食品科学技术学院的专家团队将视线投向了玉和醋，在遵循传统工艺、保留玉和醋特色的前提下，就如何提升产能规模化生产、

把传统工艺和创新发展作为他们的研究课题。通过对传统玉和醋研发，积累并建立食醋产品的质量分析与安全评估数据库，为长沙、湖南和全国消费者提供安全分析与评估数据；同时，将已列入省级非物质文化遗产保护名录的"玉和传统酿醋技艺"精细化、科学化、格式化，固定其工艺全过程，以使其更好地传承并发扬光大。

纷至沓来的荣誉让玉和人越来越自信。"质量是玉和在市场化环境中寻求发展的金钥匙，是玉和发展之根，是玉和工作的重中之重。只有结合现代管理理念及生产方式，用良心酿造纯粮、安全、放心的玉和醋，传承和弘扬玉和醋的特色工艺，企业才会飞得更高，走得更久。"胡立东直言不讳。

近年来，玉和醋通过电商平台建立网上商城，开展线上线下销售模式，并对"玉和"文化及新产品进行广告宣传。在此基础上，玉和审时度势，加快了玉和醋的发展步伐。车间除了整齐摆放的几百口传统米醋酿制大缸，还安置了一套仿德国造的现代液态白醋酿制设备，拟通过智能化设备与传统工艺结合实现跻身全省食醋行业前列作为战略判断和定位。如今，公司不断发展壮大，玉和已然成为湖南醋业的一面旗帜，成为湘籍醋业的主力军和先行者。

"现在销量在逐年递增，公司稳定了，我们想做一些更有意思的事。"谈到未来规划，胡立东站在厂房前，仰头看着办公大楼，"这几年我们要建造新的博物馆，走进这座醋博物馆，你能看到砻、风车、斛、斗、升……旧时各种酿醋的工具一应俱全，让人大开眼界；博物馆分醋史馆、老作坊、陈列馆三大主体展馆，以及一个体验馆。全馆采用声、光、电等现代表现形式，全面展示醋文化、解读醋文化、品味醋文化。"🦁

（胡晴）

老杨明远：演绎400年的传奇

明末万历年间（约1618年），有一位名叫杨明远的人在长沙开办了一家眼镜店，字号就叫"杨明远"。当时经营的眼镜多以金、银、铜、玳瑁镜架和水晶镜片为主，生意兴隆，延续更替。至民国期间，杨明远眼镜店的老板已是宋某，其膝下有一子，染上了吸大烟的恶习，宋老板十分担忧产业无人能继，当时，店内有一师傅周元凯，为人本分厚道，做事勤奋专业，深得宋老板赏识。在年老退隐之际，宋老板将杨明远眼镜店作价盘与周元凯，自此，开启了周氏家族几代经营杨明远眼镜店的历程。

20世纪60年代，国家实行公私合营，杨明远眼镜店停止经营，周元凯先生进入国营眼镜厂工作，"杨明远"字号也随之消失。20世纪80年代改革开放初期，政府鼓励老字号带头经营，已经退休的周元凯在长沙市南阳街口自己的家里开办眼镜店，政府批准字号"老杨明远"。

周元凯之长子周捷三曾在国营眼镜厂工作，后调往国际钟表眼镜缝纫专店，长年从事验光工作。老杨明远眼镜店成立后，即由周捷三带领两个弟弟周透、周正共同经营。1983年，周捷三与周透、周正分开后各自开店经营，之后，周元凯的二女周淑娴、周捷三之

原南阳街口老店，2000年因五一路扩建门面拆除

子周术、周透之子周骞、周元凯二子周尼之子周灵闻以及周元凯小女周特之女范一勤等家族人员相继进入眼镜行业，都各自开店经营，周氏家族经营队伍不断壮大。

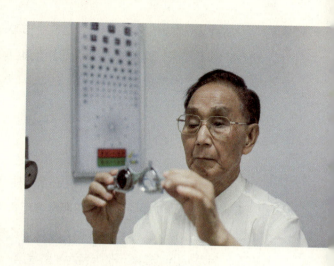

一副精准合格的眼镜，在验光诊断后，还要靠精确的加工装配和质量检验来保证质量。"老杨明远"除了对加工装配员工不断加强专业技术培训外，在20世纪90年代初，就投入大量资金引进了国际上先进的自动加工装配设备，多年来不断更新升级并添置设备，严格执行质量管理制度，保证交到消费者手中的都是精确合格的眼镜，并且所有的门店实施明确的售后质量服务措施，解决消费者配镜的后顾之忧。因为验光专业技术的精湛声誉远播，不少顾客慕名而来，老杨明远眼镜店获得了良好的经济效益。

1993年，周捷三向国家商标局申请注册了"老杨明远"商标，由于周元凯儿女们的经营理念和知识产权意识存在差异，导致针对商标产生多年纷争，2018年，家族达成"老杨明远"商标共同所有并使用的共识，从事眼镜行业的家族成员共同成立了湖南省老杨明远商标服务公司，周氏家族走上了共同发展的道路。现在，"老杨明远"眼镜经营门店达20家，分布在长沙、株洲、岳阳、衡阳、湘潭等地，从业人员近200人，年产值逾3000万元，是湖南省行业龙头企业，享誉湖湘大地。

有着400年历史的"老杨明远"，历经社会动荡和制度变革，屡更店主，前赴后继，如今依然百折不挠地屹立在经济的浪潮中，依存的是她内在的优良基因和强大的生命力。"老杨明远"周氏家族第一代奠基人周元凯先生在长达60余年的经营生涯中，始终以诚信厚道为经营本色，深得前任老板及行业同仁赞赏，这也是"老杨明远"不断延续、不断发展的重要因素。周元凯的子孙们秉承诚信经营的优良传统，将维护屈光不正患者的视力健康作为职业使命，立下"德为商魂、商以文兴"的企业文化宗旨，努力提高服务意识和服务水平，获得了广大消费者的认可和好评。公司于1999年、2001年、2004年均获"全国百城万店无假货示范店"称号，2003年"老杨明远"被认定为湖南省著名商标，2006年，商务部认定"老杨明远"为"中华老字号"企业。楹联家龙非池撰联赞曰：

老眼入微观，明察秋毫凭两镜；
杨花飞大地，远瞻青色满三湘。

（周明）

清真第一春始创于1937年，是常德市唯一一家"中华老字号"企业，80多年来，清真第一春经历了沧桑巨变，见证了国家兴衰，承载了几代常德人的味蕾记忆。

缱绻乡情——从南京到常德

1937年抗日战争爆发后，南京穆斯林、著名厨师火介眉先生避难来到常德，为维持生计，在现常德市青阳阁菜市场附近重操旧业，开店经营锅贴、米粉、水饺、炒面、卤味等小吃。店名"万成轩"。后为突出"苏味"改店名为"南京第一春"。

抗日战争胜利，"南京第一春"迁至大庆街，整个店堂分前后两进，前面为小吃部，后面设有酒席雅座。每道菜都注意烹调技术，都保持了南京风味。其专营的南京盐水鸭、南京板鸭、挂炉烤鸭等禽类名菜，色香味形均保持了苏味传统，因而驰名甚广。

火介眉诚信经商，真诚待客，以信誉和优质服务著称，并潜心开发新产品，不遗余力。其推出的清真红烧牛肉粉独树一帜，自成特色历久不衰。

清真第一春：民族美味 常德记忆

2012年清真第一春

1951年"南京第一春"公私合营，1954年收归国有，1968年改名为国营"回民饭店"。1987年经李元珍经理的多方努力，筹资在现址兴建了具有伊斯兰风格的五层营业大楼。1988年正式定名为"清真第一春"并沿用至今。

2002年，清真第一春进行国有企业改制，吴艳芳和匡干南收购清真第一春。2002年4月29日，常德市清真第一春餐饮有限公司成立，匡干国出任董事长，吴艳芳任法人代表，王仙娥任总经理。当年对店面进行了全面装修装饰，整栋大楼焕然一新。一、二、三楼经营餐饮，四、五楼为招待所，焕发出蓬勃生机。

为扩大规模，提升档次，丰富功能，2007年，清真第一春进行了升级改造，改造后的清真第一春楼高由5层升至10层，面积由2000平方米扩至近7000平方米，拥有客房125间，具有住宿、餐饮、会议接待、美容美发等多种功能，并且为穆斯林专设小型礼拜堂，达到三星级宾馆标准，成为我省目前规模最大的伊斯兰风格宾馆。

当家美味——红烧牛肉米粉

清真第一春的美食品种丰富，其中以红烧牛肉米粉最为著名。常德人有早餐食用米粉的习惯，而清真第一春的红烧牛肉粉，是许多常德人早餐的不二选择。

清真第一春的牛肉米粉"米粉筋道弹

红烧牛肉米粉

性足，汤开水滚油码鲜"。其制作过程考究：红烧牛肉油码选用上等半瘦半肥牛肉，漂清血水，切成小方块，放在钵中，同时在钵内放入公丁、母丁、山奈、花椒、桂皮等十多种香料秘制的香料包，用小火烧煮，这样烧煮出来的牛肉油码，既保持了牛肉的原汁原味，又增添了各种香味。食用时，将米粉用水泡散，提放入粉面勺（约一碗），再将勺内米粉在滚开水中用筷子挑动烫滚入碗，然后在碗内浇入熬好的牛肉原汤，并加盖红烧牛肉或清炖牛肉，或炒牛肉丝等各色油码，再放入熟油、味精、酱油、葱花和少量花椒油等作料，米粉香气扑鼻，味美可口，且价格低廉，成为全市各民族人民热爱的主食之一。

五代传承——老字号焕发新活力

创始人（第一代掌门人）：火介眉（1901—1976），回族，南京人。抗战爆发后避难至常德，1937年创办"南京第一春"，经营清真饮食，是"清真第一春"创始人。

第二代掌门人：鲍培华（1928—1993），回族，南京人，随其姨父火介眉来常德，并在南京第一春学艺。中华人民共和国成立后曾任南京第一春资方代表。1973年任常德市实习餐厅经理兼校长。1987年调回清真第一春任副经理兼厨师长。同年晋升为特一级烹调师。为第一代传承人。

第三代掌门人：李海清（1921—1997），回族，常德汉寿人。1978—1984年在"回民饭店"（清真第一春）任经理。为第二代传承人。

第四代掌门人：李元珍（1941—），女，回族。1987年筹资建成具有伊斯兰风格的五层营业大楼，1988年定名为"清真第一春"。1994年被内贸部授予"中华老字号"。

参加全市米粉比赛后合影

第五代掌门人：王仙娥（1965—），女，常德鼎城人。2002年常德市清真一春餐饮有限公司成立后任总经理至今，在她的带领下，清真第一春焕发出了新的活力：

2002年，清春第一春获"中华餐饮名店"称号；

2006年，再获商务部"中华老字号"称号；

2007年，开始全面改扩建，楼高由5层增至10层，面积由2000平方米增至近7000平方米，清真第一春发生了质的飞跃。

（余娅）

吃货们排着长长的队伍等着品尝清真第一春米粉

衡阳市区直营店

衡阳杨裕兴：『面神』有绝学

69岁的杨顺德大半生都在与面条打交道。他对面条有着超乎常人的了解，盐是否放多了，煮的时间过长或不足，他一眼就能看出来。

"面是有表情和语言的，等待着人们去发现与表达。"在他看来，茶有茶道，酒有酒道，面也有面道。用心专注就是制作杨裕兴面条的"道"。去浮沉心方可达到心、手、面三者合一的境界，才能做出真正有温度的食物。

杨顺德8岁开始跟父亲杨佑生学杨裕兴面条制作工艺，42岁时全面接管湖南杨裕兴面业有限公司。如今的湖南杨裕兴面业有限公司，已发展成为一家融"杨裕兴"面条研发、生产、加工、销售、餐饮服务为一体的企业。2006年，商务部认定衡阳杨裕兴面馆为"中华老字号"。同年，衡阳杨裕兴面馆的手工面条制作技艺入选湖南省非物质文化遗产名录。2008年10月，湖南杨裕兴面业有限公司注册"面神"商标，"面神"的名号在衡阳传开。

年近古稀，杨顺德把自己绝大部分的精力放在了杨裕兴面的非遗传承上。"用心做面，只为专注"，这位老匠人用实际行动践行着自己心底的坚守。

制作工艺融入武术元素

杨裕兴面有着120多年的传承历史，在湖南无人不知无人不晓。杨裕兴面的创始人杨裕臣，9岁就给长沙"万福楼"做小工学习和面。他会武术，独创武术手法练习制面，做出的面条不仅口感独特，还具有很强的表演性，在长沙享有盛名。

以前的面粉，都是靠石磨现场磨面。为提高速度，人小力大的杨裕臣在腰间做了一个木枷平台，一边单肩扛着磨具磨面，一个手在腰间的木枷平台上单手揉面粉，这样的过程其实就是现代先进工艺上的面粉熟化过程。

面粉初步揉好后，放在粗糙的案台上表演"武术"和面、拍面。经过上百次的加油、加碱、揉和、拍打，面团的质地相当紧密，面条久煮不断，油香四溢。

杨裕兴的鸡蛋面、小刀面，堪称一绝，但最有特色的当属"竹竿面"。"小刀面"细致、光滑，但需要花很细的功

夫、精力和很长的时间来切制。后来，杨裕臣便采用韧性很强的细竹，将竹的中间剖开，竹子的剖面锋利，便形成一道道的切口，用来切面，两头用细绳扎出一扇竹排。这种面条，结构紧密，最长可达四米，是当时最长的面条，具有特殊的竹香味，通常送到附近一些店铺和人家做寿面，当时颇负盛名，有人把它称之为"功夫面"。

1890年，为图生意兴隆，杨裕臣把自己名字最后一个字改为"兴"，挂旗号为杨裕兴，自此拉开了"杨裕兴"面120多年的传承历史。1938年，日寇将战火燃烧到长沙，杨家后人逃难到衡阳，"面神"传说便开始在衡阳延续。

衡阳杨裕兴传承"面神"绝学

"来到衡阳的杨裕兴面有了很大的变化。"杨顺德说。那时，他的父亲杨佑生靠着自己独有的祖传制面本领，在衡阳很快便享有名气。父亲刻苦钻研，调制出了30余种独特的油码及汤料的配方。

1945年，杨佑生在衡阳繁华的大华门租用了一间160平方米的店面，在现场表演并制作、销售传统的"杨裕兴"面条，推出了30多种新的堂卖汤面。许多老衡阳人至今还记得，20世纪七八十年代杨裕兴的火爆场面，"大马路上都是排队的食客，许多人站着就把面吃完了"。

杨裕兴面究竟有什么独特的魅力？杨

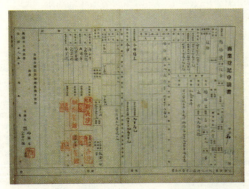

杨裕兴1947年营业执照

挂面生产线一角

部分产成品

顺德笑而不答，而是一边和面，一边和我们聊起了做面的关键。

湖南人吃面讲究带性，做面的师傅要十分用心。让面生性，和面是关键，面和熟要四分水，但和的时候只能用三分，因为面吃不饱水，压出来以后，面芯带生，吃起来香脆。最讲究的是下锅看火候，面条进到锅里，两次起伏，大约八成熟，就要马上挑起，这样煮好的面条表面舒润，中间坚挺，断口还能看到白色的面芯。生脆和滑爽两个看似完全对立的口感，就在同一碗面里自自然然地呈现了出来。

用心的人情重，有汤的面味浓。"面的味道多来源于汤，所以，我们在汤中花的心思最多、最深。"杨顺德说，除了基本的猪骨浓汤以外，杨家从1890年以来就一直保留独一无二的面酱油配置工艺，是迄今为止全国唯一一家完全沿用酱油原酱来酿造面条酱油的面业公司。这种面酱油不烧口，不靠味精，却有口感鲜浓、醇厚的特点。好面、好汤，再盖上热腾腾的湖南特色炒码，做面的人一生的执着，在食客的满足中获得了最大的回报。

一碗面端上桌，我们想要的答案也都在其中了。

林语堂曾说：守着一壶茶，中国人把人生熬到了极致。其实，凭着一碗面，杨顺德也把人生表达到极致。一碗面，可淡可浓，可急可缓，看得到经历也望得见人生。

（姚瑶）

「億昌」麻香糕：从历史深处飘来的馨香

早在1821年，湖南沅江人就利用芝麻、糯米及蔗糖创制了一种可口的食品——麻香糕。麻香糕在洞庭湖一带广为流传，被誉为"洞庭湖一绝"。麻香糕传承至今已有近200年的历史，在其传承的历史长河中，最为突出的当属老字号"億昌"。

从百年历史中走来的"億昌"

"億昌"的创始人金迪珊是沅江本地人，可以说他是自小闻着各家熬坊的芝麻味儿长大的。年幼时，他经常跟在糕点老师傅后面"偷师"，因为个子小够不着工作台，他还会随身带个小板凳，也因此被街坊邻居笑称为年纪最小的师傅。

金迪珊从商以后，发现麻香糕虽然已有近百年的历史，但由于各家生产品质良莠不齐，产量上也没有形成规模，麻香糕只能在本地及周围地区销售。他决定成立熬坊，创新产品，将麻香糕发扬光大。于是，他邀请股东10人，于1911年集资成立"億昌熬坊"。

当时市场上的麻香糕虽然规格大小不尽相同，但是制作工艺已经是一套成熟的体系，怎样在其中寻找突破，是困扰金迪珊最大的问题。他明白"术业有专攻"，于是专门聘请了老师傅钱敏斋、王云寿一起创新。他没有给老师傅们太大压力，在空闲的时候甚至会提几斤新鲜的水果陪师傅们拉会儿家常，还常常笑着说："慢工出细活，钱师傅他们心里头有把尺子嘞！"

师傅们也不负众望，新创制的億昌麻香糕选用当时最好的绵白糖，以洞庭湖优质糯米、芝麻为主要原料，并经数道保密工序的技术处理，改传统的木盒成型为金属盒成型，片厚由原5毫米变成3毫米。糕片中还加制了一道青色眉状花纹图案以利防假、防伪。这一核心技术至今非正宗传承人无法仿制。重新创制的億昌麻香糕产品色泽微黄、粉质细腻、疏松香甜、燥脆爽口，更因包装精致、图案醒目，一时在洞庭湖周边地区声名鹊起，销量大增。

毛主席念念不忘的味道

1937年，抗日战争爆发，南京国民政府迁都重庆，各界政要、商贾富商、经学名师、求学青年、市井百姓为避战乱，纷纷向云、贵、川迁徙。沅江县城地处洞庭湖水路要塞，为水路入川、贵必经之地。億昌麻香糕因其口味醇正、包装精美、携带方便，成为避难之众长途跋涉所需干粮的首选食品。至20世纪80年代中后期，前往中国台湾、中国香港、东南亚等地的原国民党军政、商界人士回大陆省亲观光，提及抗战时期这段往事，仍念念不忘億昌麻香糕在当时的影响及其独特的风味。

1985年，前国民党航空总署李怀明中将夫人王若曦女士回大陆省亲，多次提及億昌麻香糕，并带10公斤回台湾与家人共尝。

1956年，因公私合营，億昌熬坊改成了沅江億昌糕点加工坊，后又更名为沅江县糕点厂。1959年，億昌麻香糕作为湖南省著名特产，商业部直接调运300担（每担50公斤）作为国庆十周年献礼。据传，1919年至1921年，毛泽东主席和蔡和森在沅江做农村社会调查时，曾将億昌麻香糕作为路途携带的干粮。解放后，毛泽东主席念念不忘口味醇正、携带方便的億昌麻香糕，并与他人谈及当年这件事，才有国家商业部直接调运之事。缘此，億昌麻香糕被誉为湖南四大名糕之首。

1987年，沅江县糕点厂因种种原因停产倒闭，億昌麻香糕也随之在市场上销声匿迹逾10年。

传承人让"億昌"死而复生

　　1998年，麻香糕传统手工技艺第四代传承人周国栋重新注册"億昌"商标，成立沅江億昌食品有限公司。"億昌"死而复生，被赋予了全新的力量。

　　周国栋13岁即加入"億昌"糕点加工坊做学徒，这也开启了他与"億昌"一生的缘分。当时，周国栋师从当地著名糕点师刘海涛，学习麻香糕及其他糕点糖果的制作。十多年的潜心钻研，使得周国栋对麻香糕所需的原料品种要求、工具的选择和运用、半成品的加工、成品的生产等整个过程了然于心，运用自如。1978年4月，周国栋担任沅江县糕点厂副厂长，全面负责生产技术管理工作。1987年，沅江县糕点厂停产倒闭。1998年，周国栋因无法放弃自己从小所学的"億昌"麻香糕技艺，更不想让百年老字号品牌流失，集资成立了"湖南省沅江億昌食品有限公司"。

公司成立后他决定仍旧以麻香糕为主导产品，从麻香糕所需的工具到原材料加工、产品的生产、销售都一一亲自安排和传授，并对麻香糕的配方、包装等做了较大的创新，糕片厚度由3毫米薄至1.6毫米，口感上更加薄脆。

麻香糕先后经过糯米炒制、制作糕粉、糕粉吸潮、炒芝麻、制麻屑、制泡糖、擦粉、装盆、压眉心、打糕、蒸糕、切糕、摆糕、烧糕、齐糕、包装16道主要工序，前后制作步骤都有创造性工艺，材料使用技艺上有着其他外人不轻易熟知的技巧，并且根据四季温度、湿度的变化不断调节配方。

作为老字号"億昌"的亲传弟子，周国栋还肩负着发扬麻香糕传统手工技艺的使命。自选择大女婿王泽宇作为"億昌"第五代传承人接班学艺后，又收了原糕点厂有糕点技艺基础的蔡国华为授艺对象。2005年公司稳定下来以后，他开始潜心研究麻香糕配方以便扩大麻香糕新品种，另外向社会广纳贤才，培养新的传承人。直到今日，他仍未停止脚步，时刻都在为培养麻香糕传承人不懈努力。

创新迎来发展新春天

2005年，周国栋的大女儿周宏正式接手"億昌"，担任法人代表兼总经理。上任后，周宏在创新上大下功夫，不断改进技术装备，在保留传统工艺的同时，研制出了麻香糕生产专用机械设备，在知识产权方面获得了12项专利。

此外，周宏也着力丰富产品多样性，不断推陈出新。目前，"億昌"除了生产麻香糕、牛皮糖、麻糖卷等传统手工糕点外，还研发出了牛轧糖、花生酥、榴莲酥、香酥饼、绿茶酥、果蔬脆片等几十种都市休闲小吃新品。

"億昌"如今年生产能力为1000吨，可消化当地农产品（糯米、芝麻等）1100吨左右，解决就业240人以上，还拉动了沅江市相关的二、三产业，如水电、印刷、包装、广告、运输、零售业等。销售主攻省内市场，外省的销售分布在北京、上海、宁波、广州、深圳、浙江等地。2006年商务部认定億昌食品有限公司为"中华老字号"企业。2009年，"沅江麻香糕传统手工技艺"被认定为省级非物质文化遗产，周国栋也被评为"麻香糕传统手工技艺非遗传承人"。

周宏说，"億昌"历经百年沧桑，而今迎来发展创新的大好时机，为赢得广大客户的青睐和厚爱，"億昌"决不会辜负广大消费者的期望，诚信经营、特色经营，以质量第一、信誉唯上为目标，继续弘扬和维护"億昌"百年老字号这一金字招牌，使其谱写出更精彩的篇章。📖

（陆嘉琪）

银苑：百年中三度飞跃

提起银苑，长沙人如数家珍，它是被商务部认定的"中华老字号"；它曾是长沙市规模最大、最具特色的茶馆；它是湘味海鲜的开山老祖，曾经掀起一股海鲜排档消费的旋风；它还曾是湖南省内规模最大的现代化生态酒楼……

银苑，底蕴深厚，历久弥新，百年来，经历了从茶厅文化到湘菜文化再到吉祥文化的重大飞跃。

银苑始建于20世纪初，当时长沙走马楼一带集聚了多家茶饮摊点，支棚设摊经营。1922年，摊主杜敬甫、谭晓庆等六人看到摊点经营零散，难以满足市民的需要，于是出资合股，撤摊建棚，经营茶馆，名为"银苑茶厅"，成为当时湖南省内第一家专业茶馆，主要经营茶水、点心、冷饮和民间小吃等，一时食客如云，当时的"百粒丸""银苑刨冰"等产品在长沙城颇具名气。

1966年，茶厅一度改名停办，直到20世纪70年代末，重新装修扩建，恢复"银苑茶厅"店名，仍以经营茶点、冷饮为主，并增添了当时刚刚兴起的歌厅和录像厅。

1991年初，时任银苑总经理的刘蒲生去台北探亲。台北的夜生活丰富多彩，在一派灯红酒绿的都市夜生活中，茶艺馆等清幽雅静的处所竟也不少，并且顾客盈门。透过那些古香古色的茶馆装饰，经过与亲友及台北同行的多次茶叙，刘蒲生萌发了组建茶艺馆和茶艺表演队的想法。他想以茶艺馆为龙头，以茶艺表演队为骨干，以经营湖南各地名茶为特色，让湖湘文化更好地传承和发扬。

回长沙后，刘蒲生打造茶艺表演队，把银苑茶厅四楼装修改造，请来省内知名人士题诗作画，购入君山银针、古丈毛尖等名茶，建成了湖南首家茶艺馆。

1991年5月31日，银苑茶艺馆正式开馆。开馆仪式上，银苑茶艺表演队的茶艺师们一个个托着茶盘飘飘欲仙，把客人们带进了祥和、融洽、礼仪、逸静的境界中。

银苑茶艺馆的开业，一时间成为省会长沙街谈巷议的热门话题。潇湘书画院的谢凯为之题联："茶客一堂，座无醉客；艺林三昧，世有方家。"

从1991年5月到1992年10月，银苑茶艺队相继在全国进行了十几场表演。1991年9月，台湾文化理事会理事长范增平先生看了银苑茶艺小姐的民俗擂茶和芝麻豆子茶表演后，极为欣赏，即兴表演了乌龙茶的冲泡与品饮，同时挥毫题词："两岸品茗，一味同心。"

20世纪90年代初，为了适应当时市场发展的需求，主管公司——长沙饮食公司对茶厅再次进行装修改建，更名为"银苑大酒店"，主要经营堂菜、酒席、舞厅、卡拉OK厅、录像厅等，经营场地为五层大楼，年销售逾1000万元。此时的银苑实现了从湘茶到湘菜的转折。

1996年，银苑整体拆迁至中山路，开办银苑中山分店，经营饭菜、酒席、早茶、夜宵。酒楼开业后，成为中山路沿线的一个消费热点场所，特色产品"银苑大肉包""银苑方肉""银苑水晶包""潇湘马蹄"等风靡长沙城。

1999年，银苑改名为"长沙银苑有限公司"并一直沿用至今。同一年，公司在长沙市芙蓉南路开办了当时全市第一家海鲜酒楼，经营海鲜和湘菜，掀起了一股海鲜排档消费的旋风，"吃海鲜到银苑"曾一度传遍大街小巷。此后公司又分别开办了"银苑红星分店"和"银苑华夏分店"，企业规模和名气进一步扩大。企业在秉承传统湘菜的同时，还开了湘味海鲜之先河，实现了从茶文化到湘菜文化的飞跃。

2003年，银苑在二环线上开办了当时湖南省内规模最大的现代化酒楼，取名"银苑一路吉祥"。酒楼占地8300平方米，可同时容纳近2000人用餐，以经营吉祥新派湘菜为主，彰显了企业深厚的文化底蕴和深远的文化情怀，实现了从湘菜文化到吉祥文化的重大飞跃。🔒

（陈暑艳）

龙牌酱油：一滴味无穷

酱油是中国人的特殊调味品，含有蛋白质、氨基酸、糖分、食盐等，营养丰富，滋味鲜美。酱油是由酱演变而来，早在3000多年前，周朝就有制酱的记载。酱油之酿造纯粹是偶然发现，起源于中国古代皇帝御用的调味品，是由鲜肉腌制而成，后来发现大豆制品风味相似且便宜，才广为流传食用。酱油按照原料分为黑豆酱油、豌豆酱油、黄豆酱油、鱼露、海鲜酱油等；按照颜色分生抽、老抽。生抽颜色比较淡，呈红褐色，一般用来佐餐，味道比较鲜甜。老抽加入了焦糖色，呈有光泽的棕褐色，鲜美而微甜，适合肉类增色使用。

湖南湘潭素有"酱油王国"之称。龙牌酱油是湘潭特产，1915年在巴拿马万国博览会上获奖。《湘潭县志》记载，湘潭市酱作业首创自清乾隆年本县商人龚裴然，当时龚庆祥斋酒酱作坊生产的酱油"汁浓郁、色乌红、香温馨"，被称为"色香味"三绝。100多年

前，清代大学者、著名书法家何绍基在品味龙牌酱油做的佳肴后，留下了"三餐人永寿，一滴味无穷"的名句。

龙牌酱油除有"酱香浓郁、滋味鲜美、咸甜可口和永贮不变、无浑浊沉淀及霉花浮膜"等独特优点外，还含有多种香气成分及人体所必需的氨基酸，是上等营养佳品。龙牌酱油选用东北非转基因黄豆和北方硬质小麦面粉为主要原料，其生产工艺为：选料—洗豆—浸洗—沥干—蒸料—冷却—拌面粉—制曲—发酵—成熟—抽油—晒露—灭菌—检验—灌瓶包装。昔日制曲，是将冷却好的黄豆与干面粉拌匀

后，装入竹板簸箕内，放入霉房，靠空气中自然的米曲霉等微生物制曲子，成曲后按定量装入室外的大缸内，并按比例加入盐水，让其日晒夜露。利用太阳热能，增加酱醅温度，促进发酵及成熟。整个发酵期间，除了雨天用篾制篷盖盖严外，缸口基本上是敞开的，为了使酱醅都有接触日晒的机会，踩缸10天后进行抹醅一次，即将面层干压入盐水，两至三个月后进行翻醅，将原醅上下倒置抹平，待面层成熟再类似翻抹一次，乃称"一抹两翻边"。经过三伏天烈日曝晒后，整个酱醅呈滋润的黑褐色，有清香气味，并有多量酱汁渗出，已达成熟阶段，即可抽油。发酵时间一般要六个月以上，经夏天者也要三个月，以过夏天的质量最好，故有"三伏晒酱、伏酱秋油"之说。

龙牌酱油使用的酱缸为"苏缸"，产自江苏宜兴。缸的直径105厘米左右，高84厘米左右，容积0.6立方米左右。作为发酵容器，"苏缸"具有紫砂壶的功能，对于稳定和保持龙牌酱油独特的风味有着重要作用。

龙牌酱油生产所使用的取油插子，直径为10厘米左右，高80厘米左右，竹篾织成。取油原理是由重力作用而"自流"。这种竹木工具避免了金属材料接触半成品和成品酱油，得到的半成品酱油清亮透明，质地好，风味更加独特。

龙牌食品还有一款产品紫油嫩姜，其制作关键就是最后一步龙牌酱油的浸泡工序。做紫油嫩姜要选用白露节前出土的良种子姜。嫩姜洗净后，剪去荷口，块茎壮大的要略微剥散，然后放入缸内，下头道毛盐；隔一天后，将姜捞出转入另一缸中，再下第二道毛盐；又隔一天，连卤水转缸，将卤水取出、补足盐水，烧开后使其冷却，把姜放在缸内踩平，加上卤水，上面盖一层三至五斤的洁盐，再盖上芦席或麻袋，用和熟的黄泥密封三个月，就成了半成品的紫油嫩姜坯；将姜坯取出滤干卤水，套入酱瓣，按每百斤用15斤原醋酱，层层敷压七日，使鲜味渗入姜内；再

将姜取出，洗去酱瓣，再按每百斤姜用20斤龙牌酱油浸泡三天，使姜变成酱黄色，这才算大功告成。紫油嫩姜具有浓郁的酱香气味，脆嫩爽口，咸甜适度，滋味鲜美。

毛泽东主席与"红烧肉"的故事

　　毛泽东主席从小爱吃红烧肉。1914年进了湖南第一师范以后，据其同班同学周士钊和蒋竹如回忆，毛泽东主席当时建议学校每周六"打牙祭"吃红烧肉，用湘潭上等酱油（龙牌酱油）加冰糖、料酒、大茴（八角）慢火煨成，用带皮的"五花三层"的肉做成地道的红烧肉，味道十分可口。毛泽东主席和同学们每次吃完后，不但精神百倍，写文章的灵感也犹如泉涌。在延安时期，毛泽东主席甚至把吃一顿用家乡酱油制作的红烧肉称作"打了一次胜仗"。1959年，毛泽东主席时隔32年回到湘潭韶山，曾亲点当地红烧肉，以解乡情。就这样，一代伟人毛泽东主席一生与红烧肉结下了不解之缘。🔴

（戴琳）

德茂隆：穿越百年的酱香

小时候，顺着长长的麻石街，到长沙市南门口的德茂隆酱园，花两分钱买一包用荷叶包得满满的什锦菜，与几个小伙伴分而食之，那唇齿生香、余味无穷的味道，是多少老长沙历久弥新的记忆。

老字号，是一座城市的名片和文化载体，多年来，人们已经习惯了它的存在，习惯了与之情感上的休戚与共，"德茂隆"便是长沙"老口子"们钟爱的一家老字号。

德茂隆始创于光绪元年（1875年），由晚清富商魏鹤林创办，始名"魏德茂"。魏鹤林经商之余著《盐法小志》六卷、《茶法小志》四卷，开长沙商人著书之先河。魏鹤林热心社会公益事业，曾捐银1000两办慈善公所。"魏德茂"后几易其主，至清代光绪十三年（1887年）由张子林独资经营，改名为"德茂隆"。

民国初期，德茂隆先后开设48个支店。1921年德茂隆由原支店经理谢菊生接顶，主营酱园，兼营酒、香干、麻油、豆豉、酱菜，共六个作坊。谢菊生是学徒出身，经验丰富，1945年，他精心策划，推出特产优质"德"字香干。德茂隆的香干制作，从选料、浸泡、淘洗、磨豆、摇浆、煮浆、凝固、成形、造白、瓮色直到配卤等各道工序，层层把关，一丝不苟。其他酱园曾试图与其抗衡，均难以匹敌。从此，德茂隆独占鳌头，信誉日增，年盈利万余元。

100多年来，德茂隆历尽磨难，几代德茂隆人始终不离不弃，秉承祖训，传承创新，直到20世纪80年代中后期才因种种原因停止生产经营。进入21世纪后，德茂隆人重整旗鼓，于2006年成立长沙市德茂隆食品工贸有限公司。2007年初，公司首先恢复了豆制品的生产，德茂隆公司申请注册了"德茂隆"文字和图案商标，生产"德

南门口德茂隆酱园旧影

茂隆"豆制品、酱腌菜。同年通过国家食品市场准入制度的QS认证，并获得商务部颁发的"中华老字号"。产品先后荣获中国农业博览会金奖、中国中部（湖南）国际农博会金奖、湖南省优质产品等荣誉。

2016年，德茂隆在望城的豆制品集中生产基地投产开业。德茂隆在传承百年制作工艺的基础上，与最新的生产技术相结合。望城豆制品生产基地占地18000多平方米，引进8条豆制品自动化生产线，日产能力达10万斤，年产值达到5000万元以上，为长沙市豆制品的供应及食品安全提供了有力保障。

"德茂隆，始创于1875年，至今已有140多年的历史，我作为第13代传人，有责任也有使命，将这个沉甸甸的百年老字号品牌发扬光大。"董事长高剑瑞始终坚持老字号的核心价值是诚信，坚持要"以德服人"。德茂隆香干的整个制作工艺严格依循传统，对口种植基地精选无公害的黄豆，生产绿色、天然、优质的各类香干，且保持原有的卤制配方，不添加防腐剂等任何化学添加剂，经营上开设连锁店，直销德茂隆产品，并全部采用冷链物流配送。

坚持"关注人类健康"的德茂隆，已初步发展成为现代化、综合性、高效益的综合型食品加工企业。下一步，公司将升级研发中心，重点研究大豆种子的培育、大豆营养成分以及生物菌种，与湖南大学、湖南农业大学合作研发针对糖尿病人、心脑血管病人、术后病人等特定人群康复的豆制品。

德茂隆与时俱进，积极推进建设电子商务平台等新兴销售渠道，计划通过电商渠道实现年度销售额每年递增，到2022年年销售额达到9亿元，实现净利润9000万元。

（陈暑艳）

古城长沙原八角亭故地走马楼之侧，有一幢飞檐画栋的大砖瓦房，它便是闻名遐迩的百年老字号——甘长顺。里面一碗碗热气腾腾的粉面是多少长沙游子魂牵梦绕的乡愁。鲜香四溢的汤汁、重口味的码子，这传承了135年历史的粉面，是如何跨越百年，滋味不改的呢？

1000碗寿面做起来的生意

甘长顺由甘长林创立于1883年（清光绪九年），原名"长顺斋"，是一家只有"三张半桌子"的店铺，经营之初便遇到了生存考验。天不绝人，惨淡经营数月后，邻街绸缎庄的老板肖老先生六十大寿，来店订寿面1000碗。甘长林抓住这一商机，选取上好面粉及码子精心制作，供祝寿食客们享用，食者啧啧称好。声名鹊起后，甘长林将店名改为"甘长顺斋"。

光绪帝20岁御寿那日，甘长林再次打出祝寿招牌，敞开铺面免费供应寿面一天。市民欢天喜地，扶老携幼来吃寿面，"甘长顺"一时有口皆碑。此举震惊官府，不但得以免税一年，更是声名远播，产生名牌效应，慕名而来者日甚。1920年，甘长林之子甘寿彭子承父业，注重质量、讲究用料、坚持薄利、热情服务，生意越做越大，红红火火。

一波三折，1938年的"文夕大火"，将辛苦经营几十年的甘长顺烧得精光。甘寿彭想方设法将门店移址长沙走马楼右侧东方巷，不久后，甘长顺再次大放异彩，经营规模甚至比大火前扩大了三倍。

1956年，甘长顺公私合营，"文革"时期改名"东方面馆"，直到改革开放后才恢复老字号。1987年，常春生承包甘长顺，后将其传承给徒弟吕望国经营。如今，甘长顺在传统手工米粉及五大炒码制作技艺第五代传人周光华手上，推陈出新，正焕发出新的魅力。

督军也爱这一碗粉

一碗纯正的传统手工米粉，从选米到研磨，从调浆到晾干，从切粉到出锅，每一道工序都是艺术。

甘长顺原址图

甘长顺传统手工米粉加工专用稻米从淘洗到浸泡、从石磨磨浆到匀浆蒸制，每个工序对于传承人的技艺都是一道考验和强化。经过多道工序精心制作而成的米粉米香浓郁、筋道十足。炒码制作过程，主料和配料的先后顺序、火候的掌握、出锅时盖码的要求，都让甘长顺传统手工米粉及五大炒码制作技艺成为一种艺术级的作品。

甘长顺最出名的炒码要属"鸡丝火"。相传民国时期，湖南督军谭延闿也极好甘长顺的"鸡丝火"，每每馋虫一起，即叫下属传话甘长顺一带静街并停止营业，然后带随从赴甘长顺享用，店内损失的营业额以小费弥补。

楹联里的意味深长

甘长顺门店门口有楹联一副，上联：长挑重盖，带迅来原鲜码面；下联：顺饮轻吞，从容品味美食家；横批：甘旨惟斯。这副对联道破甘长顺历经百年长存的秘密，那就是对于品质的严格管控。

据传，甘长顺第三代传承人甘寿彭有个特殊的习惯，如果哪天有哪位顾客碗里的粉面没有吃完，他就会亲自吃上一口，然后让煮粉面的师傅也吃一口，看看究竟是哪里不尽如人意，以便日后改进。

需要历经多少苦，方能换得一碗甘。需要什么样的坚守，才能让一个品牌百年长存。深谙经营之道的甘长顺人深刻意识到，新时代的餐饮竞争不仅是产品质量的竞争，更是公司软实力的比赛。为此，甘长顺人与时俱进，大胆实行品牌化管理之路。美味可口的面条和细致周到的贴心服务，使甘长顺成为长沙美食界一道靓丽的风景线。

甘长顺利用现代化的管理理念和管理方式，创造了一个又一个经营奇迹，截至2016年，甘长顺已有加盟店十余家，首家外埠加盟店在北京二环边中海大厦开业，年营业额突破千万。

2001年企业改制组建成立了长沙杨裕兴有限公司，甘长顺一并归属旗下。甘长顺作为和杨裕兴齐名的长沙面粉行业双子星座，正以"幸福长沙味，时尚老字号"为理念，踏上自己发展的新征程。🉐

（陈署艳）

去掉"黄"字的黄春和粉店原址

黄春和：米粉界的南派宗师

"黄春和的粉，杨裕兴的面；南春和，北和记。"谈到长沙米粉，老长沙人的口气里总是透着一股骄傲，在他们看来，黄春和米粉，俨然是米粉界的南派宗师。

黄春和粉馆由长沙县榔梨鹿芝岭卷塘人黄春和创立，至今已有80余年的历史。1938年长沙"文夕大火"之后，36岁的黄春和带着一家老小来到长沙开始经营米粉。他与妻子每天半夜起床磨米面、烫粉皮，清早便挑着米粉担子，在南门口一带沿街叫卖。凭着娴熟的祖传工艺和质优价廉、薄利多销的经营手段，黄春和和他的米粉很快远近闻名。

1942年，黄春和在长沙织机街租赁门面开起了粉店，并正式取名"黄春和粉馆"。夫妻俩昼夜勤作，碗盏洗得干净，用猪骨炖汤，作料适当，米粉味鲜量足，深受小市民欢迎，赢得了更广泛的声誉和好评。

黄春和的生意越做越大，招牌越做越红。1945年至1949年，黄春和粉馆扩充店堂，开设雅座，进入鼎盛时期，成为南门口一带的商业大户。

1958年公私合营后，由原店大伙计（掌锅）胡慎恒担任店经理，继续经营，后受特殊时期的影响，黄春和粉馆关门歇业。1988年5月1日，黄春和粉馆迁至黄兴南路繁华地段重新挂牌营业，由传承企业长沙市第二饮食公司大庆饭店扩建店面装修门面，将胡慎恒老师傅请回来做技术指导，又以新的店容店貌，展现在消费者面前。

黄春和米粉讲究色、香、味、形俱佳，秉承了中华传统饮食选料严格、刀功精细、讲究拼配、调味多变、注意火候等特点。名字中的"和"字，是其饮食文化的精髓，体现着创始人追求五味调和与养生和谐的文化理念。

"和"是饮食之美的最高境界。这种"和"，由调制而得，在满足食客生理需要的同时，更满足食客的心理需要，使他们的身心需要能在五味调和中得到和谐、统一。黄春和米粉的炒码与粉汤制作等都讲究因人而异，满足各阶层人士不同的口味需求和消费。创始人黄春和曾总结出一套经验：对穿皮袍着马靴的人，要重码轻挑；对穿草鞋打赤脚的人，要轻码重挑；对小姐阔太，要轻油宽汤；对大汉猛夫，

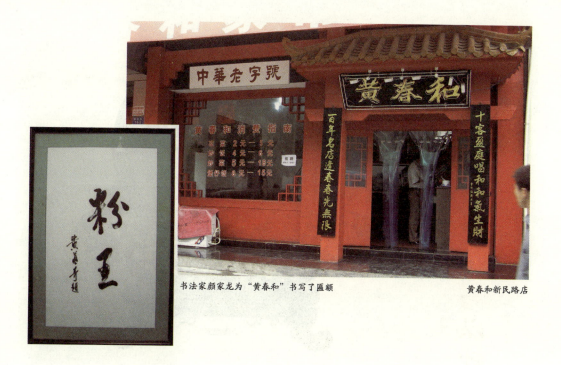

书法家颜家龙为"黄春和"书写了匾额　　　　　　　　　黄春和新民路店

要双油重挑。

现任董事长陈杨夫在保持和发扬优良传统的基础上，不断在品种和质量上开拓创新，他推出以米粉为主食（配以热菜、凉菜、小炒）的粉宴，受到广泛好评。在他的培育下，黄春和成长出一批又一批的技术接班人，使绝技得以继承和发扬。

他们对每碗粉的盐味等各种调料都制定了一系列的质量和数量标准，对米粉的选用和制作工艺，提出了更高的要求。每张粉皮须切120刀左右，切得匀细，既美观又容易入味，油码制作上也精益求精。加工工艺的完善，使黄春和米粉有别于其他粉店，形成了自己独特的风味和不同寻常的特色。

一位旅居美国的华侨老人，20世纪40年代曾居住在长沙，1996年3月回国后专程回长沙品尝黄春和米粉。他兴奋地说："黄春和米粉仍如过去一样，在我心中有着独特的魅力。"

历经80多个春秋的黄春和粉店已今非昔比。如今，公司在全市不同地域开办了多家连锁店，各店不断推出湘菜和小吃，与米粉相互配套，深受顾客欢迎。黄春和在数代人的共同打造后，已成为具有影响力的知名品牌。🅾

（陈署艳）

湘绣『金彩霞』：以针代笔　妙入毫颠

山兽之君

　　2013年，香港保利湘绣湘瓷艺术精品拍卖会上，湖南省湘绣研究所的双面老虎头绣品《山兽之君》以280万元港币的价格拍出，创下了湘绣老虎头题材作品在港澳台地区拍卖的新纪录。而在预展时，第一眼看到它的人无不震撼其"形象生动，细节丰富，立体逼真，难以想象是绣出来的"。狮虎历来是湘绣的代表作品，在刺绣业独树一帜，其生动逼真、质感强烈的艺术魅力来自湖南省湘绣研究所于20世纪50年代末60年代初创制的针法技艺——鬅毛针。

　　湘绣是中国四大名绣之一，被列入首批国家级非物质文化遗产保护名录、第一批国家传统工艺振兴目录。而湖南省湘绣研究所是中国湘绣研发和生产的专业机构，其品牌"金彩霞"2011年被认定为"中华老字号"，2014年被命名为国家级非物质文化遗产生产性保护示范基地。这里是传统湘绣技艺集大成者，也是新派湘绣技法的孵化基地。在这里，一代又一代湘绣大师用一针一线谱写着匠人之心，创作出一件件令人惊叹的传世之作的同时，也将这项古老的技艺淬炼成金——既可大气磅礴，亦能妙入毫颠。

流传千年、驰名中外的"长沙绣"

湘绣实则"长沙绣",是以长沙为中心的刺绣工艺品的总称。长沙刺绣历史悠久,长沙楚墓曾出土了绣着龙凤和堆花的丝绢被,马王堆汉墓中出土了更多的绣带绣料,其工艺之精湛,令人叹为观止。现代意义上的湘绣主要是在湖南民间刺绣工艺的基础上融入古代宫廷绣、士大夫闺阁绣的技艺与某些形式,同时汲取了苏绣和粤绣及其他绣种的精华而发展起来的刺绣工艺品。

湘绣主要以蚕丝、纯丝、硬缎、软缎、透明纱和各种颜色的丝线、绒线绣制而成,其构图严谨、色彩鲜明,各种针法富于表现力,通过丰富的色线和千变万化的针法,使绣出的人物、动物、山水、花鸟等具有特殊的艺术效果,无论平绣、织绣、网绣、结绣、打籽绣、剪绒绣、乱针绣等都能充分发挥针法的表现力。注重精细入微地刻画物象的外形和内质。

湘绣强调写实,质朴而优美,形象生动,结构上虚实结合,巧妙地将中国传统的绘画、刺绣、诗词、书法、金石各种艺术融为一体。其作品具有极高的传统手工技艺价值和地域性文化艺术价值;湘绣绣品形象生动逼真,色彩鲜明,形神兼备,动静互彰,有"绣花花生香,绣鸟能听声,绣虎能奔跑,绣人能传神"的美誉,成为湖南乃至中国的"艺术名片"。

湘绣以画稿为蓝本,"以针代笔","以线晕色",在刻意追求画稿原貌的基础上,进行艺术再创造。故其独特技艺,尽在"施针用线"之中。湘绣针法多变,以掺针为主,并根据表现不同物象、不同部位自然纹理的不同要求,发展出70多种针法。线色万千,根据各种不同画稿的题材,运用各种不同的针法,选配各种不同色阶的绣线——丝线或绒线,凭借针法的特殊表现力和绣线的光泽作用,使绣制出来的物象,不但保存着画稿原有的笔墨神韵,更增添了物象的真实性和立体感,起到了一般绘画所不及的艺术效果。以致湘绣独成一派,到清末"湘绣盛行,超越苏绣,已不沿顾绣之名。法在改蓝本、染色丝,非复故步矣"。

刺绣在长沙形成商品化专业生产始于清咸丰、同治年间。省城出现的第一家绣坊字号,则是湘阴人吴健生之妻胡莲仙于

湘绣大楼

光绪四年（1878年）在长沙天鹅堂挂出的"绣花吴寓"招牌，后迁至尚德街，改挂"彩霞吴莲仙女红"的招牌，光绪二十五年（1899年），胡莲仙的儿子吴汉臣在长沙红牌楼开设了销售绣品的"吴彩霞"绣坊。

此后，长沙城内相继开设了20多家绣庄，有些绣庄还在上海、天津、北京、武汉等地设有分庄。从此，湘绣作为名贵手工艺品大批量投入市场，销路逐渐扩大，声誉与日俱增，驰名中外。在清宣统二年（1910年）的南洋劝业会上，湘绣获得高度好评，言其人物"惟妙惟肖"，山水"浑笔墨于无痕，不审视不知其为绣画也"；次年又在意大利都灵博览会上获"最佳奖"。以后，湘绣绣品又陆续在日本的"大众博览会"、法国的"里昂赛会"和巴拿马的"万国博览会"上展出，均受到好评。

湘绣知名度和市场的扩大、发展，又促进了湘绣工艺水平的提高。1933年在美国芝加哥举行的"百年纪念博览会"上，长沙锦华丽绣庄送展的一幅美国总统罗斯福的半身像，引起轰动，标价3000美元，有美国人愿以1万美元收购，时任湖南省主席的何键，授意以他个人名义将此像赠送给罗斯福，对方则回赠了奖金6000美元。该绣品至今仍藏于美国芝加哥亚历山大博物馆。

纤毫毕现"鬅毛针"

抗日战争时期，湘绣业受到沉重打击。全面内战爆发后，长沙湘绣产业更是一落千丈，曾经誉满全球的湘绣，濒临人亡艺绝之境。中华人民共和国成立后，人民政府组建了国营红星湘绣厂（湖南省湘绣研究所前身），饱受战乱濒临绝境的湘绣业重获新生，激发了湘绣老艺人们的创作热情。其中，余振辉（1913—1984）在前人的基础上，总结完善了湘绣老虎的刺绣技艺。

余振辉13岁开始学绣狮虎，一生绣虎无数。她不满足于传统刺绣老虎的技法，觉得又平又板，没有一点生气。在湘绣厂领导的支持下，她采用新绣法，进行了大胆的尝试。经过长期反复观察和琢磨，她发现要使老虎活起来，首先要解决怎样使绣的毛能蓬起来这个难题。于是她尝试变换施针方法，打破湘绣传统针法"齐平亮"的要求，针路散聚状撑开，撑开的一头用线粗疏，另一头细密，把线藏起来，这样使人感觉到丝线像真毛一样，一头似乎长进了肉里，另一头却蓬了起来。这种新尝试，使绣出来的虎毛，既有毛的质感，又隐现出斑纹，她再结合旋纹针、回游针、平游针、花游针、齐毛针等数十种针法，参差穿插，灵活运用，使虎眼的神、虎须的劲、斑毛的质感、爪牙的动态，生动再现。用线上，该粗犷的地方，力求粗犷，使其有蓬松之感，细腻的地方，又不厌其细，使人难以看出每根毛路的针脚。

解决了虎毛的质感问题，她又用浓淡

余振辉

粗细的各色丝线，大胆铺底，布局上有表里、有层次、有聚散、有深浅地表现色彩，在变化中求统一，统一中有变化，使绣出的虎毛光泽柔软，色彩斑斓。

画龙贵在点睛。余振辉采用"旋游"针法，刺绣时大胆加色，一只小小的虎眼，用上10多种彩线，每种彩线的色阶加起来，有近25种之多，生成变幻纷呈的色彩，加上丝线的光泽反射，表现出颜色丰富、变化又极微妙的虎眼神采，使虎眼炯炯发光，产生旋动感，有"目随人移"的艺术魅力，老虎由此更为鲜活传神。

余振辉等先辈艺人，用自己的奇思妙艺，赋予湘绣丝线精魄，似有造物之灵，银针穿巡间，将各色丝线幻化成林中猛兽。1962年，刺绣狮虎的针法逐渐成熟完善，然而这样一套"造物"之技，却没有一个响当当的名字。余振辉找到人称"老虎二爹"的湘绣绘虎画师李云清，请他根据针法特点取名。李云清连夜回家翻查字典，最后选定"鬅"字，定名为"鬅毛针"。鬅，音朋，发散乱之貌。宋曾巩诗曰"但知抖擞红尘去，莫问鬅鬙白发催"。金元时期散曲家王和卿创作的小令《一半儿·题情》说："待不梳妆怕娘左猜，不如插金钗，一半儿鬅鬙一半儿歪。"李云清借用"鬅"表现这种针法特点，可谓形神音皆恰到好处。湘绣"鬃毛针"就这样诞生了。

余振辉以半个多世纪的刺绣生涯，绣了无数的湘绣狮虎，晚年一只眼睛完全失明。但是，功夫不负有心人，经过几代湘绣艺人的努力，湘绣狮虎绣品借助鬃毛针法，把它的神威韵味，带到长城内外，走到世界各地，观者无不惊叹其逼真凝似、纤毫毕现、丝缕欲跃、刚柔并济的强烈质感。

与湘绣走过钻石婚的大师

有人称湘绣是指尖上的芭蕾，那么国家级工艺美术大师、湘绣传承人刘爱云则当之无愧是一名出色的舞者。作为鬃毛针的第二代传人，刘爱云把自己的一生都投入了湘绣的传承与发展中。

出生在长沙县黄兴镇的刘爱云，11岁开始跟亲戚学绣花。1953年，才15岁的她，看家里经济困难，周围有人靠绣枕巾、被面能换钱，就找到东山镇上一位师傅，在师傅家一边继续学刺绣一边做帮工。

1956年，长沙县湘绣厂在黄兴镇设立加工点，刘爱云入了厂。短短两年，她一跃成为技术最好的绣工，还当上了辅导员，负责培训新进的员工。正是这两年，刘爱云刺绣的花样一下子丰富起来，花鸟虫鱼都有。她的灵气悟性和刻苦钻研的精神，让老师们都喜欢上了她，1958年，她顺利调入省湘绣厂。后来，她当了刺绣组的组长。她和姐妹们一起搜集了不少湘绣的民间针法，最后总结出73种针法，并第一次将其中的52种刺绣成了实物图解的针法样品。这应该是湘绣最早的宝典，至今仍保存在湘绣博物馆。

1962年，刘爱云遇到了人生的第一位大师——余振辉。余振辉告诉刘爱云，绣东西要不循旧法。

刘爱云白天跟余老师学针法，晚上去上文化补习班，还经常去动物园观察狮虎。这个"灵范"的学生，不仅学会了鬃毛针，还懂得推陈出新，把鬃毛针和各种针法灵活运用。不仅把老虎的毛发和眼睛表现得更加立体，改进后的针法还大大节省了刺绣的时间。

湘绣，不仅要懂针法，还要会设计。从没学过绘画的刘爱云又拜画家杨应修和李云青为师。面对这样好学的年轻人，两位大师不厌其烦地指点她设计的技巧。

像一块海绵，刘爱云贪婪地汲取大师之长。她自行设计的鬃毛针结合旋游针、绒毛针等针法绣制的《饮虎》获得第二届全国工艺美术品百花奖的"金杯奖"，并入选国家珍品，同时入选的还有湘绣经典之作《雄狮》，从此，刘爱云多了一个名号——"鬃毛针二代传人"。2014年6月6日，第三届"中华非物质文化遗产传承人薪传奖"颁奖仪式在北京举行，刘爱云获奖。

刘爱云一辈子，都是既当学生，又当老师。从20世纪50年代起，在黄兴镇的加工点，她就开始教学生了。60多年来，到底带了多少学生，刘爱云自己也数不

饮虎

清。2000年，退休了的她又被返聘回所里，指导绣工们完成了《张家界》《岳阳楼》《毛主席和五十六个民族》等巨幅湘绣的制作。

获艺坛千种誉，开绣业一枝春

如今在湖南省湘绣研究所，鬅毛针技艺已经进入了第五代传人的培养。一代代湘绣匠人传承的，不仅是手法技艺，更是心法精神。也正是得益于此，湘绣这项传承千年的技艺才能不断突破创新、与时俱进，在新时代焕发出夺目的光彩。

1979年，省湘绣厂升格成立湖南省湘绣研究所后，湘绣艺人们创造绣制了双面全异的狮虎作品，一面为上山虎，"九霄月黑闻长啸"；一面为下山狮，"睛如电掣惊犀兕"，巧妙的构思引人喟叹，双面全异绣技艺也被誉为"令人不可思议的魔术般的艺术"。

20世纪90年代研制的大型双面绣《群仙祝寿图》将湘绣技艺又推向新的高峰；贺香港回归的大型湘绣双面屏礼品《百鸟朝凤——洞庭春色》在香港回归和特区政府成立的典礼上得到中外来宾的一致好评。同一时期，技师们又把鬅毛针运用在人物肖像刺绣的头发上，绣制的《戴安娜》作品被上海工艺珍宝馆永久收藏，成为湘绣人像经典之作。

到了21世纪，湘绣艺人进一步提升和拓宽鬅毛针的艺术表现力，绣制了《山兽之君》《梅花鹿》《北极熊》等多种动物题材，使鬅毛针法的应用更为广泛和富有张力。

1989年，省湘绣研究所注册了"金彩霞"商标，为湘绣这一绝世技艺贴上了最闪亮的标签。这一商标的拟定也颇有深意：其中的"彩霞"二字来源于第一家湘绣坊"吴彩霞"，既是向前辈艺人致敬，也代表了传承；而"金"则有双层含义，其一为"用金手指绣出一片新天地"，其二为"金字招牌"。

如今，"金彩霞"这一品牌早已闻名遐迩，蜚声海内外，真正做到了名副其实。而江苏楹联家严金海的撰联则给了它恰如其分的褒奖：重光老品牌，欣获艺坛千种誉；独创新针法，首开绣业一枝春。🖫

（范莉娜）

金生花炮：点亮世界夜空

　　创立于1956年的金生花炮于2003年7月18日组建国内首家花炮集团，是融花炮生产、销售、研发、燃放为一体的集团公司，下辖六个子公司。产品主要有礼花弹、罗马烛光、舞台烟花、组合烟花、火箭、艺术造型（如字幕烟花）、玩具烟花、鞭炮八大系列，1000多个品种，畅销欧、美、日、东南亚等国家和地区。曾在海内外成功燃放400余场次，并于2001年、2006年、2011年在澳门、西班牙、菲律宾分别取得三次焰火燃放世界冠军。2014年销售收入9亿多元，利税过亿元，创外汇2000多万美元。商务部授予金生花炮为全国烟花行业唯一一家"中华老字号"品牌企业，2015年获"湖南省企业技术中心""湖南省民营企业一百强"称号，连续多年被授予"湖南省著名商标""湖南省小巨人企业""湖南省公益形象示范单位"等荣誉称号。

　　1976年面对创办6年、亏空达30万元的浏阳青草出口花炮厂，当时的青草公社副书记叶金生主动请缨，辞去副书记一职，担任该厂厂长，成为浏阳"文革"后首批从事花炮行业生产经营的企业家之一。

　　面对资金的无着落，叶金生果断、大胆采取了入股筹资分红的办法，解了燃眉之急。随后，他成立了技术骨干组，制订了一系列

2016年新办公楼

合理可行的规划、方针，将产业的长期发展与本身现实结合起来，并动员当教师的大儿子辞职到国防科大学习化工、火药、技术等。经过六年的经营，终将工厂发展成为一个年产值300余万元，获利达80万元的企业。

2003年7月，叶金生响应政府号召，以资源整合提升为目的，率先组建了浏阳第一家花炮企业集团——湖南浏阳金生花炮集团，并担任了集团董事长，下辖浏阳市青草出口花炮总厂浏阳市金生烟花制造有限责任公司、浏阳市金生红鹰烟花制造有限公司等六家子公司。注册总资本为人民币5079万元，当年产值突破亿元大关。近几年，与南京理工大学合作研发无烟新材料，与中南大学、哈尔滨工业大学、长泰机器人公司合作研发智能制造装备。

随着集团公司的发展，叶金生开始着手品牌的创建，研发了"红鹰"牌礼花弹，拥有了"金生""红鹰""青草"三个知名品牌，其中"红鹰"牌礼花弹从2002年起连续五年获湖南省"产品质量奖"，湖南省"名牌产品"称号，被评为湖南名牌产品，并于2006年获湖南省"著名商标"称号。

众所周知，花炮行业是事故多发行业，而且，为了保护环境质量，已有越来越多的城市禁放烟花鞭炮，企业经营出现困难。叶金生果断对企业实行了"三改"：一是球焙房由原来的火焙改为蒸汽焙；二是厂房由大改小，实行"小型、分

金生花炮董事长叶金生

金生花炮获得的奖杯

散、少量、多次、勤运走"方针；三是装球由多改少，从而大大降低了生产中事故发生概率。

为了降低药物线事故发生概率，浏阳金生集团与湖南稀土新材料研究中心合作，开发了一种替代高氯酸钾的花炮氧化剂，以满足市场需求，这一创新举措，很好地提高了集团的影响力，获得了同行的高度好评。现浏阳金生集团已是"长沙市企业技术中心"。

金生烟花点亮了世界的夜空，给世界带来了无尽的欢乐与精彩。🐦

（杨海英）

三吉斋：历经二百载的味觉记忆

味觉记忆是一个城市文化历史重要的构成部分。

清代前中期，长沙已是江南的重要商埠，而南货业是旧时长沙一个庞大的行业，100多家店铺遍布城内，其中以三吉斋最为著名。三吉斋历尽坎坷，几经浮沉，现在在长沙街头，依然贡献各式有着"三吉斋"文化烙印的糕点。

三毁三建，定名"三吉斋"

清朝道光六年（1826年），浙江绍兴人徐元吉于长沙青石桥（今解放路）开设店铺，取名"浙绍徐元吉斋"，以制作和经营点心、酱菜为主，销售各种南货为辅，在当时享有一定声誉。徐元吉斋的生意一直兴旺红火，获利不少。光绪五年（1879年），徐元吉将该店转于长沙人李康臣。

李康臣招股集资接手营业后，将招牌中的"徐"字去掉，更名为"浙绍元吉斋"。后来因为店铺连续发生三次火灾，李康臣特意将招牌再次更名为"三吉斋"，同时在店堂后新建了一座灵官庙，并广施善举，在店里备有防暑降温及各类紧急药品，以备急用或赠送给前来购物的顾客，造福湖湘之地。

李康臣经营约10年后，转由何申甫接手，之后改由李晋卿继任，并聘请靳文卿和周绍卿代为打理。

"桥上十子"传佳话

历史越是显赫，风光越是旖旎。三吉斋经营项目较多，计有南货、海味、酱园、作坊、炒坊和磨坊。1929年至1930年是三吉斋的全盛时期。当时，酱园部分每日营业额就达200多银圆。当时为了省事快捷，满足市民需求，店员干脆将酱坛打破供应，生意之好，可见一斑。

三吉斋经营项目众多，而最负盛名的当属元宵坨子（元宵），其选料精细，制作考究。在当时，三吉斋每年用于制作元宵的糯米粉就达到5000公斤左右。所制的元宵具有口感细腻、个体膨大等特点，

三吉斋传统元宵

咬一口便是满嘴糖蜜四溢。因此，三吉斋被誉为"桥上十子"之一。（"桥"是指青石桥，"十子"是指桥上十家最好的店中各自最拿手的拳头产品和特色人物，其他九子为绝路斋的帽子、马恒记的鞋子、裕源绸缎庄的绸子、徐长兴的鸭子、德馨斋的金钩鲜肉饼子、陈家铺子的益阳簟子、钱清汉楼的双妹子香粉、和善记的老板王胖子，饶道生屠坊砍肉的饶妹子）每逢元宵节，凡需购买元宵者，必须提前三天交钱订货，正月十五这天，店铺内外更是热闹非凡，市民纷纷前来抢购元宵。

三吉斋在经营管理上十分注重产品的质量与信誉。1942年的一天，三吉斋作坊的技术权威张菊秋回乡探亲去了。正好上海方面来电订购面薄脆。于是老板只好另叫他人代张菊秋完成此笔业务。谁知将货寄往上海后，因质量欠佳被上海来函斥责。老板收函后立即发电将原货全部收回并向上海客户赔礼道歉，同时要张菊秋以最快速度赶制后邮寄至沪。

在人才的留用与培育上，三吉斋秉承"能者上，庸者下"的原则。每年年底分红时，对外公布的分红金额是人人平等，每人50银圆，而实际上，凡有一技之长者，暗地里还另加50银圆。与此同时，还让能者担任职务，发挥才干。

三吉斋酥皮月饼

20世纪20年代三吉斋茶食商标

三吉斋特制荤桃酥

历百年风雨，载浮载沉

百年时间有多长？可以让一个家族三代更迭，也可以让一座城市历尽沧桑。百年老字号三吉斋，在百年风雨中，一次次站起，历久弥新。

1938年的"文夕大火"，使得处于青石桥的三吉斋毁于一旦。不久，长沙县霞凝乡人李文蔚在伯陵路（今蔡锷路）购置新地皮，建起新的三吉斋。该店分前后两栋，前栋为两层老式木结构，后栋为简易平房，产权为自己所有。店员74人，为当时长沙南货业中屈指可数的大户之一。抗日战争胜利之后，王世泽从李文蔚手中接过三吉斋，出任董事长。

中华人民共和国成立后，王世泽告老还乡，由陈甫林担任总经理，三吉斋在柑子园口和文艺路新设两家分店经营。

1956年，三吉斋与柯哈食品店公私合营。1960年，三吉斋作坊被撤销，其技术力量全部归口到九如斋作坊。三吉斋的酱园因行业归口而归属于浏城桥酱园。"文化大革命"开始后，在市民中享有盛誉的三吉斋更名为"卫国食品店"。"三吉斋"暂时退出了长沙食品行业的舞台。

老字号之所以能够一直传承下来必然是有着强劲的生命力。20世纪90年代，离开长沙市民视野30年的三吉斋终于在长沙市副食品经营公司（现长沙沃华经贸有限公司）的努力下重新开业，于蔡锷北路喜迎各方来客，为长沙市民提供那些记忆里的味道。然而，由于市场环境等原因导致店铺经营时断时续。

新老结合，创味觉记忆新篇章

三吉斋历经近二百载，虽由浙江人所创，但生于湖湘，长于长沙，是地道的湘人品牌。80后长沙小伙李钦对这个充满儿时味觉记忆的三吉斋有着不一样的感情，在这种感情的驱使下，他成为三吉斋的新一代传承者，并将店铺开在了长沙热闹繁华的南门口。

为了更好地传承百年老字号，李钦特意找到了三吉斋的老工匠刘伦敏担任糕点坊的大师傅。工匠精神最重要的就是专注和传承，年轻的李钦卷起袖子，开始跟着刘伦敏学徒。手工糕点技艺的沿袭，保证了口感和工艺不变，仍然可以延续人们记忆中的老味道。

时代在发展，社会在进步，人们对食物的要求越来越高。因此，李钦在继承传统手艺的同时，还开发和创新出了符合现代人口味的产品。例如荤桃酥，就是按

照传统配方结合现代工艺制成，口感脆、香，回味无穷，迅速获得顾客的认可，已经成为三吉斋的主力产品之一。

2018年，三吉斋应文和友的邀请，正式入驻"文和友老长沙龙虾馆"（海信广场店），以搭建场景的方式，再现20世纪80年代老长沙的风情，触发了顾客的怀旧情怀，形成了长沙一大热点现象。长沙百年老字号与本地新兴品牌强势联合，新老结合相辉映，共创长沙味觉新篇章。🔳

（王燕）

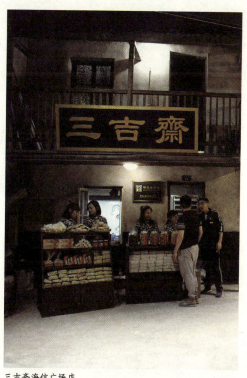

三吉斋海信广场店

湖南老字号

老字号是一种传承，传承着技艺、风俗和祖祖辈辈的道德情怀。

曾几何时，湖南黑茶行销边疆，铜官陶瓷远渡重洋，「湖广熟，天下足」，农耕文化的皇皇篇章，有我四水三湘。

湖湘商脉，传承中华！

常德武陵酒：最是武陵酱酒香

来自北纬30° 的酱香传奇

英雄不问出处，好酒当寻源头，一瓶好酒应是自然馈赠、匠心传承、酿造工艺、历史沉淀的集合。

北纬30° 是一个神奇的纬度带。这里气候温暖、四季分明、热量丰富、雨量丰沛，年平均气温16.7℃。这样的自然环境为微生物的生长提供了有利条件，而微生物是酒类酿造的神奇酵素。

正因为如此，茅台、五粮液、郎酒等一大批传奇名酒，皆诞生于这一神奇的纬度。而同处北纬30° 的常德，也孕育出了享誉海内外的中国名酒——武陵酒。

常德古称"武陵"，武陵郡民因沅水浇灌丰衣足食，因天地壮阔诗意浪漫，屈原曾在此写下《楚辞·离骚》，至今沅芷澧兰芬芳依旧。

武陵人酿酒的历史可以追溯到先秦时代。先秦时，武陵已有"元月元日饮春酒"的习俗。五代时，这里以崔氏酒家所产之酒闻

名，有诗为证："武陵城里崔家酒，地上应无天上有。"

1952年，常德酒厂在崔家酒坊旧址上建成，所产之酒谓之"武陵酒"。

20世纪60年代末70年代初，武陵酒与国酒茅台结下了不解之缘。随着毛泽东主席两度返湘长住，党和国家领导人也经常到主席家乡参观，作为接待专供的茅台酒供不应求。

为此，当时的湖南省革委会决定在当地酿造一款与茅台口感、品质相当的接待专用酒。常德酒厂因与茅台酒厂接近的地理纬度、自然环境脱颖而出。不仅如此，时任常德酒厂厂长鲍沛生与茅台酒厂技术副厂长季克良还是无锡轻工学院的同班同学。

发展主席家乡酒业义不容辞，鲍沛生带领的攻关小组，改造工艺十余项，在传承古法的基础上推陈出新，1972年，师法茅台、个性鲜明、细腻优雅的酱香武陵酒应运而生。酱香武陵酒随即成为常德酒厂的当家产品，20世纪90年代，酒厂更名为常德市武陵酒厂。

水为酒之血，粮是酒之肉，曲乃酒之骨。常德德山山泉，川南泸州高粱，滴滴润心，粒粒入味。酱香武陵酒用小麦焙制高温曲，以石壁泥窖底作发酵池，以"四高三长"为生产工艺之精髓。其中"四高"为：高温制曲，丰富了耐高温产香的微生物体系，使武陵酒略带焦香，焦不露头；高温堆积，网罗自然界有益菌，酱香

蒸馏接酒

突出；高温发酵，形成1200种以上香味物质成分；高温取酒，挥发有害低沸点物质，同时口感更丰富。"三长"为：制曲周期长，农历五月选取新鲜优质小麦制曲，历时5个月，农历九月才成；酿造周期长，一年一个轮回，历经9次蒸煮、8次发酵、7次取酒；储存时间长，陶坛储藏5年以上，酒体在陶坛中呼吸吐纳、自然老熟，达到风味物质的平衡，让酒体变得柔和醇厚。

好酒是时间的沉淀，更是自然的厚赠。在1981年全国白酒质量现场会上，武陵酒战胜茅台，位居第一名。而在1988年第五届中国白酒评比中，武陵酒第二次以第一名的身份战胜茅台，夺得酱酒之魁，同时成功跻身中国十七大名酒之列。2010年，武陵酒代表湘酒独家入驻上海世博会；2011年5月，武陵酒荣获中国驰名商标。

今天，湖南武陵酒有限公司已经成为一家产品系列化、包装系列化、生产标准化的大型酒类生产企业。建筑面积46000平方米的厂区，坐落于风景秀丽的常德经济技术开发区，企业现有员工400余人，国家级品酒师、省级品酒师、高级酿酒师等各类专业技术人员50余人。千年的武陵善德气质，敢为人先的湖湘精神，精粹成扑鼻而来的武陵酒香。

历经三代传承的独家工艺

武陵酒历经三代传承。

创始人鲍沛生是著名国家级酿酒专家，评酒大师，20世纪70年代，他带头创制的酱香型武陵酒，荣获多项国家殊荣；第二代传承人邹同益，传承武陵酒酿造工艺，将武陵酒的生产从年产50吨扩大到千吨规模。现任传承人、首届"常德工匠"王于广，从事酿酒工作31年，改进了武陵酒的生产工艺，更提升了武陵酒的文化内涵。

王于广根据常德的地理环境和气候条件，在生产中不断总结，积累手工操作经验，如对原料粉碎度、温度把控来提高高温曲质量；通过手摸、鼻闻、眼观等传统做法加强对酿造糟醅温度、酸度、水分的管理；结合气候条件的变化，精确判断，以保证武陵酒质量稳定。

质量是企业的生命线，王于广提出三个坚守：当生产时间与质量发生矛盾时，坚守质量不动摇；当效益与质量发生矛盾时，坚守质量不动摇；当产量与质量出现矛盾时，坚守质量不动摇。

在传承武陵酿酒传统工艺的基础上，王于广大胆创新，推出了"高温泡粮，高度接酒"新工艺，武陵酒的优酒率和出酒率分别提高了2.1%和3.2%。近年来，王于广在国内有影响力的专业刊物和杂志发表论文两篇，获得国家发明专利一项。

武陵名品香飘万里

历经磨砺，时光沉淀出一坛坛武陵好酒，真正当得起酿造的艺术、时间的味道。

武陵酒地下酒窖

20世纪70年代，鲍沛生团队经过两年多的努力，生产出与茅台口味一致、品质相当，但风格略有不同的"幽雅酱香武陵酒"。

"幽雅酱香武陵酒"于1989荣获中国名酒称号，成为与茅台并列的酱香型白酒代表，迈入了中国尊贵白酒的行列。伟人家乡的"茅台"也由此成为款待四方宾客的专用酒，一时间"武陵香飘万里，玉液名动九州"。

1995年，时值武陵酒酱酒面市20周年，"武陵王"横空出世，这款被誉为"武陵珍品、酱香王者"的"武陵王"并非浪得虚名：1998年12月，"武陵王"被湖南省名牌委员会授予"湖南名牌"称号；同年还获得了"湖南省产品质量奖"称号；2006年获得湖南省酿酒行业优质产品奖。

"武陵王"酒瓶形仿古代将军头盔，

被行家誉为"中华美酒与包装艺术完美结合，具有很高欣赏品位和收藏价值的经典之作"。

2010年，武陵"元帅"隆重登场。

每一坛武陵"元帅"酒，都取自石壁泥底条石窖池里酝酿而出的原酒，属天然生香之珍品。采用地下储存的酒体成熟方式，原酒在温度16℃~28℃、湿度50%~70%的绝佳环境下，经过3~5年的去燥除杂，由调酒名师盘勾后，再进入恒温恒湿的地下酒窖储存20年以上，使得酒体均匀老熟，酒香日渐浓郁。

武陵"元帅"包装的主色为金黄色，瓶身采用流线型的设计，曲线自然、柔和，十分雅致又富有动感。瓶身花纹、富含权威的令牌箭源自马王堆陶、漆器上的彩绘图样，古色古香，再现悠久历史。

（余娅）

德山酒：以德酿酒 醇香隽永

中国是世界酒的发源地之一，而坐落在北纬30°的常德，其悠久的酿酒历史堪称中国之最。这里德山、河洑山、太阳山三山拱卫，沅江、穿紫河、柳叶湖水乳交融，正是这山这水赋予了常德绝佳的气候环境，也成就了潇湘第一浓香酒——德山酒的美名。

秉善卷之德

关于德山酒的来历，在民间流传着美好的传说。

相传常德古名枉渚，有善卷先生在此居住，致力于教化当地百姓。蛮荒年月，唯有民风淳朴的枉渚欣欣向荣。尧帝慕名前来，被所见所闻深深打动，向善卷先生请教治国良策。善卷先生笑而不答，取来一坛本地特产的老酒请尧品尝。

酒坛刚一打开，顿时满屋芬芳。深谙酒道的尧大为惊叹，禁不住询问酿酒奇方。善卷先生哈哈大笑，说天下其实没有奇方，枉渚出产美酒，只因酿酒时心怀虔诚，精益求精。他们为取上好山泉不怕奔波，不吝啬精粮五谷，不敢疏忽百道烦琐工序。如此持之以恒，方得旷世美酒。

尧听后禁不住点头。善卷先生趁势谈到天地同心，万物一体，小到酿酒大到治国，都是以德为本。尧佩服善卷先生的学识和人格，想禅让帝位。善卷先生推辞说自己年纪大了，不想离开枉渚这片故土。而尧记住了以德酿酒的奥妙，后来将天下治理得井然有序。

人们为纪念这段历史，将枉渚改名为常德，即"尚德"之意。尧帝品过的美酒流传至今，名为"德山"。

1984年德山大曲再次荣获国家质量银质奖
这是迎牌车队行进在常德街头

德山大曲酒厂

20世纪90年代中期德山酒业的主力产品

留御品之缘

常德德山山有德，德山之德源于善卷。千百年来，善卷之德扬名后世，引来无数文人墨客、王侯将相留下诗文墨宝。

相传，明崇祯七年（1634年），礼部尚书和东阁大学士杨嗣昌设家宴款待皇帝。席间，杨阁老开启了一坛从家乡常德带来的酒，请崇祯品尝。酒入喉，皇帝惊叹："杨爱卿家乡竟有如此美酒，近年国家连连征战，朕烦忧不已，这美酒让朕开怀释然。"杨阁老跪地谢恩道："常德德山是古代圣贤善卷归隐之地，气候环境最适酿酒，若圣上喜爱，今后作为御品贡奉，这也为吾家乡之荣耀。"崇祯欣然应允。乾隆年间，乾隆皇帝路经德山，品尝了当地美酒，听到人们谈论善卷的故事，大为欣喜，称赞道："此酒堪比宫中御用贡酒，此人更是无愧为帝者师。"于是御笔一挥，留下了"真谛总涵华海露，慈光长仰德山云"的墨宝。

传古法工艺

德山酒业作为常德古法酿酒技艺之集大成者，其传承百年的古法酿造技艺包括引水、选料、制曲、发酵、储存等环节，上百道工序均属手工技艺，并仅在师徒之间口耳相授，关键诀窍均是不传之秘。

"水为酒之血。"德山酒酿造之水源自德山地下，脉承沅江秀水，明如镜，甘如露，清如冰，碧如玉，被誉为"泉如湛露胜天浆"。以此水酿成的德山酒，酒体醇厚，香气浓郁，余味爽净。

"粮为酒之肉。"常德自古就是闻名遐迩的粮仓，然而，德山酒业挑选酿造原料粮自有他们一套独特的标准。只有淀粉、水分、外观等质量指标符合标准的优质五粮才能进入酿酒师们的视野。

"曲为酒之骨。"德山酒的制曲原料为上好小麦，采用人工踩压，码垛发酵，手感控温，目辨成色，自然接种，历时六个月以上方可投入生产，具有麦曲特有的香味。

"千年窖，万年糟。"德山酒业的发酵窖池最年轻也有50多岁了，是湖南迄今保存最悠久的老窖池群之一。德山酒还以独特的"老泥醒窖"工艺保养窖池，以获取最佳的微生物发酵环境，确保酿出优质原浆酒液。

"酒是陈的香。"德山酿酒师傅秉承传统摘酒要求，将原浆酒液精分为12个等级，分别用优质陶坛储藏于深入地下十多米的老酒库中，保持恒温恒湿，历经漫长岁月，使酒体更加老熟醇厚，醇香隽永。

2012年，德山酒古法酿造技艺被列入常德市非物质文化遗产保护名录。2014年，德山酒业被认定为第一批"湖南老字号"企业。今天，德山酒业正以崭新的形象引领古法工艺和文化基因的回归，续写湘派白酒的新篇章。

（姚瑶）

自然晾晒面条

羞山官厅面：做最好吃的面条

羞山官厅面又称修山面（修面），是桃江县传统工艺产品和老品牌，起源于清朝康熙年间，已有300多年的历史。"做最好吃的面"是修山钟氏家族300年来的坚持，由于水质纯美，面条柔软耐煮，色、香、味俱佳，修山面的口碑越传越远。

300年手艺传承里的精细味

钟学稼师傅是当地小有名气的羞山官厅面条传统制作工艺的传承人，他制作的面条面片油亮光洁、质软耐煮、口味幽香醇正。钟学稼，1948年出生于湖南省桃江县修山镇的官厅村（现合并为麻竹垸村）。钟学稼师从自己的岳父钟志苏开始学习做面，虚心好学，喜好面食，至今已经50余年了。

之前他经常听师傅说："做面很简单，就是面粉、盐、碱和水。"等他自己做面几十年，并且尝过中国大部分面条以后才发现，师傅的手艺，听起来很简单，其实一点也不简单。自接手经营面条作坊以来，钟学稼一直严格按照师傅的配方，就只用面粉、盐、碱和水，不添加其他任何添加剂。一直以来，为提升面粉的品质，钟学稼不断调整不同产地、不同品种的小麦来改善面条的口感。

官厅面的制作原料样样精细，制作的每一个环节都严控把关。

修山官厅村钟氏家族挑选经过"伏仓"处理的优质小麦（面筋值，粉质、灰分均须达到一定的标准），按照一定的比例混合均匀，以黄牛背石磨，打筛开始，用圆盘石磨反复碾磨七八次，打筛至少五次。

在300余年的传承过程中，逐步形成了一套比较完美的加工工艺。依据小麦的品质再进行加工搭配是钟氏羞山官厅面的精髓。羞山官厅面条由含有多种微量元素（偏硅酸、锶和氡）的优质羞女山山泉和传统秘方配制而成。它在形成和发展的过程中，既吸收了南方食客所要求的面片油亮光洁、面条柔软、爽口特点，又借鉴了北方面食所具有的筋道特色，从而形成了面条入口柔中带刚的独特风味。

根据客人的要求，可将面条切制成细条或者宽条，其中羞山官厅面条的细面，即银丝王。银丝王是面中极品，纯手工制作，其品质堪称一绝，因状若银丝，因此叫银丝面。传统羞山官厅面条一直采用纸圆筒包装（俗称"筒子面"），包装时不称，凭手抓取，复称时，丝丝入扣，不差分毫。

代代传承的工艺要求，不仅要求选料严谨，重视工艺，更是因材施艺，四季有别，最大限度地保持原味。

发展脉络上的文化味

20世纪80年代，"修面"被湖南省粮食厅授予优质奖。1990年"修面"被钓鱼台国宾馆列为国宴佳品。在改革开放的大潮中，随着对修山面条的深入开发，"修面"连续五年被湖南省食品检验部门评为"一级产品"。1993年以来连续四届益阳（国际）竹文化节，羞山官厅面都担当了益阳特产的主角，被全国乃至国外客商普遍看好。2009年，"益阳市修山钟氏面业有限公司"成立，将300余年来祖辈的传统工艺与全新的创意面条概念进行完美融合，重新打造"羞山官厅"面条品牌。2011年8月，羞山官厅牌系列面条被评为"放心挂面"。2011年，在中国中部（湖南）国际农博会上获金奖，湖南省工商行政管理局为羞山官厅面商标颁发了湖南省著名商标证书。2014年，被湖南省商务厅认定为"湖南老字号"企业。2015年，羞山官厅面条的传统制作工艺被认定为益阳市非物质文化遗产。

300多年来，钟氏家族秉承着"做最好吃的面条"的理念，坚守高品质、健康美食和地方特色，希望将中国面条文化与地方产业进行完美结合，打造一个创意面条品牌。🈷

（彭静）

非遗传人手工和面

白沙溪：黑茶之源遍流九州

茶为国饮，湖南为先；茶祖在湖南，茶源始三湘。安化自古产茶，"山岩水畔，不种自生"，是全国闻名的黑茶主产县之一，其产量为全国黑茶之冠。安化黑茶源于汉唐、兴于明、盛于清，历史悠久，远销万里，影响深远。

从长沙马王堆汉墓中发现的安化黑茶，见证了在汉使张骞开发西域之时，安化黑茶已经为王公享用。安化黑茶于明万历年间定位官茶之后，广销西北，成为古丝绸之路上的生命之饮，经过千年的驼铃更开拓了南起安化北至俄罗斯圣彼得堡的万里茶道。

古道茶香拂不去，山间铃响马帮来。

行走在安化大山深处的这条茶马古道上，那千年沧桑的文化沉淀历久弥新。

一叶"白沙溪"，半部黑茶史。中国第一片黑砖茶、第一片茯砖茶、第一支千两茶，均与安化、与白沙溪有关。有人说，一部中国黑茶的文明史就是安化的风华剪影；游弋在黑茶故乡的山崖水畔，每一次白沙溪的沧桑洗礼都见证了中国黑茶文明不朽的风云。

浴火而生　铸就黑茶之源百年根基

1937 年，抗战爆发，曾定义为稳定边疆促进团结的"民族茶"安化黑茶面临产销脱节危机，西北茶荒告急。白沙溪茶厂应运而生。

20世纪50年代，每一担白沙溪茶都是对新中国建设事业的贡献

时任湖南省建设厅茶业管理处副处长、留学国外农学士、安化人彭先泽先生，舍弃浙大教授级别优厚待遇，回湘发展家乡茶业，1939年5月，彭先泽在安化仿湖北羊楼洞方式，用木机压制的方法试制黑砖茶样砖成功。随后，彭先泽将样砖茶送请当时的财政部贸易委员会检验，并在当年6月得到复电："样砖色味俱佳，速洽茶商，集资建厂，大量压制。"1941年元旦，安化成立湖南省砖茶厂即为白沙溪茶厂的前身。同年7月，首批砖茶10万片突破日寇重重防线，出厂西运并出口俄罗斯换取了大批抗战物资。

1950年，砖茶厂收归国营，成立中国茶业公司安化砖茶厂。1951年1月，全厂举迁白沙溪，后正式定名为湖南省白沙溪茶厂，并随之奠定了安化黑茶本地再加工成紧压茶销往西北诸市场的产销格局，铸就了白沙溪中国紧压茶发祥地、边销茶摇篮的百年基业，将千年"黑茶之源"历史延续。

1939年，第一片黑砖茶诞生于白沙溪；1953年湖南的第一片茯砖茶诞生于白沙溪；1958年，第一片花砖茶诞生于白沙溪。这三种砖茶的传承恢复，促进了安化千两茶、天尖茶的生产，奠定了安化黑茶"三砖、三尖、一花卷"七大系列的产品体系基础，使之成为新中国第一批国家边销茶定点生产企业之一，为国家边销茶事业做出了巨大的贡献。1956年白沙溪茶厂即被评为全国五个优秀茶厂之一。

国家非物质文化遗产茯砖茶制作工艺

自强不息 传承经典搏击时代中流

进入21世纪初，茶叶市场放开后，白沙溪仍坚守边销计划这份神圣的责任。但随着内地人力成本的抬高，在市场经济的冲击下，白沙溪走入了最困难的10年。产品积压，资金无法回笼，职工下岗失业，退休职工生活难以保障，现任公司总经理刘新安在回忆那段经历时慨叹："那时我这个厂长当得真的有点窝囊。"

2006年12月13日，安化县人民法院依法裁定宣告湖南省白沙溪茶厂破产。但白沙溪人，没有气馁，白沙溪人骨子里有一股倔劲。"哪里跌倒就从哪里爬起来。"白沙溪决心不等、不靠、不要，自强不息，勇敢地站起来。2007年，白沙溪破产改制重组，职工自己掏腰包凑份子买回原厂房设备，5月18日，湖南省白沙溪茶厂有限责任公司成立。

其实在2007年白沙溪改制之后的头两年，白沙溪虽然扭亏为盈，但处于起步阶段的安化黑茶在市场上依然少有问津。

白沙溪70年不断火的七星灶

当时在长沙高桥市场只有一家茶店专卖安化黑茶，整个安化县的黑茶销售量也不到3000万元，白沙溪的全年销售也只在2000万元左右徘徊。面对依然艰难的市场，白沙溪人必须有胆识和智慧。

全力以赴 打造品牌建立营销体系

白沙溪要走出去打造世界品牌，不能放过每一次亮相的机会。"只要有一条缝，也要把白沙溪的产品亮出来。"于是，公司推出"黑茶之源，遍流九洲"的白沙溪黑茶广告语，接连组合打出向现代市场进军"三张牌"。

走奥运，进世博，打出漂亮的"营销牌"。2010年白沙溪看准上海世博会的契机，决定将安化黑茶再次打入世界的视野。500万的投入，184天的展示，100万次的接待，白沙溪代表安化黑茶在世博会湖南馆和联合国馆树起了现代品牌的大旗，获得"世博十大名茶"称号。在世博会上白沙溪用安化黑茶先后接待了原联合

国秘书长潘基文、联大主席阿里·图里基、泰国诗琳通公主、时任湖南省委书记周强、羽毛球奥运冠军龚智超等国内外领导和嘉宾。在这里，白沙溪人用安化黑茶向世界人民展示了中国传统制茶工艺的魅力，获得了巨大的成功。白沙溪品牌的掌门人——总经理刘新安也因此获得了由湖南省人民政府颁发的上海世博会先进个人三等功。

重宣传，讲健康，打出安化黑茶的"健康牌"。安化黑茶具有刮油、解腻、去脂、助消化、理肠胃等保健功效，早已成为少数民族人民不可或缺的重要生活品。白沙溪与专家、高等院校、科研院所联盟研究安化黑茶内含物，揭示安化黑茶对人体有益成分。安化黑茶渐渐褪去边销茶的神秘面纱，被大众群体所熟知，打开健康消费的广阔市场。

传承精典技艺，返璞归真，打出白沙溪的"技艺牌"。面对现代消费市场，白沙溪精益求精，开发出近100种产品。2007年研发出的白沙溪"天茯茶"成为安化黑茶敲开现代都市市场的敲门砖，白沙溪黑茶产品连续11年获得中国茶业博览会金奖。2017年，《天茯茶关键技术研究与应用》获得湖南省科技发明二等奖。白沙溪与湖南农业大学等单位共同完成的《黑茶提质增效关键技术创新与产业化应用》获得国家科技进步二等奖，这是中国茶叶界获得的最高荣誉。

如今的白沙溪崭露头角，边销、内

销、外销并驾齐驱，白沙溪像挺立的千两茶高昂地站起来了。

不忘初心　产业扶贫建设金山银山

自此之后，白沙溪一路高歌，获得了一系列的荣誉，在都市消费上打开了广阔的市场。2011年获得联合国环保成就奖，被认定为"绿色中国·杰出绿色健康食品"；2012年白沙溪获得中国驰名商标；2014年白沙溪获得"湖南老字号"称号；2015年白沙溪获得米兰世博会"百年世博金骆驼奖"。白沙溪一步一个台阶，经济效益成倍增长，2017年，公司生产产值3.5亿元，实现销售额2.8亿元，连续三年创税突破3000万元，公司跻身中国茶叶行业16强企业，实现了凤凰涅槃。

随着安化黑茶产业近几年的快速发展，黑茶企业的发展目标正从实现企业效益向追求社会效益转变。产业壮大后更能体现企业的责任和担当。不忘初心，安化黑茶正朝着建设美丽安化，用"茶、旅、文"来包装安化的青山绿水方向迈进。实行产业扶贫，用健康消费打造安化的金山银山。

目前，白沙溪黑茶品牌在北京、上海、广州、长沙、西安、新疆建立了6个营销中心，在全国建立品牌形象专卖店967家，营销网点超过3000个；并在韩国、马来西亚、新加坡建立了海外品牌推广中心，白沙溪黑茶品牌已经走向世界。白沙溪牌黑茶成为湘茶扬名海内外的靓丽名片。

溪流琥珀三千里，茶洗白沙一万年。白沙溪老字号正厚积薄发，绽放新的光辉。🐦

（彭静）

把三国酱菜端上餐桌

相传，三国时东吴大将黄盖，曾屯兵下隽县地，今湖南省临湘市沿长江一带，操练水兵。

黄盖兵营以村为建制，共分为13个村（三国时村即屯，屯兵之所）。兵士战时行军打仗，闲时开荒种地。军人用当地人所传秘法，将蔬菜进行腌制，用土坛装好密封，藏入窖中，经七七四十九天后取出，视之色泽鲜亮，闻之香气四溢，品之口舌生津。有一天，蜀国军师诸葛亮与鲁肃一同慰劳黄盖将军，黄盖取出所属兵营十三村腌制的酱菜待客，诸葛亮尝后，不由赞叹："真是千军易得，一'酱'难求啊！"

时光一晃来到21世纪，十三村的酱菜从皇家御用贡品变成了湖南省十三村食品有限公司的拳头产品，端上了千家万户的餐桌。

十三村食品有限公司是一家融农产品加工销售为一体的省级农业产业化龙头企业，公司建大型蔬菜基地五个，拥有四大食品生产加工车间，拥有一流的全自动生产线。公司生产的十三村牌系列产品，先后获农业部农产品质量安全中心无公害农产品认证等各项认证，获中国湖南（国际）农博会金奖、中国驰名商标、湖南老字号产品等称号。

以三国文化打造企业形象

谁能想到，创下一系列辉煌业绩的湖南省十三村食品有限公

十三村：千军易得 一『酱』难求

司，前身竟然是不到20人的临湘市酱菜厂。2006年，全国"五一"劳动奖章获得者、省人大代表李国武接手时，酱菜厂只有几口大酱缸，不但亏损严重，连厂房都是租赁的。接下这烫手的山芋，李国武看中的是这百年文化的老字号。

在李国武的带领下，公司在不断进行技术创新的同时，追求对原生态、古文化的保护和投入，走文化发展之路，着力打造"十三村"的品牌形象。十三村的核心文化是三国文化，为了突出三国文化特色，李国武通过举办各种活动来加强产品的宣传和推介，连续多年举办十三村三国文化庙会，每年吸引游客几十万人次。这些活动既宣传了十三村产品，又提升了十三村的文化品位，树立了企业形象。

2013年，十三村被国家旅游总局评为AAA级景区工厂。2014年，十三村酱菜制作技艺被列入湖南省政府非物质文化遗产保护名录。首届中国农民艺术节上，十三村作为湖南省唯一的食品企业受邀参展，受到国务院原副总理回良玉的高度赞扬；上海世博会上，十三村赞助的"天狮表演"受到世界各地游客高度称赞。十三村逐渐成为一张地方文化的名片。

千金买假树诚信品牌

十三村成立之初大力弘扬老字号精神，在掌门人李国武的带领下，依靠诚信开创事业。

企业先后开展千金买假抵制假货活动，将收到的3.5吨假货，全部当众焚毁。作为食品加工企业负责人，李国武认为做食品就是做良心，既要遵守国家标准、行业标准，更要坚守自己的道德标准。为确保食品安全，公司始终坚持以最严谨的标准、最严格的监管、最严肃的问责、最严厉的处罚确保舌尖上的安全。企业长期聘请科技服务团队为技术顾问，大力改进生产工艺和设备，使古窖豆瓣发酵技术被列入国家科技部重点攻关科技项目，发酵技术一路领先。

产品质量不能100%达标的，李国武宁可销毁，也绝不让消费者受到一丁点伤害。2009年，生产车间对豆瓣酱进行新工艺开发，发现细菌少量超标，李国武果断将220大坛价值近18万元的豆瓣酱全部销毁。在他的监管下，十三村酱菜系列产品被确定为湖南旅游五大必购商品，企业从未发生过食品安全事故。

李国武作为全国劳模、全国道德模范，曾受到习近平总书记亲自接见。他除了企业的日常管理外，还在十三村生产基地免费开展道德讲堂。这些举措，不仅带来了良好的社会反响，也给企业带来了较好的经济效益。

坚持用文化的理念发展企业，"用良心做食品、诚心做企业、善心做公益，让越来越多的人脸上充满笑容！"这是十三村人毕生的理想和追求！🔖

（陈暑艳）

晋丰厚：百年茶史写传奇

这是一个百年老茶号的传承与浮沉，更是中国百年茶史的真实写照。

因缘际会，创号晋丰厚

嘉庆年间，酉州谌氏九甲二房谌冠英赴益阳志溪河探亲，返回路上遇一位来安化采办茶叶的"西客"马老板。当船进入安化与桃江交界的善溪江水面时，遇上劫匪，谌冠英凭勇气与智慧帮马老板成功地躲过了劫匪的洗劫，马老板感激万分。两人一路畅聊，有了合伙办茶的想法。到达酉州后，因采办茶叶时间紧张，经过简单的筹备，晋丰厚茶号开门营业，完成了马老板当年需要的货源。

晋丰厚34位大掌柜合影，这是晋丰厚茶行与晋商结缘的有力佐证图片，目前存于晋商文化博物馆中

谌小丰向湖南伊斯兰教协会会长马先生介绍联合生产的"清真茶"　　谌小丰自制的螺旋压茶机

五代传承，茶号浮沉

经过几年的发展，晋丰厚茶行的生意不断扩大。1838 年，晋丰厚第一代掌门人谌大章与祁县何家大院联合创办了"兴隆茂"茶行，这是当时唯一涉及茶业生产、加工、销售、经营全产业链的商号。之后又与山西祁县渠家大院长裕川合资创办"宝聚兴"（1923 年改名为"诚记茶行"）。

到了第二代掌门人谌笃真，开始试制千两茶。晋丰厚第三代传人谌葆初继配夫人贺氏 1878 年嫁入谌家。谌葆初去世时，第四代传人伊辅、伊传、伊胶、伊祺兄弟都未成年，大家庭的管理落在了贺氏的肩上。她与丈夫共同打拼 17 年，很有经营头脑。丈夫去世后她单独撑持 20 多年，到伊辅兄弟 1918 年分家时，稳定入驻的茶行有晋丰厚、宝聚兴（诚记）、兴隆茂、美记四个。在蔡正安、唐和平著的《湖南黑茶》一书中，所列《民国二十五年（1936）安化部分商号黑茶营业状况表》，四个酉州茶行谌家有其三。晋丰厚第四代传人谌如意分得晋丰厚茶行与诚记茶行的四分之一后，仅经营两年便过早谢世。

晋丰厚第五代传人谌用光，生于民国十二年（1923 年），老四谌慎余（伊祺）之子。谌用光一出生就由奶奶贺氏做主过继给老三，并将晋丰厚分配给老三和老四共同掌管。那时晋丰厚还有近万平方米的行屋。谌用光进入新式学校读书，在鸦鹊坪中国文学专修学校毕业。1945年，谌用光与安化龙塘大夫第官厅旁的黄氏结婚。1946年9月，长子谌小丰出生。童年的谌小丰与父亲一样，是闻着茶香长大的。中华人民共和国成立后，虽然私营茶行均已关门歇业，但国营的安化茶厂仍在生产。酉州人对茶有一种至深的情结，谌小丰也不例外，制茶的每一道工序他都记忆深刻。

复兴祖业，第六代传人引领行业风骚

祖上茶行歇业，家族血液里流淌的经商细胞却让第六代传人谌小丰蠢蠢欲动。他先是以集体的名义创办塑料厂带动全村收入增长，到了1983年，在塑料厂转向亏损的时候，又以个人名义承包了该厂，产值增加到52万元。

1981年，安化茶叶大丰收，县茶叶公司和供销社仓库里积压了7万担茶叶。当时的县茶叶公司业务股长陈民峰熟识谌小丰，认为他敢闯敢为，又是茶商后代，建议他办厂加工砖茶中兴祖业，同时解决安化茶叶大量积压的难题。这些话拨动了谌小丰最敏感的那根弦。他是个行动派，当即决定报请村集体同意以村集体的名义创办酉州砖茶厂。等他把一切都张罗起来，

县茶叶公司又改变了想法，仅留给谌小丰5000担茶。凭着5000担茶，谌小丰开启了他复兴祖业的茶叶之路。当时销往新疆的边销茶以花砖和黑砖为主，而且受计划限制，每人只有三两茶票，其余靠市场调剂，所以特别紧俏。

谌小丰决定第一批产品以茯砖茶为主。

经过几次失败的尝试，谌小丰终于找到了茯砖茶生产的方法，第一批试制成功的茯砖茶命名为"安化酉州特茯砖茶"，砖面色泽黑褐，掰开后"金花普茂、菌香浓烈"，泡出茶来色如琥珀、滋味醇厚、香气醇正。送茶叶公司检验，反映非常好，县茶叶公司当即表示会收购所有产品运销西北。酉州砖茶厂第一年赚了90担茶，

嘉庆年间晋丰厚茶行为朝廷特制的御品茶"龙砖"，又称"万岁茶"

按当时 80 元一担的行情计算是 7.2 万元。1984 年 2 月，县茶叶公司在黄沙坪办起了自己的加工厂，对酉州砖茶厂的需求量大大减少了，酉州砖茶厂的产品输出和原料供应都受到钳制。谌小丰意识到，把厂子的命脉挂在别人的裤腰带上，不是个办法。

1984 年 5 月 1 日的《经济参考报》上的一篇报道引起了谌小丰的注意。该报道题为《茶叶新区待新茶》，文章说："目前国内紧俏的茶类是特种名茶，珠兰花茶和边销茶……销区对产区的一致要求是：提高茶叶质量，改进包装，早采精制，快收快调，力争上市。"

同时，《经济参考报》《人民日报》刊发消息：国家将茶叶由二类物资降为三类物资，同时全面放开了茶叶流通渠道。谌小丰决定抓住机遇开办茶行，产销一体，走一条自产、自运、自销的道路。他将砖茶厂交给酉州村委，腾出精力创办酉州茶行。酉州茶行也成为安化真正意义上的第一家私营企业。

茶行建立了 3 个生产车间，有 1000 余名工人，分 3 班加工生产安化酉州特茯砖茶。由于需求量大，原料供应不足，谌小丰又在全县各地设置了 26 处分行，并在周边溆浦、沅陵等地设立了分厂。在新疆、内蒙古、青海等 9 个省市设立了 11 个联合销售点，产品畅销全国 17 个省市。

1987 年，湖南省伊斯兰教协会找到谌小丰，并给他一份文件：为了解决长期存在的穆斯林（伊斯兰教徒）"饮茶难"的问题，全国伊斯兰教协会批准，湖南省伊斯兰教分会与酉州茶行联合生产"清真茶"。

11月5日，第一批100多吨"特制清真茯砖茶"运往新疆市场试销。至1988年4月，共有270吨"特制清真茯砖茶"销往新疆、青海、甘肃等地，受到了回族、维吾尔族、哈萨克族、乌孜别克族、塔吉克族、塔塔尔族、柯尔克孜族、撒拉族等少数民族和穆斯林兄弟的欢迎。

1988年6月，在由《湖南省乡镇企业》杂志编辑部、湖南人民广播电台专题部、湖南电视台新闻部、《湖南农村报》等新闻单位联合举办的全省优秀农民企业家评选活动中，谌小丰被评为全省最佳农民企业家。

"酉州茶行""谌小丰"这两个关键词，一下子成为热词，声名远播，引起社会各界的高度关注，前来酉州茶行观光、采访、调研的人员络绎不绝。

风云突变，老茶号逆境中获得新生

20世纪80年代后期，生产和销售遭遇重重困难，谌小丰卖掉了茶行和家里值钱的家当，偿还了部分债务，踏上了长达10年的还债之路。

直到2006年，各老字号茶行纷纷复活。谌小丰觉得时机成熟，回到了酉州老家。曾经为他剪了十多年报纸的老父亲让他复兴晋丰厚，承袭祖业。8月，在酉州茶行的原址，老茶号晋丰厚重新开张。在谌小丰的带领下，晋丰厚先后获得金花千两茶研制与开发专利，金花散茶专利，成

为北京奥运会"迎奥运茶火炬"指定的生产与销售企业。2014年晋丰厚品牌荣获首批"湖南老字号"荣誉。

繁华落尽，洗尽铅华。在200年的历史长河中，只因谌氏一脉对制茶的执着与坚守，晋丰厚没有被历史的洪流所淹没。作为晋丰厚第七代传人，谌超美也会追寻祖辈的足迹，引领晋丰厚这艘饱经沧桑之轮驶向更加美好的明天。🔖

（周明）

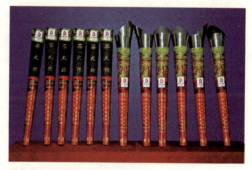

晋丰厚为2008年北京奥运会迎奥运茶火炬指定的唯一生产销售企业，两套共12支迎奥运茶火炬，目前珍藏于北京奥林匹克博物馆中

山西常家庄园展示的晋丰厚砖模

『张新发』：四代传承的传奇故事

① 1905年，张雪霖在湘潭市平政街163号创办"张新发"槟榔店。

② 1925年，"张新发"的第二代传人，17岁的张荣生接管"张新发"。

④ 1956年，公私合营，"张新发"并入湘潭市槟榔加工厂。

③ 中华人民共和国成立后，"张新发"加入当时的工商联。1953年，张荣生去世，其妻唐桂贞（1911—1994）继续经营"张新发"槟榔店。

⑤ "文革"时期，工厂解散，"张新发"槟榔停产。

⑥ 1980年，唐桂贞携子女在平政街163号重新经营"张新发"槟榔店。

⑧ 2008年，"张新发"撤出平政街，继续在其他地段经营。

⑦ 1994年，唐桂贞老人去世，"张新发"第三代传承人，张荣生、唐桂贞的大女儿张颖接管"张新发"。

⑨ 2012年，湖南皇爷食品有限公司收购"张新发"，董事长张刚强成为"张新发"第四代传人。

⑩ 2012年12月，"张新发"第一家新门店在湘潭市雨湖区中山街道民主西路开业。

⑫ 2016年，"张新发"槟榔制作技艺被列入"湖南省非物质文化遗产名录"。

⑪ 2014年，湖南省商务厅授予张新发"湖南老字号"称号。

药商张雪霖与"质为上，惠及乡邻"

张雪霖（1871—1925），"张新发"槟榔创始人。1905年，适逢湘潭以"寄港地"名义实质开埠，槟榔买卖迎来了发展良机。当时，一位名叫张雪霖的药材商瞄中了槟榔生意，取"张家开张新发"之意，创下"张新发"槟榔家庭作坊，并在湘潭平政街外城街区挂牌营业，店面在正街，作坊在后街。雇用的伙计、家族成员等数十人，从购子到炮制，从卤水制作到招徕客人，所有的活计全都包了下来。

随后，"张新发"随湘潭经历了炮火纷飞的战乱年代。大多数小商贩举步维艰，槟榔作坊也日渐凋零。好在张雪霖对"张新发"的经营十分谨慎，严守"质为上，惠及乡邻"的家训，生意尚可维持。

一代"槟榔大王"张荣生，"槟榔西施"唐桂贞

张荣生（1909—1953），"张新发"第二代传人，17岁开始参与自家门店经营。太平时期，他组织族人扩大店面；战乱时期，就关掉门面，只留下居家的老宅子，做一些邻近熟客的生意。截至解放前夕，"张新发"的门店产业从后来的平政街163号开始，一直延伸到河边码头。

中华人民共和国成立后，"张新发"加入当时的工商联，成为"胪陈业"的一种。胪陈业，即当时槟榔等杂货店铺的汇总名称。由于历史悠久，湘潭市人民政府还向"张新发"授予、颁发了"槟榔大王"的牌匾。

1953年，张荣生去世。

唐桂贞（1911—1994），张荣生的妻子，为养家糊口，携其子女继续"张新发"门店槟榔的经营，人称"槟榔西施"。

1956年，公私合营，"张新发"并入湘潭市槟榔加工厂，后由于"文革"时期对手工商业的影响，槟榔加工厂解散，其所留很多物资无处安放，遂搬至唐桂贞家。

1979年后，手工商业复苏，唐桂贞及其子女又搬出家伙制作并售卖自己的槟榔。1994年，唐桂贞老人去世。

"张一刀"张颖

20世纪90年代开始，张荣生、唐桂贞的大女儿张颖，"张新发"第三代传人，接管"张新发"。10岁不到，她就帮母亲打下手，泡槟榔、切槟榔。张颖切槟榔的刀子是她爷爷张雪霖用的。从小就帮着切槟榔的她20岁不到就被人称为"张一刀"。之所以有这个称号，是因为张颖的槟榔切得既匀称又"没有毛"，那是纯手工切槟榔的时代，除了极少数小的槟榔是一刀切成两片外，大多是一颗槟榔干果切成三片槟榔。

张颖也是湘潭第三中学的退休教师，早些年总是在教书与做槟榔中兜兜转转。

家里需要她，她自己也舍不得丢下"张新发"这门手艺，所以有好些年都停薪留职在家做槟榔。

薪火传承张刚强

2012年，湖南皇爷食品有限公司董事长张刚强成为"张新发"第四代传人，把"张新发"槟榔的传统制作工艺及其品牌推向了更广阔的市场。

2014年，"张新发"被评定为"湖南省老字号"；2016年，"张新发"槟榔传统制作工艺被认定为湖南省非物质文化遗产。截至2018年初，"张新发"门店遍布全国各地，"张新发"包装槟榔在省内外大街小巷均有售卖。

张刚强在采访中说："'质为上，惠及相邻'，这是老辈传下来的东西，它的核心意义就是'工匠精神'，就是在整个经营过程中，不玩半点虚的东西，只有'实际'才能传承百年。'张新发'不属于我的家族，也不属于我的企业，它应该属于我们整个民族，因为它寄托着我们整个槟榔行业的前辈对这个行业的期望，它一定能够走向全国。"

扫码识正品，让"张新发"时尚化

2016年7月，"张新发"启动"一袋一码产品身份识别系统"。凭借"扫码识正品"，"张新发"一方面杜绝了假冒产品，规范了市场；另一方面通过"正品红包"，强化了产品与微信等手机用户的关联。随后，3·15打假、5·1致敬劳动者等系列营销活动，成为"张新发"线上线下联动的一大特色。

新零售，让"张新发"门店更有活力

在销售方面，"张新发"采用连锁门店与渠道经营相结合的模式，点面结合，门店槟榔与包装槟榔皆自成一体，又相得益彰。2017年，"张新发"门店全面上线饿了么、美团，通过平台为顾客提供便利。2018年，"张新发"又紧跟新零售浪潮，进一步打通了门店与消费者之间的

"张新发"第三代传承人张颖与第四代传承人交流制作技艺

点卤

"任督二脉"。

"张新发"槟榔传统制作工艺的优化

"张新发"自创始之初，至21世纪初，其传承人一直坚持沿用祖传秘方，坚守湘潭槟榔传统手工制作工艺。2012年，湖南皇爷食品有限公司收购"张新发"品牌后，在"张新发"第三代传人张颖的技术指导下，着手对"张新发"传统制作工艺进行了改良。

工艺流程：选子→洗子→发制→切子→选片→去核→点卤→干燥→装包→封口→成品

"张新发"传统工艺的精髓在于卤水熬制，这在今天的工艺中得到了最大限度的保留，而发制工序则进行了技术改良。

卤水熬制："张新发"的卤水按"张新发"祖传秘制配方，将饴糖、石灰等多种原辅材料用手工调配成黏糊状，其浓淡均衡情况就决定槟榔最终的口味。卤水熬制好后，在点卤过程中，还会加入薄荷、桂子油等，以增加槟榔的风味。

发制：采用蒸汽锅炉送水和发制罐密封发酵，一方面使原果发酵均匀、芬芳不露；另一方面杜绝了槟榔在发制过程中与外界物质的接触，避免了污染，确保了产品卫生质量的达标。

（彭静）

莎丽袜业：小袜子 大传承

湖南莎丽袜业股份有限公司创建于1994年，是在具有百年历史老厂——益阳市达人袜厂改制基础上发展起来的一家专业从事纺织新材料与生态健康系列袜开发和生产的民营企业，是目前湖南省规模最大、品牌最响的织袜企业，具有悠久的历史。

早在1920年2月，靠着"得天独厚"的优势，益阳（挪威）信义会牧师颜郁文，邀股于资江北岸益阳老城区胡文忠公（胡林翼）祠创办"达人袜厂"，生产"达"字牌纱袜，1923年2月即由国民政府中央实业部备案注册"达"字商标。达人袜厂在中国近代纺织工业萌芽期得以扎根且发展壮大，1923年员工达300余人，年产"达"字品牌纱袜4万打，年总产值20余万元（每担谷价约1元）。在大革命时期，工厂建立了当时益阳唯一的工厂地下党支部，掩护过谢觉哉等老一辈革命家。抗战期间，逢寇"三迁"历尽坎坷。1951年实行了公私合营，1956年在益阳茶亭街新建了厂房，由电动袜机代替了手摇袜机。"文化大革命"期间，工厂改名为东方红袜厂。1980年7月益阳市经委批准恢复"益阳市达人袜厂"厂名，工厂得到了迅速发展，成为湖南省主要织袜工业基地。

为适应市场经济的发展，达人袜厂1994年改制，李丽莎传承达人袜厂百年"达"字品牌，自筹资金，带领达人袜厂下岗职工创办民营企业——莎丽袜业，湖南莎丽袜业股份有限公司由此创建。传承的"达"字商标获"湖南老字号"称号，创新的"莎丽"商标获"中国驰名商标"，并获"湖南名牌产品"称号。

"小袜子、大纺织、大品牌、大健康、大艺术、大情怀"成为湖南莎丽袜业股份有限公司追逐的梦想和目标。公司利用当地丰富的楠竹、苎麻等资源，通过自主创新和引进先进设备，研发和生产了竹、麻、牛奶、大豆、竹炭、竹中竹、木纤维、芦荟纤维、无毛羽竹纤维等一系列环保型保健袜，深受消费者喜爱和好评，享有"一星期不洗袜不臭脚"的美誉，畅销国内，并远销欧美、加拿大及东南亚等国家。

（杨海英）

新华楼东塘店

新华楼新开铺店

新华楼坡子街店

新华楼：食得放心 吃得舒心

　　长沙市新华楼餐饮有限公司是以经营削面、蒸饺水饺、南北风味小吃、随堂点菜、承接各类喜宴筵席的国家一级酒家和传统湖湘餐饮老字号品牌企业，公司创立于1953年，前身是"仁和粉馆"，位于长沙市繁华商业区五一大道108号，主营米粉、甜酒、桂圆蛋等。因注重质量，口味地道，价格亲民，深受广大消费者欢迎。

　　早年粉馆仅有职工七八人，在一间只有50多平方米的平房经营，每天营业收入不足百元。1978年，粉馆大胆引进山西刀削面，并结合湖湘口味，改良成风味独特的炸酱刀削面，同时企业更名为长沙市新华楼削面馆。北方的削面，本来是要带汤的，而到了长沙新华楼，当厚薄均匀的削面从锅里捞起时，一定要把水沥干，吃它个清爽的"带迅干"。再将八角茴、瘦肉末及面酱经油炸后，盖上这碗带迅干削面，食客自己用筷子将刀削面和码子搅拌一起，细细品味面酱中的咸香和甘甜。其实新华楼的炸酱码，也学自北京炸酱面码。不过，它也经过了长沙风味的调味改良，在后期制作上更融入了长沙本土面粉杂酱码子的做法。可是又与杨裕兴、甘长顺炸酱面码的味道迥异。因为新华楼削面馆的炸酱码子，是将北京的炸酱与长沙的杂酱两种烹饪手法加以创新整合，是南北杂交的优良品种。从此"一叶落锅一叶飘，一叶离面又出刀，银鱼落水翻白浪，柳叶乘风下树梢"的刀削面，正式落户长沙，滋蔓湖湘。

　　20世纪80年代，为进一步适应市场需求和企业发展需要，企业大胆创新，走在改革的前列，改造了生产设备，改善消费环境，扩

大经营面积，拓展经营范围，品种增加到面点、西点、卤味、饭菜、风味小吃等八大系列，特别是在湖南率先引进了广式早晚茶，自创小吃宴，首推规范化服务和倡导诚信经营，在长沙餐饮业独领风骚，品牌家喻户晓，有口皆碑。

20世纪90年代初，长沙市人民政府向全市发出"店学新华楼"的号召，国家商业部授予新华楼"全国商业系统文明单位"称号。1992年企业跻身"92全国百家最大餐饮店"第66位，成为当时长沙市唯一进入全国餐饮业百强的企业，一时间新华楼声名大噪，轰动全城，生意空前火爆。同时，企业也涌现出全国"五一"劳动奖章获得者潘新姣，全国宴会设计师、湖南省劳动模范干艳霞等一大批先进典型。

2000年9月19日，响应政府扩建五一大道的号召，新华楼由五一广场搬迁至火车站。2002年，企业完成改制转型，成立了长沙市新华楼餐饮有限公司，确立了以董事长肖建场为首的老字号品牌的传承，公司筚路蓝缕，励精图治，稳中求进，从此以崭新面貌屹立于竞争日趋激烈的餐饮市场，赢得了更大的发展机遇。

2003年8月，新华楼长岛店隆重开业；2005年3月，新华楼东塘店成功占领东塘商圈；2011年12月，新华楼又成功入驻坡子街美食文化小吃一条街；2013年8月，全新起航的新华楼新开铺店隆重开业，随后五一路店又隆重开业，实现了长沙市各大商圈的进驻，为广大市民提供了全方位的服务，达到了品牌规模经营，经济效益提升的良好效果。

新华楼的经营对象主要面向工薪阶层，坚持大众化消费，产品以中低档为主；作为名牌企业，与同类型酒家相比，价格要低20%左右。

2014年，长沙新华楼餐饮有限公司被

湖南省商务厅公布为"湖南老字号"。

进入新时代，开启新征程。公司管理团队狠抓产品质量，开拓创新经营，弘扬餐饮文化，严格团队建设，不断丰富和发展新华楼这块金字招牌形象。建立了公司招牌产品炸酱刀削面、手工蒸饺的质量标准体系，确定了公司连锁发展的统一路径，引进了削面机器人、互联网餐饮管理软件等先进设备，塑造了老字号品牌企业文化，完善了现代餐饮服务方式，为老字号的发展注入了强大的动力。

雄关漫道真如铁，而今迈步从头越！新华楼人一直致力于中华美食的传承和发扬，不断完善和丰富老字号品牌形象，孜孜以求、精益求精、诚信经营，让来自四方的宾客吃得舒心放心，为美丽的星城长沙增光添彩。凰

（杨海英）

原来的推车模式

改造升级后的新华楼

吴大茂针店创于清代中叶，主营钢针，兼营线扣，清末时还经营过百货业，是长沙最早创办的百货店之一。吴大茂的钢针，货销省内外，素有"老牌钢针，货真价实"之誉。这个店从创业到1956年公私合营，家传五代经理人，大体经历了五个不同的经营时期。

磨针创业

清嘉庆年间，江西人刘大茂来到长沙，在育婴街（育英街）开了一个针作坊。刘氏无子，带徒弟吴为祥。清道光二十四年（1844年）刘大茂过世，作坊即由徒弟吴为祥经营，改名为吴大茂针店。

作坊最开始主要做土针，主要品种有"行针"（做棉衣用）、"钉针"（做帽子用）、"扎针"（农村扎鱼用）等各类，后来才做衣针。针店坚持质量第一、货真价实的经营方针，号称"老一言堂"。

同治十年（1871年），第二代店主吴子发（吴为祥之子）接手经营，继承了吴为祥的创店传统。当时机械不发达，城乡缝纫刺绣等活普遍手工操作，四乡都集中来吴大茂买针。因而，生意虽小销路广，金额不大利润高。

鸦片战争以后，洋货进口，手工针市场逐渐缩小，光绪二十九年（1903年），第三代店主吴宝珊接手。为适应市场发展，吴宝珊在针店对门租了一铺面，增设了吴大茂小百货店，专门经营各种小商品，如各种灯器，业务开展顺利。

民国八年（1919年），吴宝珊去世，针店由其妻主持，百货店由其子吴应南（第四代店主）负责经营。吴大茂针店由于多年来经营得当，业务日益兴旺，积蓄不断增加。吴应南年少好胜，他接手经营后，购置了毗邻的几家铺屋，修建了三层楼房，扩大门面，使吴大茂百货店成为当时长沙规模最大的百货店。

吴大茂：从古老针店到『社会百宝箱』

艰难维持

但由于场面拉得太宽，开支浩繁，经营不善，加之当时美日舶来品充斥市场，该店存货遭受了严重的削价损失。百货店开张不到两年，于民国十三年（1924年）被迫关闭。

两年以后，民国十五年（1926年），吴应南不甘心失败，又将隔壁原来租出的铺屋收回半边门面，重新恢复百货店。但因政局不稳，市场萧条，于民国二十一年（1932年）百货店两次破产停业，经理吴应南同时出走他乡。

民国二十七年（1938年）长沙大火，吴大茂针店房屋被毁。次年即筹集资金、人力，搭棚复业。吴应南也于1940年回长，接管吴大茂针店经营业务。

1944年，日军侵占长沙，全店一度迁往湘潭，后又折转河西，靠着吴大茂老牌钢针的生意，维持生计。次年长沙光复，吴大茂针店同时复业，吴应南侄子吴先兆（第五代店主）在店内协助业务管理，继续经营针线扣夹业务。

改制成长沙金大茂

1956年公私合营，吴大茂针店成为国营商业的零售店。实行公私合营后，"怡兴""协成"等小百货店并入其名下，改名为"吴大茂针扣店"，划归长沙市百货公司管理。1964年"吴大茂"更名为"大众针扣店"，

1966年又更名为"长沙针扣店"。1985年2月，在原址改建成三层楼房，扩大小商品经营，更名为"长沙市小商品商场"。

1991年，正式复名为"长沙吴大茂小商品公司"。1997年进行了改制，更名为"长沙金大茂实业发展有限公司"，成为股份制企业。

古老的吴大茂靠优质产品赢得市场。多年来，吴大茂在保持原有的经营特色上，扩大经营，适时增加小百货、小家用电器等。跟随时代的发展，公司在望城莲花乡联合开办"吴大茂织带厂"，在浙江义乌与"双燕线厂""上海五金站"合作，定点加工吴大茂品牌的线、带、小五金等。在商品销售过程中，做到"以卖带修""以卖带配"的增添服务项目，如钉扣、上拉链、小五金修配等，为人民生活提供了极大的方便，被市民称为长沙的"百宝箱"。

（刘伟丹）

『蜜蜂哥哥』：让甜蜜永流传

"蜜蜂哥哥"旧址形象

　　"蜂蜜酿成花已飞，海棠次第雨胭脂。"这是宋代著名词人赵长卿在《鹧鸪天·春暮》中有关蜂蜜的描写。如果说蜂蜜是甜蜜的代名词，那么"湖南老字号""蜜蜂哥哥"已经将这份甜蜜延续了120年。

　　大围山是浏阳河的源头，这里风景秀丽、花木繁多、蜜源丰富，具有得天独厚的养蜂条件。"蜜蜂哥哥"的生产基地，就设在大围山深处，这里方圆几十里无工业污染，是一处天然的养蜂和蜂产品加工宝地。

人蜂结缘：五代传承成就"蜜蜂哥哥"

　　"蜜蜂哥哥"的历史渊源可追溯到1898年。这一年，广东梅县人何鸿益来湖南办事。途经浏阳时，他看中了大围山良好的森林资源，于是举家搬迁至山好、水好、花好的浏阳大围山居住。

　　一天，何鸿益去山上砍柴，看到一群蜂虎（马蜂）在侵袭一窝蜜蜂，他奋不顾身地用衣服包着头拿起棍子追打蜂虎，救下这窝蜜蜂。

　　令何鸿益十分意外的是，第二天，竟有一窝蜜蜂搬到他家屋檐下定居了。从此，何家便与蜜蜂结下了不解之缘。

每天清晨，何家门口的蜜蜂就迎着朝阳，身披霞光，飞向花丛，开始了一天的劳作，一只蜜蜂采一公斤蜜，要飞上45万公里。酿制蜂蜜同采蜜一样艰辛，每两只工蜂协作，相互吞吐，经过100～240次，甜汁变蜜汁，蜜汁才被酿制成又香又甜的蜂蜜。最后成了浓缩蜜汁，它们还要长时间扇动翅膀，使蜜汁风干……

吃过家门口的蜂蜜后，何鸿益不禁感叹：好蜂蜜！不仅口感醇香不腻，而且营养价值高。

他决定将大自然的馈赠分享出来——他成为一名养蜂人。何家蜂蜜醇正，而且绝不以次充好，所以很快便在大围山有了名气，甚至有外地人慕名前来购买。

从何鸿益开始，何家祖祖辈辈都是养蜂人，一直传承到了现在的第五代传承人何国华手中。

何国华从小随父亲学习养蜂，因技术突出，被当地人称为"蜜蜂哥哥"。大围山养蜂户较多，但由于交通不便、信息闭塞，这些天然好食品"养在深闺人未识"，无法走向大市场。何国华经过多次调研和外出学习后决定，将这份"甜蜜"带出大围山。2000年9月，何国华将当地的养蜂户组织起来，牵头成立了浏阳大围山养蜂场，并创办了养蜂技术学校；2004年注册了"蜜蜂哥哥"的商标；2006年组建了浏阳市蜜蜂哥哥蜂产业合作社；2009年湖南蜜蜂哥哥蜂业有限公司正式成立，并研制开发出一系列深受人们欢迎的天然蜂产品；2014年，"蜜蜂哥哥"品牌成为湖南省商务厅认定的首批"湖南老字号"。

最好的花蜜资源，酿最好的天然蜂蜜

上百年的历史考验，让"蜜蜂哥哥"的蜂蜜值得信赖。"蜜蜂哥哥"的蜂蜜闻起来味道略微有点酸，且能拉出很长的丝，殊不知，纯正天然的蜂蜜正好是味道甜润，略带微酸。掺假的蜂蜜味虽甜，但夹杂着糖味和香料。

"用最好的花蜜资源，酿造最好的天然蜂蜜"一直是"蜜蜂哥哥"五代传人共同秉承的诚信发展理念。因而，"蜜蜂哥哥"产品具有鲜明的特点：一是浓度高，保持了天然、绿色、原汁原味；二是不含任何外来添加物质，其创新产品"土黑蜂蜜"的营养成分，单一品种花香是普通蜂蜜的2～3倍；三是养蜂防治病虫害全部采用

"蜜蜂哥哥"深加工厂房

中草药，不含农残、药残；四是高山养蜂，蜂产品品质更纯正、口感更甜蜜。

天然绿色、纯蜂蜜是"蜜蜂哥哥"的最大特色，其先后被市场抽检170多次，合格率100%，成为消费者最放心的品牌。公司下属的大围山养蜂基地被评为"中国蜂农示范合作社和无公害蜂产品基地"。野枇杷蜂蜜、金橘蜂蜜是"蜜蜂哥哥"最畅销的产品，每年销量达1000吨。为何热销？野枇杷蜜是由蜜蜂采集枇杷花蜜而成，其甘甜爽口，具有清肺、泻热、化痰等保健作用；而金橘蜜也是产自浏阳的天然纯正蜂蜜。

企业要走得更远，必须有核心竞争技术和知识产权，为此，何国华与湖南农业大学等科研单位合作，共同研发产品。"蜜蜂哥哥"的产品从最初单一品种蜂蜜发展到如今的系列化蜂蜜、蜂胶、蜂王浆、蜂花粉、相关食品、保健食品、日化

用品等七大系列80多种具有市场竞争力的绿色蜂产品，其中还获得9个发明专利。

经过多年的不断发展，"蜜蜂哥哥"不仅是湖南蜂产品行业的龙头企业，而且它还是融养蜂教学、蜂种培育，蜂产品生产、科研、深加工为一体的中国蜂产品专业出口基地。目前，"蜜蜂哥哥"公司与专业合作社养有蜜蜂15万群，年产蜂蜜3000吨，蜂花粉、蜂王浆、蜂胶240多吨。公司在全国30个省市建立了200余个专卖店、7000余个专柜，产品深受国内外消费者喜爱，远销日本、韩国、巴西等地。

在蜂业界，"蜜蜂哥哥"总以冲刺者的姿态和速度在前进。为了利用更多的优质蜂资源，他先后在黑龙江、甘肃、福建等地建立了养蜂基地。其中，位于黑龙江虎林县东方红镇的养蜂基地产的椴树蜜、黄豆蜜、南瓜蜜等稀有蜜种，在国内外市场广受欢迎。

近年来，湖南蜜蜂哥哥蜂业有限公司年产值突破了2亿元。

"健康人民，富裕农民，让所有人内心都甜蜜"是"蜜蜂哥哥"的愿景。何国华通过免费技术培训、赠送种蜂等办法帮助农民脱贫致富。公司先后为社会培养技术人员18 316人，为社会解决了众多的就业岗位，还为26个国家培训养蜂技术人才。

以自然的恩赐，分享美好，传递健康。一杯蜂蜜水，甜的不仅是味蕾，更是藏在心底的触动。🐝

（王燕）

标准化种蜂场

佳奇食品：演绎『甜蜜故事』

湘北桃源，因陶渊明那脍炙人口的《桃花源记》而闻名遐迩。在那片美丽的土地上，有个叫陬市的地方，则以生产糖食而声名远播。

在陬市糖食行业中，以"佳奇食品"最为有名。桃源县佳奇食品有限责任公司始建于1950年，原名陬市副食品加工坊，后成立国营陬市糖果糕点厂，经济体制改革中新组建为公司。该公司传承陬市制糖文化传统，在湖湘大地演绎着动人心弦的"甜蜜故事"。

从饧糖到笔杆糖的美食嬗变

昔日的陬市，是沅水上最热闹的码头。"伐木满江，连绵十里。"该地土地肥沃、粮食充裕，民间几乎家家户户都自做饧糖自食。明末清初，自桃花源青山宋氏兄弟及郎舅迁居陬市后，使这一传统美食发生了传奇的变化，饧糖变成了笔杆糖。据《桃源食货志》所载："大清时代，从土地巷到观音桥，从鲢鱼口到孔家河，到处都飘荡着糖的芳香，一年四季，垂髫少儿仿佛逢年过节似的，快乐的表情与馥郁的糖香交织在一起，共同勾勒出一幅热腾腾香飘飘的'小南京市井图'。"其实，当时的笔杆糖还不是现在的这种

生产现场

圆柱形桂花糖，而仅仅是一种糖坯拌有桂花的特异形状。这是以油粘大米为主要原料，以谷芽为糖化剂制作的"糖稀"，也称饴糖，方言称"饻馍"。《楚辞·招魂》有"粔籹蜜饵，有饻馍些"句。

无意之举开启了桂花糖生产历史

清嘉庆年间，饴糖制造工艺有所改进，有的将糖坯的造型制作成各式各样的花草与动物模样；有的则在糖坯中放置木棍，使糖条中心有较规则的两头透亮的通气孔，形如圆管，号"管子糖"，这便有了桂花糖的雏形。

清道光年间，陬市香斋坊脚夫宋大毛在挑着箩筐叫卖糖食的过程中，无意中将散芝麻、桂花粉末抖入管子糖芯内，宋大毛顿生灵感，便在芝麻管子糖的空心内加添脱落的芝麻糖粉末，咬一口齿颊留香。这就是第一个灌芯糖。从此，真正开始了灌芯糖即现称桂花糖生产的历史。是时的桂花糖作为贡品转呈皇宫被列为佳品，随后声名大噪。

民国期间，桂花糖前店后厂式作坊发展到16家，以钟朗川、林行喜、黄冬生创办的"万泰恒、庆丰利、厚德"三家食品斋坊居首。当时采用木版印刷的猪血牛皮纸密封竹篓包装，其贮存、运输、携带、馈赠甚为方便。产品随着帆船竹筏和木排的飘摇，远销武汉、南京、上海、北京、广州等大都市。

办公生活区　　　　　　　　　　车间物流通道

"桃花源"成为糖食行业一张王牌

中华人民共和国成立以后，大小作坊公私合营，国营陬市糖果糕点厂成为当时的一枝独秀。该厂集中传承和发扬了桂花糖的生产工艺，实行蒸汽煮馅糖浓缩、机械扯糖、电力加热拉条、电刀断支、蒸汽上麻等新工艺，产品质量又有新的提高，色、香、味、形更佳，备受人们青睐。

改革开放新时期，陬市糖果糕点厂迎来发展的春天。该厂聚集行业精英，依托身怀绝技的林行喜、钟朗川、黄冬生、孔祥文、罗贤桂五位高师做支撑，重点培育了李清华、张常继、周元太、袁寿初、宋文华五位"红旗手"。两年后，宋文华被推荐为厂长。专家治厂使桃花源桂花糖百年品牌进一步发扬光大。

为提升地方百年老字号品牌，桃花源桂花糖的当今领雁人罗先进、童永红邀集13个师兄、弟、妹们于2007年联合一体，重组股份制公司，并坚守桃花源里的陬市这个老地方，锁定"生产最佳的糖食、传奇精彩的人生"而取名佳奇，沿袭老商号"桃花源"，恢复了"桃花源"老商标。企业在充分挖掘提升传统技艺的基础上，又运用机械生产，改进和创造了新的制作工艺，进一步提高了产品质量，达到了"质脆、品泡、色白、香浓、甜爽、味正"的最佳风味。与此同时，深度开发了焦切、牛皮糖、寸金糖、酥糖、泡糖、姜糖、龙须酥、月饼、桃酥、切片酥等桃花源传统产品。

经过这些年的发展，佳奇公司现有员工近300人，其中专业技术人员38名，拥有总资产近3000万元。企业在常德市糖食行业率先通过QS达标认证、国际质量管理体系认证，2007年、2010年、2013年三度被评为常德名牌，2010年被评为湖南省质量信用AA级企业，2013年"桃花源"商标被评为湖南省著名商标，成为湖南糖食行业的一张王牌。

（姚瑶）

双燕楼：古风馄饨滋味长

长沙馄饨，一度在全国颇有名声。今天长沙馄饨仍留有古风的，可能只剩下双燕楼这一家美食老字号了。

清朝末年，李少明、刘风章、柳子顺三人合伙在南门口南墙湾开办了一家馄饨店，取名双燕楼。李少明、刘风章十二三岁便开始学做馄饨，因而对馄饨制作颇有研究。除每一道工序都要求精工细作外，在选材配料上也相当讲究。馄饨肉馅选用新鲜的猪的前腿夹缝肉与腿肉；配料用优等味精和排冬菜；汤料用骨头汤加豆豉等精心调制；馄饨皮选用优质面粉，张张擀得薄如轻纱。包成的馄饨折叠多纹，呈燕尾形，人称皱纱馄饨。由于其做工精巧、配料考究，因而馄饨味道鲜嫩，入口消融，生意红火一时。

一碗原汁原味、正宗的双燕楼馄饨，有三个标准：一是每碗馄饨，个数要达到15个左右；二是每只馄饨要漂浮汤面；三是白胡椒粉、排冬菜一定不能少。还要有五种味道：一是馄饨皮柔软得给人以入口的滑爽；二是馄饨皮应有少许碱香；三是肉馅软糯鲜嫩；四是汤汁有肉骨头的鲜香和白胡椒粉的辣香；五是排冬菜给牙齿以咬劲，但须细碎不塞牙。

1950年，双燕楼在南墙湾口（原德茂隆酱园前面）租一宽大门面，扩大了营业。1960年迁至黄兴南路。由于业务发展，1987年长沙市饮食公司出资将门面改建成三层楼房，扩大了经营范围，增加了饭菜、卷子、小油饼等品种，还曾在解放路杨裕兴面馆旁增设门面。

1993年，双燕楼被百年湘菜名店玉楼东兼并，成为玉楼东酒家的一家连锁分店，从此，双燕楼迎来了发展史上的第二个春天。玉楼东先后投入了100多万元资金用于店堂整修和添置设备。装修后整个店容焕然一新，古朴典雅与现代融为一体。同时对经营格局与风格也做了较大的调整，一楼经营传统的馄饨及其他名优风味小吃；二楼经营正宗湘菜；三楼改造成了豪华的酒宴包厢。注入玉楼东特色后，双燕楼由一个小型的馄饨店一跃成为一个经营正宗湘菜与风味小吃的中型酒家。年销售额逐年上升，1993年实现销售额134万元，1997年实现销售额323万元，年平均增长率达14.6%。

进入21世纪，黄兴南路因改扩建"步行街"，双燕楼自此从黄兴路上销声匿迹。

2006年，在长沙饮食集团的促成之下，双燕楼重新出现在坡子街民俗美食一条街上，使百年老字号得以传承和健康发展。

双燕楼人创新经营管理模式，升级品牌形象，致力于发展中式餐饮连锁品牌，目前已有双燕楼坡子街店、东塘店、新开铺店、友阿奥莱店等连锁店铺。

双燕楼的馄饨，人们不仅爱其味，乐其形，更喜其色。有人食后戏称："初端上桌的皱纱馄饨，薄如蝉翼的馄饨皮裹着鲜嫩微红的馄饨馅，浮满一碗，晶莹剔透，吹弹可破，恰如贵妃之肌肤。"有诗为证："皱纱折燕尾，蝉翼裹芳扉。真容关不住，秀色比贵妃。"

据说，不少长沙人吃馄饨的感觉，可以套用费翔歌中所唱：一碗正宗的长沙老字号馄饨，是"吃"你千遍，也不厌倦；"吃"你的感觉，像春天。

如今，双燕楼不但有消费者青睐的皱纱馄饨，还有不少老长沙知名小吃，诸如冰糖银耳莲子、桂圆绿豆汁、龙骨炖海带、红油兰花干子、红油猪手等。这些小吃非常接地气，价廉味美，也深受长沙人的喜爱。🐯

（刘伟丹）

金杯电缆：『老字号』的传承与创新

在湖南衡阳制造业中，不缺特色产品，但真正有故事、有历史，并在传承与创新中不断创造奇迹的并不多，金杯电缆便是其中的佼佼者。

金杯电缆的前身是老衡阳电缆厂。老衡阳人都知道，这家诞生于1952年、兴盛于20世纪80年代的老字号企业，和"中华牌"锁具、"芙蓉牌"手表、"湘江"牌自行车一起承载了太多与这座城市有关的记忆。不少"老衡阳"还记得，在那个年代，家里装修房子买电线，亲戚朋友推荐的就是金杯电线。

如今，"芙蓉"凋谢了，"湘江"停跑了，"中华牌"锁具也渐渐消失了……当衡阳的这些工业老字号以各种方式纷纷谢幕时，金杯电缆却始终倔强地坚守在这片土地上，一路风雨走到现在。

它堪称衡阳工业企业命运变迁的"活化石"。其间，金杯电缆历经国有企业改革、股份制改造、二次创业、成功上市……每一次变革，都有新的突破；每一次突破，都带来新的希望。

逆境中勇求索，造出衡阳第一根电线

1956年，在衡阳塑胶制品厂自制生产用的配套机具上产出了近400千米民用塑料电线，从此结束了衡阳只能对外采购电线的历史。这批烙刻着时代意义的电线，叙述着一群年富力强的创业者在逆境中勇于求索、不畏艰辛的励志故事。

无心插柳，柳亦成荫。衡阳首批普通塑料电线的诞生，缘于一个意外的启发。中华人民共和国成立伊始，物资匮乏。1952年，60名热血青年租用三间民房办起了制作贝壳纽扣和牛骨柄鬃牙刷的手工业厂。伴随着国家大规模经济建设的开展，新颖的塑料制品陆续走上市场，日用品市场竞争激烈。该企业生产的牙刷和纽扣的质量、花色难以满足市场的需要，企业难以为继。于是，时任厂长的张邦礼身先士卒，自降工资50%与职工一同白天坚持生产，晚上走街串户推销，使企业走出了困境。之后，张邦礼组织人员去上海学习开发塑胶柄牙刷和肥皂盒等新产品技术，全力谋求企业新的发展方向。可在开发研制的过程中，他们却意外地开启了一条新思路——生产电线。1969年以李守志为厂长的领导班子为把企业做大做强，果断决策将塑料、薄膜等分别转交轻工和化工企业，专注电线电缆生产。从此企业走上了电线电缆专业化生产之路。

没有方向，就在实践中积极探索，确定目标；没有技术经验，就想方设法学

衡阳电缆厂老生产设备

习；没有设备，就用"小米加步枪"式的土方法自制；碰到瓶颈，就外出学习、理顺思路，几天几夜不停试制……几近"一穷二白"的客观条件，却成就了湖南省第一家电线电缆的名企的诞生，"金杯"不服输、不畏难、不忘本的精神之路在这里已然启程，激励着数代金杯人，不断书写着一段又一段惊喜而生动的篇章。

用匠心造精品 产品畅销海内外市场

"金杯"视产品质量为生命，用工匠精神打造电缆精品。66年间，金杯电缆已生产出110kV级及以下交联聚乙烯电力电缆、轨道交通电缆、特种电缆、铝合金电缆、充电桩电缆、控制电缆、架空线、民用电线等上万种，规格产品遍及全国电力、高速公路、石化、煤炭、通信等各个领域；广泛应用到西电东送、全国城乡电

网改造工程；服务首都机场、秦山核电站、武广客运专线等国家重点项目工程，为中国经济的转型升级提供强劲支持；先后出口到印度、新加坡、马来西亚等12个国家和地区，深受用户青睐。从小家到大家，以高品质产品，守护用电安全。

时至今日，"金杯"依旧热销，产品能够深得人心，这与金杯人的匠心制造精神是分不开的。在产品选材上，导体铜芯始终采用的是亚洲最高纯度（战略合作伙伴江西铜业）无氧铜杆，导电性能好，电流在线路中流失极少，更为节省电能。在生产制造上，不仅传承了数代金杯匠人的精湛生产工艺技术，还通过严格精细三重检验，保证产品出厂的100%合格率。

企业的技术总工程师艾卫民深情地说："质量比天大！'金杯'把产品质量放在第一位，说得最多的是质量，做得最多的是质量，持续不断改进提高的还是质量。说'金杯'的产品好，看首都北京的用户最有说服力——首都机场、奥运场馆等，不少'高大上'项目工程都指定用

公司部分产品（电缆）

'金杯'电缆。消费者这么看得起我们，这是我们继续把产品做好的原动力。"

凭良"芯"创辉煌　口碑铸就金字招牌

在"金杯"，人人都是"筑梦师"，员工凭良心工作，企业凭良"芯"造线，好产品赢好口碑，好口碑铸就金字招牌。

金杯电缆坚信企业就是一个大写的人。企业总经理谢良琼严己宽人：首先努力当好"家长"，让员工享受"金杯大家庭"的温暖；其次让员工都能如愿规划愿景，实现价值；最后是公正、公平、公开，让全员都有施展才能、发展自己的相应舞台、得到相应报酬。"我从一线操作工做起，现在是电线车间主任，月收入1万元以上。"谈及自己的成长经历，李爱英满脸笑容，眼里闪烁着自豪的光芒。

像李爱英这样学历不高、从基层做起、成为精英的员工，在金杯电缆数不胜数。堪比行业技术专家、管理专家的不在少数，有的还被评为"劳动模范"……在金杯电缆这片沃土上，人才辈出所实现的"金杯梦"，为中国梦增光添彩。

金杯人锐意进取，开拓创新，从德国引进了110kV级高压电缆生产线，这也是目前湖南地区唯一的一条融生产技术功能与在线检测功能为一体的悬链式交联生产线。此外，建设了湖南省第一个线缆辐照加工中心，在行业中具有里程碑的意义，

公司于2010年10月在深圳证券交易所成功上市

填补了湖南地区辐照线缆技术空白。

在不断扩大生产规模的同时，企业加强与中南大学、国防科大等科研院所产学研合作，自主研发了"以铝代铜"的"稀土铝合金电缆项目"；成立水电家装公司，参与起草并制定国内第一个装修隐蔽工程施工标准，探索"智能制造+服务"发展模式，满足了更多的用户需求。

历史记载着金杯电缆的辉煌足迹：1984年荣获全国行业唯一产品质量最高奖——银质奖；1987年研制生产的市话电缆产品打破国外垄断，被定为"替代进口产品"；2012年伴随核电项目投产，成为湖南输变电产业集群骨干企业；2017年在中国线缆行业最具竞争力企业排名第12位；迄今为止，湖南省电线电缆行业唯一上市企业……66年历经风雨，终于在当年湖南湘能电工（现金杯电工股份有限公司）入主后，深化改革，屡上台阶，实现了稳健快速发展。

未来的金杯电缆，仍将以创新为主力，从生产制造型企业向生产制造+服务+集成型综合类企业发展。实施市场战略布局，以湖南为核心，形成"中南+西南"的市场蓝图，积极实施走出去战略，实现销售规模40亿元，成为中西南地区最大、最强的电线电缆生产销售企业，线缆行业内的"百年老店"。

（姚瑶）

沙利文：回归传统 涅槃重生

昔日辉煌

长沙市沙利文食品有限公司（原长沙市沙利文食品厂）创建于民国三十六年（1947年），建店初址在长沙市蔡锷中路244号，由曹钟奇、张钦沛、曾广桂三人合股开办。

曹钟奇聘请西点名师陈文铎、纪扶汉、陈汶章等来店制作西点、西餐。当时的产品有麦酥、淇淋筒、标花蛋糕等几十个品种。由于选料精细、制作精良、味道可口，开店不久便声名大噪，声誉渐隆。

1956年公私合营开始，长沙市成立了糖酒公司，"沙利文糖果店"划归糖酒公司管理。1963年，糖酒公司领导人为发展名老店拨款13万元翻建"沙利文"，将一层木板平房改建成三层砖木结构楼房。

在"沙利文"食品店的历史上最值得骄傲和自豪的是——20世纪50年代末至70年代初期，为毛泽东主席制作生日蛋糕。田园其曾回忆说：毛主席第二次到长沙共住了108天，毛主席和其他中央领导所吃的糕点均由"沙利文"供应。

"文革"改名

"文革"十年之中，"沙利文"这块招牌被砸，店名像走马灯似的轮换，最后经过一番认真讨论改名为"星沙食品店"。取名"星沙"的理由一是《辞源》上"星沙"可代指长沙；二是"星沙"后一字为"沙利文"三字中前一字，有传统意义上的承前启后之意。

1984年省、市有关部门投资80万元，在沙利文蔡锷路的旧址基础上，建成了一座较为现代化的食品生产基地，电气化和半自动化的实现使工人从繁重的体力劳动中解脱出来，产量由过去的年产100余吨扩大到3000多吨，产值由过去的30余万元增加到200多万元。

1992年5月，星沙食品店拓址改建，改建后的一楼营业大厅营业面积扩大到500余平方米，经营的品种由8个系列1000余种增加到12个系列3000余种。年糕、焦切、麻枣等传统食品深受市民喜爱。

涅槃重生

严义军是"星沙"食品厂业务部门的经理，夫人周燕是铁道职工，在20世纪90年代，他们见证了"星沙"最辉煌的年代。

然而，市场的瞬息万变令人捉摸不透，因为外来品牌的冲击和自身的经营不善，20世纪90年代末期，"星沙"食品厂几近倒闭，无法继续经营下去的"星沙"管理层，决定将企业承包给个人。作为"沙利文"的老员工，严义军不忍心那个曾经辉煌的品牌就这样被遗忘。1999年，严义军四处筹集了17万元资金，重整旗鼓，在"星沙"食品的一楼门店边，租用了一个不到9平方米的场地，三楼生产、一楼销售，开始了"沙利文"的重建。

2005年，他们注册了"沙利文"商标，并投入1万多元，为"沙利文"设计了品牌形象和包装，"沙利文"带着古法制作的味道回归。

最火爆的产品是年糕。"沙利文"的年糕选用上等的糯米，经过蒸煮、手工揉制、压制成型，特别香软、黏糯，最多时一天销售近4000斤。

打开新局面后，长沙市蔡锷路上出现了一家装修一新的"沙利文"糕点店，绿地白字的招牌象征着绿色与健康。2015年，"沙利文"获评"湖南老字号"。

回归传统

80后严晓婧是严义军的女儿，2015年，严晓婧和先生赵鸣球从父母手中接过"沙利文"，彼时，"沙利文"虽然生意不错，但老店很少看到年轻人的身影。

2015年，学艺术的严晓婧开始对"沙利文"进行大刀阔斧的改革：绿地白字的招牌，变成了红地黑字；柔和的暖光打在食品上，复古又温馨；店铺里装饰的屋檐，把人的记忆一下子拉回了20世纪80年代。

改头换面的，除了"沙利文"的铺面形象，还有产品形象。"沙利文"回归传统，使用牛皮纸、麻绳等复古的材质，印有手绘图案和文字的包装，更符合年轻人的审美趣味。到2018年，"沙利文"已经在长沙拥有蔡锷路、南湖路、人民路等5家门店，在长沙市捞刀河附近拥有2000余平方米的工厂。

温暖的食品背后，是老师傅的匠心如故。1999年，严氏夫妇承包"星沙"食品店时，请来68岁的长沙传统食品界大名鼎鼎的老匠人王寿芝，因为他，"沙利文"的法饼、年糕畅销不衰。

如今，王寿芝老先生已经离世，但他的徒弟杨健军、余总付等，正用执着、创意、真诚、热爱，为品牌赋予新的生命。

（余娅）

天刚蒙蒙亮，向群锅饺的白案师傅们就紧张有序地开始了新一天的工作。

他们熟练地将面粉与水按照一定比例混合在一起，缓慢而又有力地搓揉着，直到手上出现一个完整筋道的面团。接下来将面团切、揉、搓成长条状，扯成一个个大小相同的剂子，然后熟练地将剂子擀成一个个规则的圆形饺子皮。

老师傅长满老茧的手并不迟钝，双手如魔术师般灵活。只见他拿起一张饺子皮，轻巧地用一根特制的竹挑子从刚拌好的馅料盆里挑出一坨大小适中的肉馅，手指上下飞舞，一个形状漂亮的饺子便出现在他的手中，而这一过程不超过五秒！

南派饺子的代表

向群锅贴最早的创始人王赓宝于 1950 年 1 月 1 日，在长沙育婴街36号开办了南园饼馒铺（向群锅饺前身）。1953 年 11 月迁至东茅街 85 号，更名为南园食铺。1954 年 3 月因房屋期满，由东茅街 85 号迁移至登隆街 49 号，后又迁移至登隆街附 18 号，1956 年更名为南园锅饺店。1967 年，南园锅饺店更名为向群锅饺店，并迁址至黄兴北路（红卫电影院旁）。"向群"即面向群众，心向群众之寓意。

向群锅饺：南派饺子的佼佼者

从20世纪70年代开始，向群锅饺作为南派饺子的代表，以其独特风味，吸引着星城百姓。

坐落在黄兴北路的向群锅饺店，因饺子做工精细，选料考究，肉汁鲜嫩，下酥上嫩，鲜美可口，配以肉花香葱汤而颇负盛名，深受广大群众的青睐。1990年向群锅饺店进行扩建，生意蒸蒸日上。1995年因建万代广场，向群锅饺店被拆。

历经半个多世纪，歇业10年后的向群锅饺，又回到了人民群众身边。2006年，长沙饮食集团为响应市政府建设坡子街"美食一条街"的号召，在三王街恢复向群锅饺店。2009年，向群锅饺店向国家工商局申请商标注册成功。

做法独特、饺馅独特、调料独特

《清稗类钞》中说："中有馅，或谓之粉角，而蒸食煎食皆可，以水煮之而有汤叫作水饺。"北方以水饺著称，南方则以煎饺盛名。煎饺又名煎饺儿、火饺、锅贴饺子等，俗称锅饺，长沙向群锅饺是南派饺子的代表。

向群锅饺有三个独特之处：一是做法独特：在平底大铁锅上放少许油，油热透后熄火，待油放凉后重新点火，放入饺子，再用小火慢煎至皮色金黄，这样的锅饺香气四溢，撩人食欲；二是饺馅独特：以新鲜的五花肉和前腿夹缝肉搅成肉泥加以调料，制成特色饺子，三鲜锅饺、海鲜锅饺、肉馅锅饺、素馅锅饺，款款经典，令人流连忘返；三是调料独特：做工细腻，蘸汁香辣，金黄色的锅饺蘸上调味汁，香辣爽口，回味无穷。

让群众满意

为确保老百姓食品安全，维护老字号品牌形象，满足消费者和市场的需要，2014年，"长沙向群锅饺配送中心"成立，同时建立了一套完整的管理体系和经营体系，为加盟企业提供必备的良好服务。产品坚持手工制作，冷链配送，朝着健康有序、传统创新的方向发展。

2015年，为促进加盟店健康发展，规范企业及市场行为，成立了"长沙向群锅饺有限公司"。公司打假维权，共取缔山寨版向群锅饺12家，对不服从公司安排、不履行加盟合同、损害品牌形象的加盟店予以摘牌。不仅净化了市场、提高了品牌的知名度和含金量，更获得了百姓的认可。

"长沙向群锅饺有限公司"和"长沙向群锅饺配送中心"的成立，确保了向群锅饺的合法地位，统一规范了企业行为，扩大了向群锅饺的知名度和影响力。

2015年，向群锅饺被评为"湖南老字号"，2016年被授予湖南省著名商标。

今日"向群"，传承百年店训，一心向着群众，满足消费者需要，再创饺子传奇。走进"向群"就是走进了饺子的世界，走进了享受传统风味小吃的美食殿堂。

（刘伟丹）

凯雪牌：有一款面条毛主席赞不绝口

在凯雪的发展史上，有许多令凯雪人引以为豪的故事。

"毛泽东主席当年很喜欢吃我们厂的面条！"有42年工龄的凯雪粮油退休老员工方建国每次聊起毛主席和凯雪的情缘，都会激动不已。方建国回忆，1974年毛主席在湖南省委九所蓉园工作居住期间，面粉厂的两名老工人曾被接去，制作手工面条。"开始师傅们都不知道是做给谁吃，后来看到新闻报道才知道是为毛主席做面条！"消息一传出，厂里的员工们都备受鼓舞。

翻开《长沙面粉厂厂志》第102页，还可以看到如下记载：1975年12月下旬，湖南省委接待处通过省市粮食局指定长沙面粉厂（凯雪粮油的前身）临时生产手工挂面。面粉厂党总支于12月23日委派郑中德、邹漠元、赵文斌与何木生四人前往黄花镇生产手工挂面。这是一次不同寻常的生产：生产场地选在远离市区的郊外。在生产场地周围，日夜有人负责保卫。12月25日，产品由晒场装入红漆木盒，盘成向日葵状，直送机场，空运北京。

此时，参加制作面条的老工人们才明白，这次手工挂面是为毛主席诞辰而特别制作的。"员工们都在说，是毛主席在九所居住期间，就喜欢上了我们厂的面条！"方建国说。

2013年，在毛泽东主席120岁诞辰之时，为纪念毛主席，凯雪为韶山宾馆特别制作了专供面。

"凯雪那可是百年老字号嘞，都说才饮白沙水又食凯雪面，毛主席都爱吃的面，味道肯定好啵！"提起凯雪，很多老长沙市民都赞不绝口。

湖南独家"百年面粉厂"

长沙凯雪粮油食品有限公司是湖南省唯一一家"百年面粉厂"，也是全国仅存的三家百年面粉厂之一。现位于长沙市开福区潘家坪路99号。百年凯雪已发展成为以面粉和面制品产业为主导，涵盖保鲜食品、速冻食品、放心早餐等多种主食产业的产业格局。

"凯雪"前身是湘籍广东候补官僚左彤轩等三人创建于民国二年（1913年）的湖南第一机器面粉股份有限公司。原址位于古城长沙北

凯雪粮油批发高桥店

门外新河南岸（新河路 60 号）。湖南第一机器面粉公司是湖南省设立最早的且使用机器生产、规模较大的企业，当时日产面粉逾千包，曾彻底改变了长沙当时靠"洋灰粉"接济的局面。

中华人民共和国成立后，湖南第一机器面粉公司获得了长足发展。1953 年收归国有，更名为"湘粮长沙市第一面粉厂"。1961 年，企业迁建至上潘家坪（潘家坪路 99 号），新建了年产 4 万吨的等级粉面粉车间，同时更名为"湖南省粮食厅长沙仓库"。1969 年，更名为"长沙市面粉厂"。1993 年，更名为"长沙面粉公司"。2001 年，企业分设为长沙幸福桥粮库和长沙面粉公司。2002 年，长沙幸福桥粮库改组为长沙凯雪集团有限公司。2006 年 12 月，长沙凯雪集团有限公司和长沙面粉公司捆绑改制为长沙凯雪粮油食品有限公司。

"凯雪大包"——知名放心早餐

在20世纪40年代以前，凯雪就有"均衡出粉""前路出粉"的制粉工艺。凯雪面粉的特点是：面筋质量好、韧性大、弹性好；可操作性强，适宜制作高档馒头、包子等发酵蒸煮类食品。

目前凯雪面粉有专用粉、通用粉两大类36个品种；挂面有营养强化、营养果蔬等五大系列32个品种；"凯雪大包"早餐食品有包点、馒头、粥品、小吃等五大类80个品种；还有鲜湿面、杂粮系列产品。

目前凯雪粮油建立了覆盖长株潭地区的直销网络和湖南省 14 个市州及全国十几个大中城市的经销网络，其中凯雪面粉占有全长沙市 70% 以上的市场份额；"凯雪大包"在长沙建立了 100 余家销售网点和直接配送点，已成为早餐市场区域知名品牌。

百年凯雪获得了众多荣誉，公司被授予百年面粉厂、中国百佳粮油企业、湖南综合实力百强企业、百家企业质量诚信承诺单位；凯雪牌面粉被评为全国"放心粮油"、消费者最满意十大品牌、食品安全优秀品牌、湖南省著名商标、湖南省名牌产品。

（刘伟丹）

滔滔流淌的沅水，孕育出一片神奇的土地——汉寿。在这座城市，餐饮企业蓬勃兴起。而一碗传统米粉，让您记得汉寿有个春华轩，撩拨人心，吊足了众多人的胃口，让吃过的人难以忘怀。

风味小吃炒米粉

早在清光绪二十三年（1897年），邻邑人刘公到龙阳（今汉寿）学粉艺，他勤学苦练，终于学有所成。二十九年（1903年）与人合开"泰云仙"，烹销米粉兼菜点。至宣统二年（1910年），刘家独立自营，武陵某才子为其改名"春华轩粉馆"，并书牌匾，寓意"春华而秋实"。

春华轩老店正面照

春华轩：源自光绪年间的独特文化符号

明末清初，龙阳县城米粉馆就有四家，自设粉坊，烹调下粉，尤以春华轩的米粉著称。1951年，春华轩独家经营米粉。1956年，"春华轩粉馆"加入公私合营。"文化大革命"期间更名为"红旗粉馆"。改革开放之初，恢复老牌号。

凡在汉寿待过一段时间的人都知道，要想了解并吃到正宗的本地菜，首推当地的百年老店春华轩。

据史料称，早年的春华轩以荤素缤纷的小吃为主，其中，风味独特的炒米粉堪称龙阳一绝，久负盛名。20世纪40年代初，著名诗人郁达夫在龙阳小住，每天无粉不餐，对其赞叹有加。米粉的美味早已传遍大江南北，洞庭湖滨，生意红火，那滑滑溜溜的粉、轻轻淡淡的汤、酸酸辣辣的料，都让人回味难忘。

米粉好吃，关键在于传统工艺的考究，用优质早籼米磨浆、压干、煮浆、搅拌、对冲、压榨，制出洁白、浑圆、细长且有弹性的粉条。汉寿人对于米粉最喜爱的吃法就是炒着吃，炒粉：段节带稠，合炒肉丝，加汤撒末，溢香扑鼻；下粉：线长劲足，烫下滚锅，灌汁浇头，回味润口。

餐饮名店春华轩

时间流逝百年有余，春华轩逐渐演变发展成当地的餐饮名店，并以其深厚的人文积累，成就了汉寿作为湘菜滨湖支系独有的饮食文化。

第23届中国厨师节金奖菜"秘制汉寿甲鱼"

20世纪80年代，吴明星高中毕业后成为汉寿县商务局下属企业春华轩的一名下粉工。当时，春华轩的粉远近闻名，县城每天早上来吃粉的人络绎不绝，就下粉这一门手艺，吴明星就不知道重复了多少遍。"上午下完粉，中午我就跟着春华轩的老师傅学做菜。"吴明星说，经过几年工作，他对厨师这个行当慢慢产生了兴趣。

20世纪90年代，春华轩面临国有企业改革。此时吴明星已成为春华轩的掌勺大师傅。"我是吃着春华轩的粉长大，后来工作也一直在春华轩，对这里我有很深的感情。"吴明星告诉记者，他主动带领员工进行"两个置换"，在全县率先进行了股份制改造，成立了汉寿县春华轩餐饮服务有限责任公司。他既是厨师，又是经理。凭借着诚信、实惠的经营理念和百年老店的品牌效应，春华轩不断发展壮大。

2002年，企业改制，春华轩作为餐饮企业试点首当其冲。实行股份制改革，打破"大锅饭"，竞争上岗、优胜劣汰、能

湖南省第二届创新菜大赛金奖菜"龙阳金龟"

者多得，一系列举措激活了企业的运行动力。四次扩建改造，营业面积由原有的800多平方米增至3000多平方米，各项配套设施的提质增效，百年老店摒陈推新，开始以现代化的酒店管理体制迎来了快速发展的春华盛世。

2006年，春华轩成功托管汉寿县京天大酒店餐饮部。短短几年，吴明星将一个行将就木的老企业带出了勃勃生机。

代代传人续辉煌

企业做大了，吴明星没有忘记初心。他回到厨房，潜心研制各种汉寿地方美食，对传统的菜肴进行改进。

"菜品如人品，质量即生命。""创餐饮行业典范，树百年老店品牌。"面对日益激烈的市场竞争，吴明星称，春华轩比以往更注重自己的品牌与声誉。

春华轩人创新厨艺，把质量同营养、卫生和服务标准相融合。开发湘、川、粤菜系百余种。如挖掘楚宫宴佳馔：鸡膀蛋；配置湖乡特色：蝴蝶过河、野鸭炖萝卜，色香味尽呈箸下。同时，传统米粉厅推出地方小吃数十种，酱汁粉、牛肉粉最俏；且用工艺提升炒粉品味，推出牛肉炒粉、海鲜炒粉、酸菜牛肉粉、三鲜粉，把米粉下到肉汤鱼汤里，更是妙不可言。"无粉不成席"已成为汉寿饮食文化一道不可或缺的风景。

不满足于"传统炒粉"和"手撕小鳖"等名肴，2013年，汉寿县春华轩餐饮服务有限责任公司以县委、县政府着力打造甲鱼品牌为契机，投资新建汉寿县甲鱼文化展示中心和春华国际大酒店，融甲鱼图片和实物展示、视频声光展示、深加工产品研发、餐饮会议、休闲娱乐、旅游接待等为一体。消费者将可通过视觉、听觉、味觉、嗅觉全面感受"中国甲鱼之乡"的无穷魅力。

2018年9月，中国食餐会寻找"第三道湘菜"活动成果发布会上，由湖南湘湖水产有限公司选送的"汉寿甲鱼"食材，汉寿县春华轩餐饮服务有限责任公司创作的"红烧汉寿甲鱼"荣获总决赛菜品特金奖。

时光流转，春华轩前行的步伐从未停止。春华轩人通过不懈的努力，屡创佳绩，先后被授予"常德餐饮名店""湖南湘菜名店""湖南老字号"等荣誉称号。

"悠悠岁月粉留香，代代传人续辉煌，顾客常常临老店，品鲜味美誉三湘"，春华轩故历经百载而不衰。

（彭静）

春华国际大酒店效果图

『雨花天』：澧陵第一厨

"雨花天"始创于 1910 年，1913 年起专营餐饮。

1910年秋，有两位王姓青年，从长沙乘船漂泊至安乡。那时的安乡，水上交通四通八达，商贾云集，王氏兄弟租下两间房开起了洗浴房，取名"雨花天"，主要为往来客商服务，生意也算可以。后见安乡食材资源丰富，兄弟俩转而经营饭店。1913年，他们在安乡餐饮界正式立起"雨花天"大酒楼的招牌。无奈时局动荡，几年下来，"雨花天"实在难以支撑下去，王氏兄弟决定南下求援，把酒楼交给四位伙计打理。他们是大厨柳桂生和蒋玉泉，管家朱国华，伙计叶万泉。

王氏兄弟走后，大厨柳桂生召集大伙儿商讨办店事宜，决定立足本地资源，创大众喜爱的特色品牌，创高端招牌菜，引天下富贵闻香来，同时，招徒传艺，扩大规模。经过五年的打拼，"雨花天"在安乡站稳了脚跟。"雨花天"精湛的厨艺，南传长沙，北至汉口，可谓声名鹊起。

柳桂生身怀烹饪绝技，却终身未娶，想收一个品端艺精的徒

弟，以托平生之志。1933年的一天，一位农民带着一个8岁的小孩要拜柳桂生为师，柳桂生见这小孩双眼机灵，身手敏捷，知是一块可造之才，于是收了他为徒弟。柳桂生对这个小孩悉心调教，从刀功技法、配菜技巧入手，循序渐进，把烹饪的十八般武艺和盘托出，言传身教，形同父子。这个小孩，就是"雨花天"的第一代传承人马振泉。

马振泉心灵手巧，也能吃苦耐劳。他练刀功，削破了手指，一声不吭；尝汤味，差点失去知觉；试药膳，吃得全身发热；找食材，顾不得"三九""三伏"天……经过十年磨炼，马振泉已可以在"雨花天"独当一面。

1943年农历五月初八，柳桂生安排马

振泉亲手做16道菜，请全店人员品尝。马振泉知道，这是师父布置的"谢师宴"，决不可掉以轻心。他三更即起，独自操刀掌勺，不敢马虎，精心准备好16道菜。酒未过三巡，菜未尝遍16道，大家早已被满桌菜肴的色、香、味、形所折服，无不啧啧称赞。大家情不自禁地高呼："出师啦！出师啦！真是名师出高徒哇！"

徒儿学有所成，柳桂生十分欣慰，趁此机会，他道出了多年来的未了心愿：希望马振泉去长沙寻找王氏兄弟俩，以谢"雨花天"的培育之恩，同时，到长沙的名牌酒楼开阔视野，取得真经。

第二天，不等天亮，马振泉便整装上路，经茅草街、铜官，来到长沙坡子街，找到了王氏兄弟的老家，但早已是人去楼空。在苦苦地寻找中，他用尽了盘缠，无奈之下，只能边找工作边找人，好不容易在望江楼酒楼找到了一份打杂的差事，凭借他那宰、剥、切、剁的高超技艺，自然获得老板的赏识。生活有了着落，他便在食客中打听王氏兄弟的踪迹，同时，也瞅准机会，以食客身份去火宫殿、玉楼东等长沙的名牌酒店，探求长沙名菜秘密，他经常去细品客人的残汤剩菜，有时还遭店家当乞丐驱赶，他便以美食家的口吻称赞厨师的手艺精妙，引得得意忘形的厨师们不禁透露出自己的烹饪秘密。就这样，两个多月的时间过去了，马振泉跑遍了长沙的大街小巷，仍没有王氏兄弟的任何消息。是年，安乡两度沦陷，马振泉只得继续自己的拜师求艺之旅。他跋山涉水，深入湖南各地，遍访名师，开阔视野，广交朋友，探讨烹饪真谛，后到津市望江楼专修白案，把精湛的白案技术发挥得淋漓尽致。

是年腊月，马振泉回到"雨花天"，劫后的安乡哀鸿遍野，一片狼藉，残破的酒楼正在重修。马振泉的归来，给沉闷的酒楼带来了生机。柳桂生、朱国华、蒋玉泉等前辈，一致推举马振泉为"雨花天"主厨，整个"雨花天"也交由马振泉管理。

马振泉凭借精湛的厨艺，创造出"雨花天"系列名牌佳肴和异彩纷呈的面点。尤其是"汤泡肚尖""芙蓉鱼排""锅烧野鸭"声名远播，不少长沙的富商显贵一到安乡，就会以尝到"雨花天"名菜为快。

1947年，安乡大兴街失火，殃及新堤街，"雨花天"也付之一炬，但久负盛名的"雨花天"，总能得到社会的眷顾，很快便起死回生，恢复往日的生机。

"文革"中，"雨花天"因"四旧"之嫌而被摘下招牌，马振泉却是香饽饽，被各单位争抢。马振泉一生研究最多的是大众菜，如书院鱼尾、肉烧卖、生片火锅、纸包三鲜、清汤鱼丸、锅烧野鸭、糖溜藕丸、藕塘三宝、贵妃豆腐、萝卜丸子、杂烩等。他的许多创新菜，已经普及安乡城乡。

改革开放后，马振泉决定和儿子重新亮出"雨花天大酒店"的招牌，开始新的征程。"雨花天"除继续发扬传统特色外，引进并开发了系列海鲜菜品，备受食客喜爱。2007年"雨花天"第二代传承人马清良研制的"鱿鱼杂烩"在常德市烹饪大赛中引起轰动，进入常德市十大名菜行列。马清良博采各家之长，改进和完善了传统的烧、烤、炒、煎、蒸、焖等烹饪技法，创新了"色、香、味、形、器、境、情"的经营模式；并从清末"接济粥"传统配方中进行挖掘，开发出"御寒去热"的"雨花天菜根粥"，深受消费者喜爱；还利用"药食同源"原理，传承传统技法，推出"白玉丸子"（清热养颜）、"枣泥糕"（养血安神）、"锅烧野鸭"（清血滋阴）等价廉质好的美食。

历经百年沧桑的"雨花天"，经历了柳桂生、马振泉和马清良三代传人的苦心经营，取得了长足的发展。从中华人民共和国成立前一个只有10多个雇工的餐饮店发展至今，已拥有1家总店、3家直营分店、1家连锁加盟店，现有净资产550万元，员工115名，年营业额800多万元，在当地享有"澧陵第一厨，澧水老字号"和"百年老店，澧陵奇葩"的美誉。🉑

（周明）

南洲酒：水蕴南洲 湘酒典范

说起南洲大曲老字号，得谈谈"南洲"一词的由来。南洲镇为湖南省南县县政府所在地。南县目前所辖区域原为洞庭湖北部的一片沙洲，因长江常年发大水，洞庭湖经常决堤，涨水时淹没各个沙洲洼地，水退后就会形成淤泥沙洲。清同治末年（1874年前后），洞庭湖北部淤积若干洲渚，在乌嘴和北洲南岸新淤积了一个狭长的湖洲，因地处北洲之南，当地群众称之为"南洲"。而后洲渚淤积连片，形成百里沃野，泛称"南洲"。随着南洲的形成，各地居民纷迁麇集，围堤开荒，世代将息。是时分属华容、岳阳、汉寿、沅江、安乡、常德六县管辖。光绪二十一年（1895年），湖南巡抚吴大澂奏本清廷获准，划割六县交界之地，在境内乌嘴设置"南洲直隶厅抚民府"，光绪二十三年（1897年）迁置九都。民国二年（1913年）十月，湖南都督府下令撤销南洲厅，改称南洲县，次年六月八日又根据内务部复电转令，将南洲县更名为南县，县城位于南洲镇，南县地名沿用至今。

南县地方水网遍布，河沟纵横，湿气重，居民多以种地捕鱼为生，因长年居住于洞庭湖的潮湿环境中，易得风湿骨痛等疾病，于是习惯吃辣喝酒以除湿气，酿酒作坊亦遍布街头巷尾。

说起南洲牌白酒的最早起源，还要追溯到南县建南蛋酒厂生产的大曲酒。建南蛋酒厂始建于1952年2月，地址在南县南洲镇东堤尾

复兴街，1961年5月，企业更名为南县酒厂，专营酿酒业务。为了创名牌，1962年企业派生产能手前往贵州学习"茅台"酒的先进技术，回厂后经反复试验，生产出60度浓香型大曲酒，1975年正式定名为"南洲大曲"。

南洲绵柔

南县酒厂在国有体制下经过二十几年的发展，酿酒工艺与技术都已经非常成熟。由于改革开放的形势与当时运营状况的良好，南县酒厂部分人员谋求更大的发展。原老厂区面积已经饱和，为了扩大生产，1980年由南县酒厂曲酒班组人员开始在南县小河堰村修建曲酒车间，以南县酒厂曲酒分厂名义开始生产、经营曲酒。1981年11月17日正式向当时的南县工业局申请成立单独的南县大曲酒厂，经批准后以"湖南省南县南洲大曲酒厂"为厂名，开始使用"南洲"商标。

南洲大曲自诞生之日起就成了南县当地的骄傲，荣誉不断。1976年，南洲大曲经益阳地区轻化局检验合格并批准为地方名酒；1979年7月，南洲大曲被评为湖南省优质酒；湖南省食品公司1981年19号文件对南洲大曲评语为：窖香带酱香，香气幽雅，味甜爽口，回味较长，稍辣微涩。经省推荐，1981年6月南洲大曲参加全国庐山检评酒会，获得了较好的评价。20世纪80年代，南洲大曲已深入人心，受到了广大消费者的喜爱，成为当时的紧俏商品。

20世纪90年代后，企业经历破产重组、国企改制、资产重组等变化，厂名不断变更，但在各个时期，企业一直将打造南洲白酒品牌作为企业生存发展的方向，将南洲品牌传承至今。

2008年，水井坊母公司四川全兴酒业有限公司控股南洲酒业，为进一步提升南洲品牌形象，为其注入了先进的生产管理和营销理念，使公司不断发展壮大，南洲品牌更加深入人心。

目前，南洲牌产品分为南洲年份酒、南洲绵柔、南洲小酒与南洲大曲四大系列，共20余款产品。

中国酿酒大师、水井坊首席勾兑大师赖登燡，多次亲临南洲酒业，选择不同轮次、不同酒度、不同年份储存的酒，搭配、勾调、反复糅合，终于成就了南洲新酒绵柔醇和的口感特质。中国白酒界泰斗沈怡方等10位中国酿酒大师对南洲酒给予了高度评价："该酒无色透明、窖香幽雅、陈香怡人、绵甜醇厚、丰满圆润、香味谐调、余味绵长，浓香型风格典型。"

（杨海英）

刘聋子粉馆最早的吉祥物

刘聋子粉馆：永远只做一碗粉

对湖南人来说，美好的一天，大多从一碗热气腾腾的牛肉粉开始。关于湖南的粉店，总有说不完的故事，尝不尽的美味。而最能代表常德牛肉粉的要数刘聋子粉馆了。

回汉融合独创配方

津市刘聋子牛肉粉可追溯到清朝雍正时期，由于当时的朝廷实行改土归流，新疆一部分回民迁到津市东田堰定居。回民有吃牛肉面的习惯，而当地以大米为主食，不易找到面条，于是回民以当地原有的米粉充当面条，创造了凳粉，即最早的牛肉粉。后来，凳粉被津市人接受并加以改进，其口味变辣变咸，逐渐演变成了今天的津市牛肉粉。

刘聋子牛肉粉创办人刘松森，因幼年患中耳炎导致耳聋，遂有"刘聋子"绰号。民国十九年（1930年），刘松森在常德开馆，经营米粉生意，规模甚小。民国二十七年（1938年），常德遭日本飞机轰炸，刘松森举家迁至津市，在其姐夫家开设粉馆，后积蓄渐丰，于民国三十二年（1943年）自建简陋木瓦房一栋，迁至新居营业。刘松森虽为汉人，但与回民交往甚密，从而积累了不少加工牛肉的经验。经他制作的牛肉粉和钵子牛肉，软硬适中、咸淡适宜，具有辣、滚、香、鲜的特点，慕名前往者络绎不绝。

刘聋子牛肉米粉的独树一帜，除了独特的津市米粉，便是与牛肉选材和加工工艺及中草药香包有关。刘聋子选取五龄以上的食草水耕牛肉，牛肉进店立即悬挂临风，再分老嫩肥瘦切成块，反复漂洗挤压排出血水，用中草药香包熬煮（大小茴香、砂仁、中安、桂枝、甘草、陈皮等28种）。锅不加盖，腥膻散发，熬汤时将浮沫舀出，放适量的牛油以增鲜味。煮熟的牛肉冷却切块备用，牛肉汤加入一半清水，再行烧开，撇去浮油的汤汁清亮透明。下粉时舀汤入碗，加辅料盖码，一气呵成，汤鲜味美。

在传承中不断创新

20世纪50年代，公私合营，粉馆纳入津市食品公司。1960年，刘聋子病逝，因无子嗣，将牛肉粉秘方传授给妻子李才三。1980年，李才三去世，其牛肉粉秘方传授给徒弟黄承余。20世纪80年代初期，黄承余在三洲街开设个体餐馆"刘聋子粉馆"。

黄承余严格遵循师傅传授的秘方和工艺，在第一代产品原汁牛肉粉的基础上，相继研发出红烧牛肉、麻辣牛肉、牛杂粉和炖粉系列。提到炖粉，还有个故事。黄承余自己出来开店后，生意火爆。店铺都是来了客人就会给客人下粉，给自己下的粉可能刚准备吃，就又来客了。冬天温度下降很快，粉很快就冷掉了。黄承余很节俭，就想用火锅加热了吃。结果，他发现炖的粉比下的粉味道更浓郁一些，就慢慢引导客人这样吃，客人的接受程度也很好，就成为刘聋子粉馆的一个特色。

1995年黄承余退休，将刘聋子秘方传授给两个儿子黄辉、黄震。黄辉、黄震也是那时候开始跟着父亲学手艺的，"就是从进肉开始，进一整头牛肉自己分割，看每个部位适合什么样的码子。比如红烧的

津市后湖店门头

米粉火锅

我们用牛腩，麻辣的用好一点的腱子肉，酱汁的用牛的里脊肉。最难的是最后一道工序——盖粉。盐、油、酱油、葱，打码子，盐以前是没有做定量的，要通过眼睛看，手感比较难把握"。

至2018年5月止，刘聋子粉馆在长沙开设了七家直营门店和一个配送中心，加上津市三家直营门店共11家。几代人的努力，也让刘聋子粉馆收获不少荣誉。2002年，刘聋子麻辣牛肉荣获湖南（第四届）国际农博会金奖；2015年，被湖南省商务厅授予"湖南老字号"；2015年，被中央电视台《行走的餐桌》《舌尖上的中国》栏目相继采访。未来，刘聋子粉馆将在长沙增开20～30家直营门店，立志将刘聋子老字号品牌发扬光大，立足湖南，逐步推向全国。🔖

（陆嘉琪）

145

锦江泉：长寿之乡酿香醪

湖南锦江泉酒业股份有限公司位于湖南省怀化市麻阳苗族自治县，是湖南省重点扶持的老四大名优白酒企业之一。锦江泉继承和发扬了苗乡传统而独特的酿酒工艺，以优质高粱为原料，以精选小麦制曲，用优质泉水酿制而成。"酒液清亮、窖香浓郁、绵甜爽口、回味悠长"的独特风格深受广大消费者的喜爱。

当地人传说，锦江泉酒是从"苞茅御酒"演变而来。相传，从前锦江河畔有座苞茅古寺，寺内老和尚用黄茅根酿出苞茅酒，名声传得很远很远。某年，晋代诗人陶渊明坐船从这里经过，慕苞茅酒之盛名，泊舟上岸，来到寺内。老和尚以苞茅酒相待，陶渊明品尝果然不同，便带酒进京，送给皇上。皇上饮后大喜，定为御酒，每年进贡。

1953年，麻阳县专卖公司以麻阳高村的民生酿酒小组、滕记苞茅酒坊等八家小作坊为基础，成立了一家小酒厂，土法上马启动了白酒生产。建厂初期，年产白酒4吨左右。1965年，酒厂收归国有，更名为地方国营麻阳酒厂，所产白酒取名锦江酒。

2000年，麻阳县政府对企业进行改制重组，由民营经营者出资与政府合作成立湖南锦江泉酒业有限责任公司。2010年，再次改制重组，新组建了湖南锦江泉酒业股份有限公司。公司传承了苞茅酒传统的酿造工艺，引进了国家级酿酒师、国家级品酒师等高端技术

人才，借鉴先进的酿酒技术，利用老窖池、老窖泥，采取高温浸泡除杂、根霉培菌糖化、大曲续渣发酵、酒醅清蒸清烧、分级贮藏陈酿、精心组合勾兑的工艺精心打造，使老字号锦江泉产品不断升级，逐步形成锦江泉、锦江王两大系列，现已拥有锦江王 V95、V8、V6 和锦江泉长寿、富贵吉祥、福满堂、仁和顺、禄福禧等 40 多个品种。

"昔日苞茅贡，今朝锦江泉。"古老的苞茅酒已无法品尝，可锦江泉酒香飘三湘四水，而且两次进京作为国宴用酒，曾得到王光英、王首道、李德生、毛致用等国家领导人和海外行家的赞誉，产品畅销湖南、北京、广州等 20 多个省市，并被外交部驻外机构供应处选定为我国驻加拿大、美国等 28 个国家的大使馆宴请用酒之一，还远销日本、马来西亚、新加坡及中国香港等国家和地区。

锦江泉的醇香美味和地理位置有密切的关系。锦江泉酒厂位置正处在北纬 28° 这个中国白酒酿造龙脉地段，在这条纬度上，分布着茅台、郎酒、五粮液等中国最知名的白酒品牌。该地还是联合国教科文组织认定的长寿之乡，发源于中国第五大佛教名山梵净山的锦江河贯穿全境，奇特的地质地貌构成天然的"矿化池"和"磁化场"，多样的植物资源形成了天然的"氧化池"，丰富优质的水资源即为天然的"净化池"，这些独特的地理和气候环境为酿造优质白酒提供了得天独厚的优越条件。

2015 年 7 月，中国科学院、国际人

传统酿酒蒸煮

口老龄化、长寿化专家委员会专家组委会来到中国首批长寿之乡麻阳，实地考察了麻阳当地水土资源。受锦江泉酒业邀请，专家组对锦江泉酒业旗下产品锦江泉酒、锦江王酒进行现场取样、封样，并带回北京进行检测。经过中科院检测发现，锦江泉酒业所酿造的锦江泉酒、锦江王酒富含硒元素等多种对人体有益的微量元素，是名副其实的富硒酒、健康酒。

如今，已走过 60 余年风雨历程的湖南锦江泉酒业股份有限公司，拥有四个酿酒车间（800 个窖池）、一个包装车间（两条自动化灌装线）、三栋大型酒库和一个先进的技术检测中心。

2014 年，锦江泉酒业生产各种香型白酒 800 吨，包装 1100 吨，当年销售回款 1.4 亿元，实现销售利润 2500 万元。2015 年，湖南锦江泉酒业股份有限公司被湖南省商务厅授予"湖南老字号"称号。📖

（陆嘉琪）

徐长兴：一只烤鸭的百年风云

南京清真徐长兴鸡鸭店，从南京的南门迁到长沙的黄兴南路，经历了100多年的历史。从老板徐明的高祖到他本人五代经营，"徐长兴"在长沙也换了六个地方。

"徐长兴"是清光绪三十三年（1907年）迁来长沙的。为什么要从南京迁来长沙呢？其中还有一段曲折的过程。徐家麟的高曾祖三代，均在南京市的南门经营鸡鸭店，其祖父徐承恩（字佩斋）还兼营酱园。当时"徐长兴"与另一家店铺为亲戚办了500两银子的铺保。保后不久，被保者出了问题，要负责赔偿白银500两，两个铺保应各赔二分之一。另一个铺保强调他不是为主的，要"徐长兴"全部负责，争论不休，为此打了一场官司。官司输了，"徐长兴"被法院判决须承担巨额债务，由此企业破产，在南京无立足之地，徐承恩只好远离南京乘船西上武汉。之后，因其二叔祖父已在武汉开设"徐长兴"烤鸭店，若再在武汉经营烤鸭店就有碍二叔祖父经营，这样只好离武汉，抵达长沙另谋出路。

徐承恩来长沙时已有68岁了，其子徐祖生当时只有17岁。到长沙后，徐承恩找到位于坡子街的江西会馆（劳九芝堂对面），通过会馆关系，租了会馆隔壁一间较小的门面，经营白鸡、烤鸭。当时

长沙市芙蓉区古汉路新桥沁园小区（古汉路银港农贸市场）的徐长兴烤鸭店

长沙人不爱吃冷的鸡鸭，挂出后无人问津。为了打开销路，父子合计将鸡鸭砍成小块摆在油碟内再调好味，以供过路人品尝，并说明可以不买，欢迎试味。由于其态度诚恳感动了客人，成品味道又确实不错，生意逐渐好了起来，开始有了盈利。

"徐长兴"的烤鸭一定要在长沙落户，这是徐家祖辈的决心。此后不久，通过关系，徐承恩在青石桥（今解放西路）原李大有汾酒店的隔壁租了一间较大的房子做门面，恢复了南京徐长兴烤鸭店的名号，开业后生意渐好，1915年，将铺面买下并拆了重建，所用设备也较讲究，整个店面焕然一新。新店开张后经营饭菜，并承包回族筵席（当时牛肉不上席），一次可开10桌，生意越做越旺。烤鸭可一对对买，也可切盘，也可整鸭外售，鸭上还盖有"徐长兴"印章，因此生意更加兴旺。每年冬春两季的营业就可以赚回当年利润，在长沙享有盛誉。

吊炉烤鸭是"徐长兴"的主菜。"一鸭四吃"也以烤鸭为主。烤鸭的制作过程是：先将活鸭宰杀、净毛，在翅膀下开洞、挖出内脏，然后吹气、洗净，再用饴糖涂抹上色，用火烘干坯，冷却后再烤第二炉。烤时在鸭肚内灌入开水，烤熟即可。食用时再佐以薄饼、甜面酱和葱头：薄饼系用上等面粉用水调匀，揉搓至软如绵状，在平锅上用手贴抓而成，又称抓饼，质地要求匀、细、薄、软。甜面酱以酱园所售京酱为主料，购回后再加工，

"徐长兴"创始人——徐沛斋画像

拌入头面、蔗糖、麻油和适量水分调匀，蒸好后冷却即可。葱头必求新鲜，个头要大。有了这些作料，烤鸭更加好吃，成为一种名菜。

"一鸭四吃"，一是薄饼烤鸭；二是鸭肉小炒，可掺以冬笋、辣椒、芹菜等，因时而异，但取适口；三是鸭油清蒸蛋；四是鸭架子骨头煮汤，汤内可配菜心、花菜、豆腐等任何一种均可。"一鸭四吃"，香脆鲜嫩，甜咸兼备，风味独特，当年齐白石对"徐长兴"的"一鸭四吃"情有独钟，大啖之后赞不绝口。

鸭舌、鸭足蹼合成"鸭掌汤"，鸭肠可做"胰子白"，均系"徐长兴"名菜。其他如鸭肫肝、鸭脚爪、鸭翅膀，可以做成"卤三件"，为佐酒佳肴。

关于选料，也有严格的规定：鸭子要上5斤才能制作烤鸭；3斤以上5斤以下的可做对鸭（一对两只），2.5斤可做卤鸭，砍成小块装碟零售。

"徐长兴"平日开堂供应吊炉烤鸭，照例当顾客入席，服务员即送上宰好洗净

的肥鸭三只,任凭选择,并请画上记号,保证原鸭供应。烤时剥皮留下印记,用碟另盛,以示尊重顾客意见。有时别的酒席馆或客家要用烤鸭,也来该店订货出堂。该店对所制烤鸭坚决做到保持香、脆、鲜的特色。送货上门时,通常用一个大油漆箱,上盛烤鸭,箱底加一盆炭火保温,登门及时取出,当场切片,得以保持原味。

　　"徐长兴"的命运与长沙之兴衰同步。"文夕大火"使青石桥一带毁于一旦,该店被迫停业八年。抗战胜利后,由第二任掌柜徐祖生先生继承父业在坡子街围墙背后重建"徐长兴",使其发扬光大。中华人民共和国成立后加入公私合营,由第三任掌柜徐家麟继续经营。物换星移,时至今日,第五代传人徐明先生复兴"徐长兴",2014年将店迁至马王堆古汉路,再现长沙百年之说:"杨裕兴的面、徐长兴的鸭、德园的包子真好呷!"🔖

(周明)

铜官海旭：阳春白雪的追求

铜官陶瓷历史悠久，据《鉴略妥注》载："舜陶于河滨，而器不苦窳。"即殷商之前，舜就带领先民在湘江一带开始制陶之业，而且技艺已相当成熟。在铜官的民俗中，一直尊舜帝为陶业的拓蒙祖师。有铜官陶瓷制品证明，铜官制陶至少始于汉代或隋唐。随着历史的推移，铜官陶瓷生产蜚声中外，到清末民初，铜官已拥有24条龙窑，1000余名制陶工人，成了全国五大陶都之一。

据史料记载，"安史之乱"引发大批窑工南迁，南北技术的融合丰富和提升了长沙窑的技术储备，促进了铜官陶瓷业的发展。

海旭陶瓷由陈氏祖先在铜官建立的一个原始手工作坊开始，其近代的前身是铜官陶器联社一工区，成立于1953年3月，主要根据千年铜官窑祖辈传承的制陶工艺和技术，生产各类水缸、土罐、菜坛、酒坛、油壶等陶器产品。

1975年，他们开发研制出新材质的炻瓷产品，该产品在陶器产品的基础上得到质的提升，产品出口东南亚和欧、美市场，铜官陶瓷产业得到快速发展。同年，铜官陶器联社一工区更名为炻瓷一厂，专业生产炻瓷餐具产品。

老式传统流水线

自动化生产线

1999年3月，陈海军在炻瓷一厂的基础上正式注册成立湖南海旭实业集团有限公司。

海旭实业专业生产各类内销、出口日用陶瓷餐具达20年之久，产品近千个品种，拥有自营进出口权，并通过了中美海关输美产品认证。如今，企业资产总额近9000万元，年创汇达400多万美元。

拥有国内先进的符合环保要求的天然气辊道窑、隧道窑、烤花，并拥有完整配套设备。产品经过中高温（1280℃）一次烧成，不含铅、镉等重金属有害元素，符合美国FDA以及最严格的加州65标准，符合客户各项指标要求。产品具有低吸水率（低于1%）、热稳定性（180℃）和机械强度好等特点。适应微波电磁炉、烤箱、机械洗涤。产品原料（陶泥）产于铜官及周边地区，通过化学检测，原料中含有铁、微量硒和麦饭石等对人身体健康有益的成分。

海旭实业作为湖南省重要的陶瓷出口生产基地，湖南铜官唯一一家生产出口的陶瓷企业，现有造型师、泥釉工程师、烧成工程师、国际贸易等专业人才和熟练员工400余人。公司通过了ISO9001国际质量体系认证，产品畅销欧美、东南亚及国内市场，并先后荣获湖南省著名商标、湖南名牌产品、湖南国际驰名品牌、湖南省守合同重信用单位等名誉。

为了更好地传承铜官陶瓷烧制技艺，公司注重品牌效应，保护知识产权，拥有"海旭"注册商标，并持有"成套咖啡具""套杯""十二生肖塑像"等专利14项。

作为铜官第一家跳出作坊式，领先跨入艺术陶瓷领域的大规模企业，湖南海旭实业这个铜官老窑口一直努力经营将铜官陶瓷发扬光大。

（刘伟丹）

公司工艺品展厅

公司产品

养天和老照片

养天和：健康生活 怡养天和

如今，药店在年轻人眼里犹如便利店，健康伸手可及；而在很多中老年人的心目中，药店更是时光的见证，它承载了那些历久弥新的人和事。这其中，养天和的历史变迁更是可圈可点。

养老店之精

清光绪三十四年（1908 年），养天和药局享誉三湘，声名远扬。之后，养天和不断发展，开长沙医药连锁之先河。2002 年为弘扬医药文化，抢救百年品牌，年轻有为的民营企业家李能成立湖南养天和大药房连锁有限公司。当年 8 月，养天和大药房第一家店龙程店诞生，养天和再放光彩。养天和坚持"聚焦药店加盟，打造平台经济"，依托药店加盟和品牌合作"双引擎"，快速发展和全国布局。养天和旗下业务涵盖药品零售连锁经营、品牌输出、药品批发、中西医诊疗和健康产业开发推广等。如今，养天和拥有湖南养天和大药房企业集团有限公司、湖南和盛医药有限公司、海南养天和大药房连锁有限公司、湖南和盛长风医药有限公司、长沙养天和连锁管理有限公司等子公司。目前，养天和现有门店 1400 余家，员工 5000 余名，年销售额超过 14 亿，竞争力位居中国药品零售企业前 20 强。

养品牌之气

养天和成立以来，门店遍布大街小巷、社区庭院，始终秉承"扎根社区，服务百姓"的经营理念，弘扬传播孝、德、福的企业文化，通过开展义诊服务、健康体检、名医讲座、慢病治疗为主题的系列活动，为市民普及安全用药知识，传授健康生活常识，通过组织各种爱心公益活动，用朴实的行动传递最温暖的关爱，为社区居民送去最温馨的关怀，引导老年人享受健康的晚年生活。各门店秉承公益原则、惠民方针，始终做到为您购药省钱的贴心服务，所有员工牢记"药品安全最重要，养天和用药更安全"的安全用药理念，为广大市民朋友提供最优质的药品，积极助力健康中国战略。养天和以"省钱、健康、专业"的形象深入千万顾客心中，引进中康云会员系统、慢病管理系统、品牌体验活动，让顾客更深刻地体会到养天和健康生活理念和购药的便捷。

养专业之神

好服务让顾客受益、好机制让加盟商受益、好平台让中小连锁受益。养天和不断探索医药连锁经营之道，创造性地建立和完善了独特的连锁管理模式，提出了"社区药店""两条高压线"和"养天和阿尔菲加"等理念，在影响行业的同时，还引领自身的发展。尤其是以赋能为核心的养天和中国版阿尔菲加创新加盟模式更是打破医药零售药店传统加盟模式的桎梏，开启战略变革转型加盟模式新时代。养天和阿尔菲加模式以"统一品牌形象、统一财务管理、统一采购配送、统一人事管理、统一商品价格、统一运营管理、统一药事服务"的"七统一"管理方式助力连锁药店健康发展，为中小连锁提供专业的赋能服务，解决中小连锁规模扩张难、转型升级难等发展瓶颈，品牌合作成效显著。2017 年 12 月，养天和与广东肇庆国民大药房连锁公司正式签订战略合作，从此养天和阿尔菲加模式在四川、广东、安徽、湖北、山东、辽宁、广西等地落地推广，全国 400 余家门店也因此受益。

养专业之魂

门店运营的专业化、加盟服务的专业化、民主管理的专业化、创业致富的专业化，最终成就了规范先行、品牌支撑、专业引领的养天和特色加盟模式。养天和从七家门店、几十名员工起步，经过十多年的发展，成为全国具有极高影响力的大型药品零售连锁企业，也是国内首家药店加盟一体化服务平台企业，为加盟商提供专业的创业服务，门店加盟稳步推进。养天和门店 80% 是加盟店，加盟商从申请加盟的第一天起，到选址、装修、上货陈列、开业指导等系列环节，实施稳健的加盟策略，不仅注重加盟的质量，还注重专业的加盟服务，借助先进的管理机制，率先在行业内完成"七统一"管理，引进雨诺 ERP 系统、蓝凌 OA 系统，实现"七统

养天和药店

中医厚朴药房沉香

国医大师熊继柏把脉坐诊

一+互联网"联动,养天和凝聚了700多位加盟商收获创业成功的硕果。

养天和在发展的过程中,高度重视履行社会义务,不仅通过专业系统培训,让一批下岗职工、普通员工学到职业技能,走上创业发展之路,还多次出资捐助贫困学生和特困人群提供学习和就业岗位,连续多年与基层街道社区举办各类公益活动。在湖南冰灾、汶川特大地震、长沙抗洪等灾害发生后,养天和第一时间捐款捐物、奉献爱心,尽显企业社会责任担当。

时光穿梭,初心不变。2018年是养天和品牌创立110年,从"十六字训"到"养天和为您省钱"的发展理念,健康生活,颐养天和的名称含义深入人心,时刻谨遵"药品安全最重要,养天和用药更安全"的用药要求,养天和完成质的飞跃。从普通药房,到健康生活馆,再到多功能的新型药店,养天和走出了一条老字号发展的新道路。⑮

（戴琳）

南京理发店：老手艺更有老情怀

一片云、蘑菇式、虾子式……这些只有70后、60后才熟知的老式发型，现在已经难觅踪迹。然而，在长沙最老的理发店南京理发店，这里的老师傅们依然能让你的发型"穿越一把"，重温属于那个时代的青春。

始于1935年的"思乡情结"

1935年，以刘文洲为主要合资人的三位江浙商人在长沙开设了一家理发店，可能是出于思乡情结，店铺取名为"南京"。

抗日战争胜利后，刘文洲于1946年10月独资重建三层楼房，雇工50余人，定名为"上海南京美发厅"，首家从香港引进美国电剪、罩头吹风、化学烫发水、卧式洗头托盘、洗发香皂等，并重金聘请沪、汉等地技师20多人。该店以管理严细、设备新、发型美、服务周到而受到顾客欢迎，月营业额达8000银圆。

从开业起，就以"顾客至上，质量第一"为宗旨。南京理发店定有店规10条：营业时间不准迟到、早退和外出，不准会客，不准高谈阔论，不准穿拖鞋、短裤、背心和打赤膊，不准顶撞顾客，不准坐铁椅，不准污染围布、毛巾，不准私物放进店堂，不准违反操作规程，不准学徒坐凳。如有违反，轻则训斥，重则围号（开除）。

南京理发店礼聘的名师，各有专长，编工号，任客挑选。顾客进店，由刘文洲之子刘应龙专人接待，接过衣帽，递上毛巾，安排座位，依次理发。理发讲究质量，剪发圆整均匀，层次清晰；洗发坐洗两遍，冲洗一次；发型问清顾客爱好，根据性别、年龄、脸型、职业商定。吸取上海、广州等大城市流行发式，形成该店特色发型。

男式有分头、背头、高庄、满满发、菲律宾、大牛扮等；女式有大花、小花、内荷叶卷、外荷叶卷、蝴蝶、虾子、手枪、爱司、波浪、油条等式。打两次反镜，以顾客满意为好。顾客理完发喷香水，送热毛巾，然后送出门道别。由于真正坚持顾客至上，质量第一，虽价格比其他理发店高，但市民多愿到该店理发，故该店常年顾客盈门，生意兴旺。

从低谷中崛起

1949年，南京理发店创始人刘文洲病逝，其子刘应龙承袭经营。中华人民共和国成立初期，市民群众生活艰苦朴素，无暇打扮，烫发日减，收入下降。1956年，南京理发店首批转入公私合营。随后，开展学、比、赶北京天桥商场，以提高服务质量为中心的社会主义劳动竞赛，恢复和发扬了该店优质服务的传统，扩大店堂，添置设备，充实力量，集中优秀技师40余人，创造无缝青年式、运动式等新式发型。"文化大革命"中，该店首遭冲击，当时风气导致理发一刀齐，不讲究发式，以致业务锐减，连年亏损。

1978年以后，拨乱反正，放宽政策，职工积极性被调动，店经理钟佩兰组织全体职工全面开展技术练兵活动，派人外出参观考察，聘请名师来店示范操作表演等，服务质量、技术水平均显著提高，相继推出中分式、边分式、老相式、奔头式、爆炸式、三节式、秀姿式、阮氏式等新潮发型；增设美容等新的服务项目，使企业枯木逢春，营业收入逐年稳步上升，职工个人收入稳步提高。这也让该店的新秀辈出，尤以青年女技师罗胜利遐迩闻名。罗胜利

1982年15岁时从浏阳乡下招工顶职进店，进店后，她集中精力刻苦钻研烫发技术，留心新潮发型，仅仅时过八年，即获得特级理发技师职称，为湖南省理发业中首位获此殊荣的年轻女技师。

1980年以后，长沙市的个体发廊有如雨后春笋，遍布全市大街小巷，把一些国营理发店逼得透不过气来，有的甚至关门转业。南京理发店得益于职工视野的不断开阔，及时推出新潮发式，业务技术不断提高，服务热情周到，因此在行业的激烈竞争中，不但未被挤垮，反而越来越有竞争力和吸引力。

为驻外大使们打理头发

"南京理发店是湖南唯一给国家驻外大使馆输送人才的理发店。"南京美发美容有限公司支部书记李涛语气中流露出一股自豪。10多年来，南京理发店为我国驻外大使馆输送了60多人次美发技师，为党和国家领导人、30多个驻外使馆，以及宋祖英、蔡国庆等文艺名人提供美发服务。

"省外侨办会一年来一次。"李涛介绍说，外侨办择人的标准是：资质可靠，有高级职称，身高不低于170厘米，年龄在25～35岁之间，并经过北京、上海的专业美容美发机构进行考核。南京理发店很多理发师都有在驻外大使馆工作过的经验。

如今，走在时尚前沿的美容美发行业发展迅速，竞争越来越激烈。但南京理发店的强项在于有稳定的顾客群、有传统的技艺，弱势在于理发师年龄偏大、技术力量落后。

南京理发店的稳定消费群有50%是中年人，这和时尚路线不大合拍。"南京理发店跟完全的市场经济还是有一段距离。"李涛说，"我们正在通过一系列的招聘和培训的方式完成人才的储备，逐渐淘汰不符合时代的东西，将时尚这块工作上一个台阶，使'南京'更好地向市场经济转型。"

为了保持原汁原味的风格，把传统技艺传承下来，南京理发店要求年轻理发师跟着前辈学习传统技术，以期接老师傅的班。"目的是让传统和时尚结合，但年龄结构往年轻化发展。"李涛介绍说，无独有偶，省外侨办在选择去驻外大使馆工作的理发师也日趋年轻化。

"我们会关注最新潮的发型，在网上看发型发布会，学着做。"李涛说，美容美发是瞬息万变的行业，理发师要随时保持创新。为了提高技术水准，同时留住和激励员工，南京理发店还会送员工出国学习。🖉

（陆嘉琪）

和记：从深远历史中走来

"赶得北门的粉，丢了南门的包子。"这个从 20 世纪初流传至今的长沙俚语，真实形象地写照着长沙传统特色餐饮。兴盛于长沙清末民初，久经锤炼的餐饮老字号"和记"米粉就是俚语中"北门的粉"。

民国十二年（1923年），孀妇李氏吴有珍，为维持生计，带着两个儿子李益和、李福生，在长沙北门外吊桥（外湘春街），摆了一个米粉摊。由于汤粉货真价实，接待热情，生意兴旺，有所盈利，便于次年购得一间三十来平方米的铺面，开设米粉店。为了祈求和气生财，故取店名"和记"。开业之后，继续保持制粉讲究、汤鲜味美、服务热情、薄利多销的经营原则，渐渐卖出了名气。

和记粉馆开业一年后，店后园菜圃所种的一根南瓜藤，竟结出了18个色泽金黄的南瓜，在藤首的一个大南瓜上面，又长出了两根蔓，形状很像龙须，瓜藤又好似一条卧龙，一时广为传扬，招来众人观赏，"和记"的名声遂不胫而走，名扬四方，生意更加兴隆。

"和记"的招牌之所以能够经久不衰，关键还是靠质量和诚实。

李氏兄弟制作汤粉有其独创之处，闻名遐迩。兄长李益和专门掌管进货。对制作汤粉所需的大米、牛肉，乃至茴香、绍酒、桂皮、干椒、时令菜蔬等原辅料和作料，均选质地上乘之品，从不进购质次价低之物，以保汤粉质量。弟弟李福生则专门从事制粉、煨码等

内务。制作粉皮必选准优质大米，淘洗干净，和入适量米饭熟芡，磨浆稠细，浓稀适宜，旺火蒸熟。蒸出来的米粉，厚薄均匀，这样，解切后的粉条也就非常均匀。煮粉时总要保持水宽火旺，煮出来的粉条既洁白柔软，又有拉力。和记粉馆汤粉品种虽说不少，但最有名气的汤粉，要算是牛肉菜心汤粉。做盖码牛肉，唯选用新鲜黄牛肉，顺其纹理解切成条，用冷水浸泡去掉血渍后，又切成小团煮熟，再解切成小块，放入原汤内煨炖。原汤都要沉淀过滤，除去杂质，旺火烧开，小火慢煨。汤开以后，撇开浮沫等杂质，再加入八角茴、绍酒、桂皮、冰糖、红干椒等作料。同时选用正宗原汁酱油，上海产佛手牌味精或天津产味素；拖刀法切葱花，每碗牛肉粉还要盖上一根白菜心，这种白菜心多半选用六七寸长的小白菜，去掉边叶洗净，再用开水烫熟。这种牛肉汤粉，色、香、味、型俱佳，确是匠心独创，令食者赞不绝口，就连一些上层人士、名流学者、官商巨贾、小姐阔太，也舍近求远，慕名前来，店堂经常高朋满座，应接不暇。

1956年，和记粉馆公私合营后，继续保持和发扬其经营特色，每天接待顾客最多时达2000多人次，营业收入成倍增长。1963年4月15日长沙市第九次社会主义建设先进集体和先进生产者会议上，以《事事为顾客着想，处处受群众欢迎》为题介绍了和记粉馆的先进经验。1980年和1981年，和记粉馆曾先后获得长沙市信得过商店和最佳商店称号。1992年9月，和记粉馆改建装修成三层楼面，一楼继续主营汤粉，兼营小卤腊味、小凉拌等风味小吃；二楼主营饭菜，兼营酒席业务。

1996年至2006年，受市场冲击及企业改制影响，和记粉馆饱经沧桑，但和记人不忘初心，竭尽全力，保护了和记品牌。为推动老字号发展，2006年长沙饮食集团有限公司及12个自然人股东，投资80万元设立长沙和记餐饮有限公司，向国家工商总局商标局申请"湘楚和记"注册成功，通过开展连锁经营，致力于和记品牌的推广，目前正在恢复往日顾客盈门、门庭若市的兴旺景象。2016年，因为政府征收，和记粉馆移址到湘春路，成立了和记粉馆总部，使百年老店重新焕发了青春。

和记作为百年的餐饮企业，各个时期的发展动态都牵动着关爱它的人们，在历经岁月洗礼和市场考验中，始终充满生机和活力，正处于厚积薄发之势。

（彭静）

据《长沙县志》记载，1888年，负责看守长沙城门的汨罗人马复生为了贴补家用，每天下班后便褪下戎装，换上一身平常装扮，扛起扁担，沿着轮渡码头，走街串巷，大声吆喝："椒盐馓子，白糖米花咯……"这些油货竟大受好评，哄抢一空，马复生因此小有名气，尝到甜头的他遂将"生"改为"胜"，寓意胜利发达。

匠人情怀：在困境中传承与坚守

以马复生为开端，马氏后人陆续从汨罗到长沙城扎根，大都以做油货生意谋生。1992年，在叔爷爷马春林手下学徒的马朋，因舍得吃苦、悟性高深得叔爷爷的偏爱，老人将自己压箱底的技艺传给了马朋。

2000年，马朋成为"马复胜"第四代传承人。接手后的马朋经历了一场阵痛。同样是油炸食物，肯德基、麦当劳成了年轻人追逐的时尚，传统油炸货却几乎被时代遗忘，马朋的很多长辈和同辈不得不退出油货行当，选择更加稳定的工作。在艰难维持了半年后，马复胜油货铺还是难以为继，加之老铺子面临着拆迁问题，"马复胜"最终停产。失落的马朋远走广州打工。南下的日子，马朋想起叔爷爷的期望，以及自己对"马复胜"无法割舍的情感，寝食难安。就在此时，马朋的伯父专程到广州找到他，希望他能够重新接手"马复胜"油货，不要丢了这块传下来的百年招牌。

重新开张的"马复胜"并没有出现奇迹，仍然经营惨淡。到2001年，"马复胜"一年的营业额也只有3万元。

匠人品质：在变与不变的规律中寻发展

看似简单的油炸货，其味道的好坏主要取决于匠人的一招一式。走进"马复胜"的制作间，笔者只看到两种机械：压面机和切面机。揉面、熬糖、油炸等90%以上的制作流程仍由师傅们采用纯手工技艺。一块比白纸还要薄的面皮，师傅们来来回回数十道，不断地擀平、重叠、再次压实、擀平……"我们没有什么秘籍，譬如做了100多年的油薄脆，就是由面粉、白砂糖、饮用水、鲜鸡蛋与芝

马复胜：匠人精神代代传

麻为原料，制作工艺也很简单，盆内倒入白砂糖加水溶解加鸡蛋芝麻搅拌均匀再加入面粉反复搓揉起筋。放置案板半小时，用擀面杖手槌将面团擀至一毫米厚薄的薄片，然后切成四平方厘米菱状。油锅加温到220℃，倒入面皮翻炸，待表面炸至金黄色即可起锅。"马朋如是说。

三分原料，七分手艺，无论是手工操作或辅助机械，这些基本功都是一个糕点师或油货师的必修之路，否则工匠精神与匠心精神也只是口号而已。

匠人精神：与时俱进的创新模式

2006年，店铺状况基本稳定，互联网时代也到来了，马朋开始琢磨进一步发展，开启网售模式，让更多国人吃到老长沙的传统特色小吃。

截至2017年底，"马复胜"在长沙、岳阳、株洲等地布局直营门店8家，开拓天猫、京东等线上店铺5家，年销售额过千万，卖的大花片、小花片、糖馓、油薄脆……产品供不应求，公司琢磨着开始用机械替代部分传统手工环节，可是，不到一星期，马朋察觉了异样，果断改回传统制作。

事情越来越多，公司越来越忙。马朋邀请在外工作的侄子胡浪成为自己的得力助手。年轻的胡浪思维跳跃，做起事来却非常务实，"我们现在要找到市场认同感，做好老产品，推广新产品。经营上的新标准、硬性要求，跟老字号的传统和固守中间有脱节的地方，从无到有很快，翻新是很慢的"。有了胡浪的加盟，企业的管理方式逐渐从传统经验管理向制度化、现代化管理迈进。如何在传承匠人精神的同时，通过多维度的产品和营销创新，为品牌注入新活力，已成为"马复胜"转型聚焦的核心点。

对于"马复胜"的未来，马朋信心满满，他说，老字号最大的优势是品牌与文化，这些最关键的元素便是生命力。🐦

（胡晴）

福枝春：长沙老粉面 湖湘新小吃

福枝春，湖南老字号，中华饮食文化名店，创办于1927年。创始人任福生，出生于1902年，原籍长沙县。1917年，年仅15岁的任福生先后在长沙市文运街彭新盛、南门外刘泰盛、永丰仓凌裕盛、小吴门陈春和等粉面铺、茶馆、饭庄当学徒和帮工，因勤奋好学，手艺十分出众，成为"全跨子"师傅。1926年，任福生加入北伐国民革命军，在留守长沙的部队担任炊事员至1927年，同年底退出，并于12月27日在东牌楼创办福枝春，经营粉面、茶食，饭菜。因店铺狭小，为拓展经营，1932年福枝春搬迁至上木桥，业务仍不见起色；又于1936年搬迁至位于闹市区的都正街，粉面、饭菜、茶食等出品始著称于市民大众，生意红火一时。然好景不长，1938年11月13日凌晨，长沙惨遭"文夕大火"，福枝春被焚烧殆尽，任福生只得于次年（1939年）将门店搬迁至外湘春街61号，主营茶食，逐渐成为长沙茶食业的翘楚。该店的小吃、粉面、包点在北城老百姓中有口皆碑，备受赞誉。

中华人民共和国成立后，福枝春经历公私合营，店址和店名一直未变。这在长沙的餐饮老字号中十分罕见，因为"福枝春"三字

寓意吉祥向上，所以在破"四旧"和"文革"中也一直得以保留。直至2014年10月，长沙市北正街一带因城建拆迁，福枝春被拆除，有着近90年历史的老店不复存在，成为许多市民百姓心中的遗憾。

福枝春创始人任福生在公私合营后将粉面、包点、茶食等手艺悉数传授给其徒弟刘淑纯。到20世纪80年代，浏阳人聂珍勤在福枝春打工学艺，拜刘淑纯为师，是为其衣钵传人，聂珍勤一直在福枝春工作直至门店拆迁。门店拆迁后员工被遣散，外湘春街福枝春不复存在。聂珍勤回到浏阳老家，召集原来的同事，2015年在浏阳市北盛镇人民路打出福枝春招牌，承继老字号香火，以"长沙老粉面，湘风新小吃"为卖点，经营粉面、小吃，出品选料考究，质量上乘，生意十分红火。聂珍勤遂决定以此为事业起点，将福枝春字号发扬光大，向国家商标局申请注册"福枝春"商标成功，同时开办了永安、沙市、工业园等三家福枝春品牌店，门店总数达到四家，并注册成立长沙福枝春餐饮管理有限公司，于2016年被认定为第三批"湖南老字号"。

历经百年雨打风吹，福枝春的命运跌宕起伏，但能保存下来必有过人之处。任福生及其传承者"稳"字当头，始终坚持做熟悉的事情，很少轻易跨界经营，不盲目扩张，专注于传统的手工技艺，注重以品质赢口碑。现代人经常说寻找儿时的味道，其实这就是老字号的魅力所在，是小

而美的典型代表。

老字号如何在激烈的市场竞争中继续存活，并永葆青春？长沙福枝春餐饮管理有限公司的回答是：以率先打造中国农村第一快简餐、粉面店品牌为商业目标，在于福枝春创始地长沙择址开办形象店的前提下，避开大中城市，专攻四五线市场，针对当前农村市场快简餐、粉面店的无品牌、无环境、无形象、无标准的乱象，结合老字号、新模式、快时尚、慢传统等要素，集合品牌、人力、技术、门面等资源，融合众筹、营销、配送、健康等理念，形成压倒性竞争优势，用3到5年时间，打造全新商业模式，实现3年内上50家，5年内上100家，在资本市场有所作为，于创业板或新三板上市，最终辐射全国，实现门店"成千上万"的目标。🔖

（彭静）

从望城石渚到誓港，不过十五里河岸的小小区域，却是长沙铜官窑的发源地。1000多年前，这里"古岸陶为器，高林尽一焚。焰红湘浦口，烟浊洞庭云"，窑工们繁忙地穿梭在一个个火红的窑口间，产出的窑器出口到29个国家和地区。如今的铜官，窑火依然传承，一代代窑人在这里休养生息。

延续千年的窑火映照了这个古镇太多的美丽与繁盛，同时也孕育出不少令人惊叹的技艺与传说。"泥人刘"便是生长于斯的一家老字号，一家四代薪火相传，他们用最原始的材料、最古老的技

泥人刘：窑火传千年 泥中塑乾坤

法，让普普通通的泥巴在手中幻化成各种形状，讲述着历史，呈现着世间百态，既承接了流传千年的非物质文化遗产，也打开了通往世界的大门。若得亲眼所见，便知"北有天津泥人张，南有望城泥人刘"绝对不是夸张与谬赞。

"传统手艺就像一面铜镜，越磨越光"

在2018年公布的第五批国家级非遗代表性传承人名单中，长沙铜官窑烧制技艺传承人刘坤庭名列其中。作为"泥人刘"第三代传人，刘坤庭从事这项技艺已超过半个世纪。

1963年出生的刘坤庭，其家族世代都是做陶瓷的，祖父刘子振就曾是铜官窑首屈一指的匠人。清末民初时，刘子振师从当时的"窑状元"胡树生，中华人民共和国成立后成为长沙铜官窑技艺继承人、湖南第一位工艺美术大师，尤其擅长庙宇、祠堂里的神像及戏曲人物的制作，在陶瓷雕塑艺术上有很高的造诣，作品曾远销江浙一带，如今的开福寺、南岳大庙、岳麓书院都藏有刘子振的作品。因技艺精湛，人送外号"泥人刘"。

刘坤庭受祖父的熏陶，幼年便开始接触陶艺，也尽得祖父的真传。"爷爷从小就有意识地培养我用泥搓'鸡蛋'，一天要捏几十个鸡蛋，捏得好会有奖励，捏不好则要罚。算来我应该搓过上千枚'鸡蛋'，一开始不明白是什么意思，后来才明白这是为捏人物的头做准备。这为我后来的陶瓷雕塑打下了坚实的基础。"刘坤庭说。

小时候，刘坤庭喜欢捏人和小动物。那时候，铜官镇上到处是长沙窑瓷器，刘坤庭尤其喜欢那些小动物造型的儿童玩具，他经常靠模仿长沙窑的这些古玩具来提高自己的陶艺水平。"上学之后，我做的小泥人、小陶罐从来留不到第二天，一做出来就被人要走了。"从小就有粉丝追捧，制陶给了刘坤庭成就感。

而现在的刘坤庭，已经远不止于捏些小玩意儿，各式各样的人物造型都能信手拈来。拿起一团瓷泥，用手轻轻揉搓，接着，在上面揉捏，渐渐分出了人的头、身和腿……他左手托住这个泥人，右手在泥人上摆弄着，所用的工具不过一把竹刀。随着手指翻飞，经过团、捏、挤、拉、揉、刮、刻、贴，一团不起眼的泥巴，仿佛被赋予了生命，八分钟时间，一个活灵活现的吕洞宾就在刘坤庭手中诞生。

如今的绝活，其练就的过程却非一日之功。都说十年磨一剑，刘坤庭比别人磨得更久。他说传统手艺就像一面铜镜，越磨越光。

1979年，16岁的刘坤庭初中毕业，成为铜官陶瓷公司的一名技术人员。1982年，单位来了一名中央美术学院的毕业生，刘坤庭便跟着这位新同事学素描、速写，一学就是三四年。刘坤庭明白，要做好的陶艺就必须有很好的美术基础，光凭天赋是远远不够的。

1992年，刘坤庭关闭了自己的农窑，到中国美术学院雕塑系进修。三年的学业结束，刘坤庭只身南下，做起了陶瓷新产品开发的工作。

2005年，刘坤庭辞去高薪工作，回到铜官镇，开了个工作室，收徒传艺的同时也将许多外国的订单带回了铜官。一座座炉火因此重新升腾起来，也让这个日渐萧条、落寞多时的古镇再次焕发了生机。

在刘坤庭的陶艺工作室里，摆满了他的艺术作品。与祖父相比，他的作品更讲究创意，形成了自己的风格。那些幽默风趣夸张的乡童、村姑、老汉，都在笑，带给人安宁和谐的田园气息。刘坤庭介绍，自己创作过的最满意的一组作品《童趣》即是人物雕塑，是五个正在玩捉迷藏的孩童的形象。见过刘坤庭作品的人都知道，"泥人刘"的泥塑胜在传神，诸如"武士无颈，美女无肩，老爷凸肚，武士挺胸"这些民间表现手法，使得刘坤庭的泥塑人物妙趣无穷。

"我的陶艺从来不搞批量生产，精品都是唯一的，我做的仿古陶在古玩市场可以以假乱真。"可刘坤庭从来不做假文物。玩陶瓷有两种境界：一是敬古之心，用传统的工艺烧制陶瓷，在制作的过程中与古人对话；一是牟利之心，精湛的仿古技艺只是为了更大利润。刘坤庭选择了前者。

正是秉承这样一份匠人的初心，成就了刘坤庭在艺术创作上的突破，将传统泥塑带到了一个新的高度。他的陶瓷作品多次获国家级金奖，雕塑《雄鹰》陈列于北京人民大会堂湖南厅，大型陶瓷壁画《长沙窑工艺流程系列》被深圳博物馆收藏，他还参与制作了郴州女排训练基地长39米、高3.4米的大型复色彩陶瓷壁画《中国姑娘》。香港车公庙要做大型高浮雕壁画，佛山、景德镇、宜兴等著名陶瓷出产地都不敢接单，最终刘坤庭凭借祖传窑制经验和优质的铜官陶泥完成了这个几百万元的大订单……

"做窑打豆腐，一辈子不能称老师傅"

刘坤庭的"泥人刘"陶艺工作室坐落于铜官镇的一个小巷中，在这里，数不清的精美瓷器被塑造成形，烧制出炉。"制作一件铜官窑陶瓷至少需要黏土、沙土、潮泥、底土等6种原材料配比，经过炼泥、拉坯成形、捏塑、绘彩、上釉等70多道细致烦琐的工序，再经过最高1280℃的高温烧制，至少耗时10多天才能完成。"刘坤庭介绍说。

每每听说有新的泥矿，刘坤庭总要亲自驱车前往，仔细勘探。"选好泥是做好陶的前提，各地出土的泥质不同，很容易导致材料配比出现问题。"刘坤庭说。

陶瓷进窑时摆放的位置也大有讲究。刘坤庭介绍，不同的位置，窑火温度不同，而且每个窑炉不同位置的火焰温度也不是一成不变的，会受到天气、风向等诸

多因素的影响，这些都需要长期的经验积累才能做出正确判断。

刘坤庭常说："做窑打豆腐，一辈子不能称老师傅。"因为即使再"老"的师傅，也不能确保每件作品都成功，任何一道工序稍有偏差，都会前功尽弃。因此，在刘坤庭看来，"开窑门"是制陶过程中最艰难的环节。"窑炉烧好后，总想迫不及待地打开看看，但开早了陶瓷就容易炸裂，必须守到窑炉前，等到炉内温度降到300℃以下才能开启，这个想开又不敢开的过程十分煎熬。"刘坤庭说，"开窑门就像掷硬币，结果永远是未知的，一旦发现自己耗费大量心血的作品没有达到预期效果，那种心情真的难以言喻。"

近年来，刘坤庭在传承铜官窑陶瓷传统烧制技法的基础上，融入了诸多新的创意。他介绍，通过多次试验，他将原有的陶土重新进行科学配比，使陶土收缩率减小、稳定性提高，做出来的茶壶密合度更好，能呈现出更多的花样，可以在壶身刻画裂纹、壶盖上添加栩栩如生的动物形象等，使其看起来更具艺术感。

"我现在的主要精力都放在了研发上，希望推动铜官窑陶瓷从收藏器向实用器的转变。"刘坤庭介绍，"我们和安化黑茶合作，打造了一批用于黑茶包装的铜官窑陶瓷罐，很受欢迎。"除了茶器，刘坤庭还在逐步探索将铜官窑陶瓷和湘绣、银器相结合，还创作了一批儿童玩具、穿戴饰品，让铜官窑陶瓷更好地融入百姓生活。

"让更多孩子爱上这项非遗技艺"

来自株洲醴陵市的年轻小伙刘自祥跟随刘坤庭学艺已有一年。"我觉得做陶瓷很有意思，既动手又动脑，看着一件件作品在自己手中成形很有成就感。"刘自祥说。

据刘坤庭介绍，数十年来，他已培养了200多名学徒，其中，正式向他拜师学艺的徒弟有6人，最长的已跟随他学艺20多年，他们中很多人如今已有了自己的工作室。

虽然取得了一定的成绩，但如何实现技艺的有效传承，使年轻人沉下心来学习，一直是困扰刘坤庭的难题。"最初，

我带徒弟也像当年爷爷带我一样，从最简单的基本功开始。但由于耗时太长，很多学徒学了一段时间后看不到成果，就沉不下心继续学了。"刘坤庭说。于是，他不得不改变传承方式，探索琢磨更简单有效的办法。

为了使更多孩子和年轻人热爱陶瓷制作和烧制这项传统技艺，刘坤庭将自己的工作室打造成一个实习基地，面向中小学生开展公益性质的体验活动，让孩子们感受铜官窑的魅力。目前，这项活动已连续开展了五年，每年接待学生1万多人。"我希望长沙铜官窑陶瓷烧制技艺能走进校园，步入课堂，让更多的孩子爱上这项非遗技艺。"刘坤庭说。

目前，非遗传承基地的很多工作，刘坤庭都交给了儿子刘嘉豪。作为"泥人刘"的第四代传人，刘嘉豪除了继承父辈的衣钵，还走出了另外一条路——柴烧。

陶瓷的烧制，从古至今有柴烧、煤烧、气烧多种方法。如今的陶瓷器一般都是采用气烧，而柴烧器一般不上釉，是经火、灰、土、窑的天然融合，形成温泽光润、层次丰富的自然灰釉，这是一种质朴、浑厚、古拙的美，一半天赐，一半遇见。

四年多来，刘嘉豪烧了16窑，每窑三四百件，成品只有三分之一左右，更多是在烧窑中被烧成了残次品。只因柴烧是一种古老的技艺，难度相当高，柴烧作品的成败取决于土、火、柴、窑之间的关系。

如土，要经烧陶者自行调配专用陶土，

考虑用作壶、杯、碟、碗还是其他。柴，一般木材需静置几个月以上，以利燃烧，其种类又有樟、杉及废弃木材等，不同柴热力值不一样，这得准备两个月。而窑，烧窑一般需78小时，其间不眠不休轮班投柴，窑型、加柴的速度和方式、空气的进流量等细微因素，都能影响窑内作品的色泽变化。"烧一次窑，我要瘦三五斤。"

烧窑的时间段以冬、春两季最好，夏秋烧怕中暑，因为烧火，温度要达到1300多℃，这时，木灰开始熔融，与陶坯中的微量元素形成釉，呈现不同的色彩变化。而留下了火曾驻足过的痕迹，也就自然而无粉饰之气。而柴烧器的欣赏，也正是这人与窑的对话、火与土的共舞，运用最原始自然的方式结合而成的美丽作品，带给刘嘉豪更多的惊喜和艺术享受。

父与子，泥塑与柴烧，同样的非遗传承人，延续的依然是与陶泥的不解情缘，传承的仍是老祖宗流传下来的手工技艺。刘嘉豪说，他想把"泥人刘"做成大品牌，把老街上刘坤庭六个徒弟的工作室也纳进去，更好地推广铜官窑。谁说他不是新时代的"泥人刘"呢？🐉

（范莉娜）

铜官地处湘江下游洞庭湖尾，先民制陶历史源远流长。据考证，陶瓷成体系制作在汉晋时便已成形，湘江下游口因得天独厚的水运网络，得以遍布不同历史时期的陶瓷制作产区，规模也大小不一。富兴窑只是众多不同历史时期窑系中的佼佼者之一。

富兴窑成立于明初，由几个做小货（日常生活用品中的小件陶器）师傅们凑钱共同筹建，取名"富兴"，以祈能让窑工们从此通过自己的努力过上富裕兴旺的生活。每座窑址有一定的生产周期，因为富兴窑极佳的地理位置，后代就一直在原窑址上修复重建，直到中华人民共和国成立后整治江河时因码头改变而不复存在。

2009年，铜官镇政府决议重振铜官陶瓷文化产业，并提出复兴铜官陶瓷文化产业计划，富兴窑第八代传人彭望球被当地政府从广东引回家乡。

"从小我是玩泥巴长大的，13岁的时候就开始跟着外祖父学艺。"出生在一个陶瓷世家，从小耳濡目染让彭望球对制陶颇具天分。1988年由外祖父推荐，彭望球师从陶艺师尚玖跃继续深造，直到1995年，熟练地掌握了铜官陶瓷的捏坯、拉坯、雕塑、烧成、制釉等多项技艺，为传承长沙窑铜官陶瓷技艺打下了坚实的基础。他

富兴窑：泥巴『玩』出新花样

继承和发扬了盛唐铜官窑陶瓷手工技艺和釉下多彩等传统工艺，同时对铜绿釉、橘黄釉、宝石蓝釉、结晶釉和窑变艺术釉很有造诣，其产品创造了一种崇尚自然、返璞归真的高雅意境。2000 年，他在潮州开了一家陶艺工作室，一年时间就从 1 名员工扩充到 30 名，逐渐也成为潮州外地人经营规模最大的工作室。

彭望球返乡加入古镇建设，一开始家人很反对，多年在外打工的经历让他们已经是"外乡人"了，要放弃已有的事业回到家乡，对谁都是一个挑战。但彭望球是一个热爱挑战的人。况且，这里是他的家乡，他始终有一种责任感，要传承好这门技艺。

但现实给彭望球泼了一盆冷水。回到铜官古镇，彭望球看到的是一条萧条的古街，除了猫猫狗狗，就是几个老人家，冷清得很。彼时，彭望球既没有生意可做，也没有娱乐消遣，只有一杯清茶为伴。在刚回来的一年时间里，彭望球的工作室基本处于亏损状态。

得益于铜官古镇基础设施的更新换代以及交通路网的完善，近几年，前来古镇的游客呈几何式递增。人们或观光，或订货，彭望球的生意也开始一日千里。如今彭望球的陶器远销欧美，一年的营业额达上千万元。

对匠人而言，最不能忍受的事情便是技艺在自己手中沉沦。旧时，铜官窑以生产粗犷的日用品为主，但随着时代的发展，精美细作的茶陶才能符合时尚的现代人的要求。为此，彭望球致力于将铜官窑和黑茶结合，用湖南瓷做湖南茶的器具，从而透过生活状态的回归来带动传统技艺的复兴，再带动铜官陶瓷产业的复兴，真正走上一条艺术为大众服务的道路，保持住陶艺的"地气"。

在明确为黑茶做茶器的思路之后，彭望球认为不仅要真正融入茶文化，还要对传统的制陶工艺进行改良。两年的时间里，彭望球不分白天黑夜泡在工作室，一遍一遍尝试陶土和其他材料不同的比例调配，一遍一遍地烧制、失败、再烧制。

试制成功的那天，彭望球的激动之情溢于言表。彭望球拿起一个他用新工艺制作的陶茶罐，器形上更具现代感，符合现代艺术的审美；茶罐表面更加精致，釉色也脱离了原来固有的青灰色和泥褐色，色彩以深色为主，但又有更多的变化。

初获成功的彭望球并不满足，他说，他要在制陶工艺上探索更多的可能性，还要将作品形成一个完整的系列，覆盖黑茶文化的整个环节，形成自己的品牌。

（彭静）

金井茶：留存春天的味道

长沙访绿茶，自然得去金井。位于长沙县的金井镇，地处四县交界处，山多田少，自古以来就有着"茶乡"的美名。

相传明初洪武年间，有江西孙某，举家迁徙，来到长沙，在长平浏交界的凤形山下安家。孙老爹每日清晨出门放牛，常发现河边有一袭纱幕，氤氲缥缈，若有若无，定眼一看，原是一股紫气，从一丛茶树间升起，缭绕其上。于是他便与儿子一道，刨去荒草，剔除荆棘，小心翼翼地将茶移植到新开的山土上。

说也奇怪，那茶就栽就长。看那芽叶鲜嫩可爱，老爹将它摘下，却又随摘随发。再到原长茶处，仔细观察，发现有一泉眼，不断冒出水花。深挖数尺，有一石板，揭开一看，水底浮起一只金鸭，祥光闪闪，叫声嘎嘎。蹼底泉眼，涌流不息。倏忽金鸭不见，泉涌如注。

父子惊异不已，备觉神奇。商议修成一口水井，供村人饮用。井沿青石护砌，坚固美观，还在一侧竖立石碑，镌刻"金井"二字。井水大旱年随汲随满，洪涝时不浊不污，水清可鉴，其味甘甜。井水泡茶，茶尤香冽，略成金色。

在金井山区，至今还遗留着一条茶马古道。金井的茶叶就从这里，经广西、贵州、云南等地，到达西藏，最远到达尼泊尔、印度。

茶的世界，人来人往，有人从中发现了生命的诗意，有人重建

了与祖先的联系，如今的金井人则更多地把茶视为安身立命的根本。

成立于1958年的金井茶厂，是金井镇的龙头企业，至今已有60年的历史。作为一家湖南老字号企业，长沙绿茶的传统制作技艺在这里得到了很好的保留。

纯正的长沙绿茶 有着春天的味道

每年惊蛰刚过，金井茶厂便忙碌起来。天一放晴，茶园子里便有了采茶的姑娘。惊蛰后这几天的鲜叶是非常金贵的，采下来的嫩芽还要经过一次筛选，去除包在芽外面的两片绿叶。"那两片叶子是冬天里长出的，春茶要完全保证是春天的味道！"周长树说。

65岁的周长树是金井茶厂的董事长，世代居于长沙县金井镇，自小与茶为伴，受祖辈熏陶，是长沙绿茶制作技艺的代表性传承人。

现在，茶叶机械化生产已成为长沙县茶叶制作工艺的主流，但是纯正的长沙绿茶，必须手工制作才能达到相应水准。

金井茶厂原来有三个手工制茶生产车间，现在还保留了两个。在绿茶手工制作车间的一个角落，一名工人正在编制竹箩筐、簸箕、焙笼，清一色的竹制品。"手工制茶的器具用的是自己编的竹制品，这样才可以保证茶叶只有天然的清香，没有一丝一毫的异味。"身为老茶人，周长树对茶事的每一道工序有独特的坚持。

摘来的鲜叶盛在竹篮里，进厂后便是摊青，鲜叶均匀地撒在篾垫上摊开使其自然枯萎，一堆一堆的鲜叶使整个厂房弥漫在淡淡的清香里。

下一步是杀青。周长树说，绿茶的形状、香味，都与杀青紧密相关。具体操作是将茶叶倒进锅内，随即用双手翻炒，使

茶叶均匀受热，水分快速蒸发。"手工操作时要求适温、适量，温度宜先高后低，切忌温度过高或过低。如原料以嫩芽为主，锅内温度控制在110℃～120℃，每锅投叶量300～400克。"

散热、揉捻：茶叶出锅后，放在篾盘上，及时清风散热。同时，用双手在篾盘上反复揉捻，使叶细胞组织受到一定程度的损伤，内含物质渗出，为成品茶香味发挥打下基础。

干燥、造型：手工传统绿茶制作一般没有单独的造型工序，而是把造型与干燥结合起来，其关键是随着茶叶含水量的下降，根据不同的外形要求在锅中把握好火候，采用不同的手势，掌握力度，在逐步干燥中造型，同时又在逐步成形中干燥。这一过程费时费力最多，但极为重要，直接影响茶叶的品质。

提毫：当茶叶达到八成干时，也就是手握茶叶有明显刺手感时，可以开始提毫，即灵活地运用双手，使芽条相互摩擦。过早提毫难以奏效，过迟会把白毫搓掉造成茶叶短碎。只有手势与力度掌握得恰到好处，经过3～5分钟，才可以获得最佳效果。

足火：去除芽叶多余的水分，达到足干（含水量6%左右）以利于贮藏，同时去水塑造外形，在干燥过程中借热化学作用发展香气。先将木炭充分燃烧后，再将茶叶均匀放在焙笼上，翻动4～6次，直到茶叶充分干燥。

前面工序完成后，最后就是将茶叶下焙笼、摊凉、装袋入库。

在周长树看来，最精致的工艺，不是增其颜色，郁其芬芳，而是保留其本真，透过它天然的味道，将品饮者与这片山水相连。

正是这份崇尚天然、力求温和的特性，让金井手工茶备受文人骚客的青睐。1964年夏，郭沫若初饮长沙绿茶后，当即吟诗："芙蓉国里产新茶，九嶷香风阜万家。肯让湖州夸紫笋，原同双井斗红纱。"他赞美长沙绿茶可与著名的绿茶"紫笋""双井"媲美。著名金石画家李立也为金井绿茶题词："金井名茶，赏色闻香。"

匠心传承 从传统绿茶到有机绿茶

和许多传统工艺一样，如今，手工制茶技艺在历史洪流的冲刷下日渐式微。不过老茶人懂茶、敬茶的匠人之心，仍在年青一辈中传承。周长树的儿子周宇便是其中一员。

作为金井茶厂的总经理，80后的周宇有着这个年纪少有的成熟和稳重。"成天与茶打交道，心不容易浮躁。"在周宇眼里，茶虽不语，但默默教会了他许多。

如果说老一辈茶人的匠人精神体现在每一道工序的细细打磨上，那么新一代茶人则把心思放得更远，他们把茶当成一种面对内心的态度，在他们的茶里，可以看到一份个性与倔强。

金井茶厂在创办时原本是一家集体所有制企业，曾经营得红红火火，但在市场经济的浪潮下，茶厂没有跟上时代的步伐，经营、管理体制落后，一度濒临破产。20世纪90年代末，茶厂转企改制，更新了厂房、设备，可是艰难的处境并没有很快得到转变。周宇接手时，正是茶厂最为困难的时期。

在今天，有机食品已经深入人心，但时光退回十几年前，环保还只是一个遥不可及的概念。

巨大的争议包围着周宇。仓库里大批储备好的化学农药就这样白白浪费，生物农药比化学农药贵一倍，操作起来更费事，对本就运营困难的金井茶厂来说，做有机茶是奢侈的。

但是周宇并没有妥协。他聘请杭州和湖南茶叶研究所的专家，从生态环境、品种选择、土壤管理和病虫草害治理等方面，指导在茶园种植符合欧盟标准的有机茶。

有机茶园选择没有重金属污染的土壤，不施化肥农药，完全依靠自然天敌和物理方法防治虫害，以高科技手段检验茶叶的内质，周宇认为，这一切不只为一道干净的茶，还可以给人们倡导一种健康生活的理念。

作为第一个"吃螃蟹"的企业，金

井茶厂推出的有机茶很快就得到了国外的认可。2002年，金井茶叶获得瑞士IMO有机茶认证，产品质量100%达到欧盟标准，开始出口欧盟和美日等国。2004年，湖南金井茶业有限公司应运而生。同年，金井茶叶取得了自营出口权，开始直接对外出口，茶叶出口量占到总产量的40%。同时，金井茶叶还对口日本一家药剂公司，成为世界上第一家为药剂提供绿茶原料的供应商。

好人出好茶 "为人民服务"品牌诞生

除了有机茶，周宇也一直在寻求与绿茶碰撞出更多的可能性，精品茶"为人民服务"系列便是他的一个尝试。2008年，湖南遭遇重大冰灾，茶基地的茶树都被冻坏了，整个金井茶厂只剩下800斤茶叶。时任长沙县委书记现场调研后，建议周宇推出一款概念产品，提高它的附加值，以解燃眉之急。

这时，"为人民服务"的概念浮现在了周宇的脑海中。千百年来，好人做好茶是中国人根深蒂固的传统。无论是老一辈茶人在数十载的时光里坚持传承手工炒制工艺，还是新一代茶人通过有机茶给品饮者带来的健康生活理念，金井茶厂都以满满的诚意和诚信体现着"为人民服务"。在做任何事都讲求速度、效率的当下，这样的一颗心显得尤为珍贵。

■ 一种来自生态茶园的魅力

■ 一个至善至德的承诺

■ 一份定制标准的责任

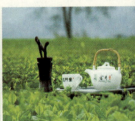

■ 一番回味绵长的滋味

并不是所有茶园都能生产"为人民服务"茶，须得生态环境相当好的有机茶园，才能作为"为人民服务"茶的采摘基地。

在日本，有经验的茶农会在立春之后的第88天采摘鲜叶制上等茶。"为人民服务"茶的鲜叶采摘也有类似的严格标准。

"为人民服务"茶采摘的是清明前一芽一叶初展，无残伤、无紫叶的鲜叶。这时的茶叶，色泽和口感会取得最佳的平衡。用心出好茶，"为人民服务"茶一经推出，便受到了广大茶友的热捧。

如今的金井茶业，已经是湖南农业产业化重点龙头企业、湖南省小巨人企业、中国茶叶行业百强企业、长沙市四大千亿产业集群入围重点企业。但将长沙绿茶推广得更远，仍是两代茶人最大的心愿。

2012年，金井茶投资兴建了一座茶文化交流展示中心。周长树每天都会在茶文化交流展示中心做免费的讲解员，为过来参观的人们讲茶文化，讲金井茶的历史，讲喝茶的好处；年轻的周宇则致力于将金井茶业打造成为一个茶叶产业的全产业链，游客可以在这里骑行茶马古道，徜徉美丽茶园，品味特色茶宴，采摘柔嫩鲜叶，尽享茶的种种乐趣。

一片茶叶经历磨难，一次次死去，一次次重生，最终在水的帮助下完成最后一次涅槃。历经风雨的金井茶厂也是如此。是两代人的传承与坚守，给了这个湖南老字号企业文化的沉淀和新鲜的活力。先苦，后甜，茶如此，人生亦如此。🖂

（姚瑶）

三星有机茶

『湘女』绣庄：母女两代 一颗初心

湘女绣庄起源于清末柳氏先辈创办的绣坊，由柳氏家族第三代湘绣传人柳建新于20世纪90年代末正式在工商部门登记注册，并获得"湘女"商标权。"湘女"的诞生和发展离不开柳建新和女儿刘雅对于传承湘绣艺术事业的一颗初心。

一代绣女 师出名门

柳建新是中国工艺美术大师、湘绣国家级非物质文化遗产代表性传承人、湘绣独有针法"鬅毛针"第三代传承人。她创作的湘绣作品多次荣获工艺美术大奖，并多次应邀赴海外展演和文化交流，享有湘绣"国宝级人物"及"湘绣神针"之美誉。

柳建新获得的种种成就离不开她对刺绣的"痴迷"。每天清晨，她起床第一件事，是到绣架上绣几针，晚上睡觉前，也要绣几针才睡得安稳，半夜三更，突然灵感来了，她又爬起来绣几针。67岁的年纪，别人都在含饴弄孙，打打麻将，她却一门心思想的是刺绣。她说得理直气壮："一天不挑上几针，感觉活不下去！"

1951年，柳建新出生于长沙县望星乡。"小时候就喜欢绣，找片树叶都要绣上几针。"1972年，理想之门向柳建新打开，她被大师云集的湖南省湘绣厂（现为省湘绣研究所）选中。在这里，她遇到了人生中最重要的恩师，尤以鬅毛针见长的周金秀。周大师的言传身教，让柳建新成为鬅毛针法的第三代传人。不仅学会了鬅毛针，还成为双面全异绣技法为数不多的传人。

幸运的柳建新还受到了很多名师的悉心教导：杨应修大师教她画山水，传技法，称其为"满女"；以工笔画见长的黄淬锋大师教她绣制人物肖像。渐渐地，柳建新成为湘绣艺坛既能执笔作画又能操针刺绣的全能艺人。

1996年，从省湘绣研究所退休的柳建新不愿放弃自己喜爱的湘绣艺术事业，借了50多万元在清水塘的古玩文化街，办起了长沙第一家湘绣民营企业——湘女绣庄。一个不足10平方米的门面，出售的大都是她一针一线亲手绣制的绣品。前来购买者络绎不绝，第一个月就净赚6万多元。

柳建新大师作品，
单面湘绣《张大千
雀栖故枝图》

同时，柳建新的湘绣艺术工作室，也培养了200多位优秀湘绣艺人，柳建新为传承和发展湘绣做出了不可磨灭的贡献，为此湘女绣庄2009年被授予"国家级非物质文化遗产湘绣传承发展基地"。"湘女"品牌被评为"中国知名商标"，湘女绣庄一时声名大振。

2001年，柳建新在五一大道开设"湘女绣吧"，免费教授下岗工人湘绣技艺，修理汽车的东北大汉都慕名前来，这让她体会到传承湘绣艺术是件多么快乐的事。

柳建新最得意的作品是一幅长2008厘米，宽76厘米，号称史上最长湘绣的《千鹤图卷》，专家估价高达2500万元。

2003年初，柳建新萌发了以迎接2008年北京奥运会为题材而创作一幅湘绣的念头。为了创作长卷画稿，她三次赴黑龙江省扎龙自然保护区观鹤，并到全国各地收集资料。在创作过程中，她还多次邀请中国工艺美术大师宋定国、著名长卷画师廖正华等对画稿进行审核、修改。六易其稿后，柳建新才将画稿拓上绣缎。

在刺绣过程中，柳建新与11位刺绣专家反复揣摩针法和色调，共使用了数百种色阶丝线，运用了掺针、鳞针、羽针、施毛针、游针等多种湘绣针法，历经3年，施针2.2亿多次，完成这幅宏伟的湘绣长卷。此作品共绣了1001只栩栩如生的丹顶鹤，创下湘绣史上长卷长度之最与丹顶鹤数量之最。

新一代传人　敢想更敢"动"

2008年，柳建新的老伴去世，谁来管

理湘女绣庄？她只好召回留学归国在北京工作的女儿刘雅。

刘雅从小在湘绣院里长大，母亲在绷子上忙活，她就在绷子下穿来穿去。5岁开始，刘雅学习书法、国画、刺绣。"住在院子里，很多大师都指导过我，曾经拜王超尘、周壮猷、邵春林为师。"刘雅说，到9岁时，她已经参加全国各种书法赛事，获得了30多个大奖。

2004年，刘雅从英国留学归来，定居北京。她回忆，当年她和丈夫两人年收入都达数十万，买房、定居、育子，一切都按照普通人的生活发展，很美好。

但刘雅的心里却一直牵挂母亲。"2003年开始，母亲创作《千鹤图》，湘女绣庄的工人全部扑到了这上面，也没有别的产品产出，绣庄入不敷出。"父亲的离世，让刘雅下定决心回长沙，接手湘女绣庄。

母亲和湘绣的故事，刘雅都装在心里，也深深体会到了母亲的那颗初心：对湘绣艺术事业的深爱，对湘绣传承的渴望。如今，她要以另外的形式表现出来。这个"形式"，就是柳建新刺绣艺术博物馆，湖南省首个以私人名字命名的湘绣博物馆。

博物馆位于万家丽路万科金域华府，展览着柳建新和刘雅的上百件湘绣作品。除了陈设、保护柳建新的作品外，博物馆还开设DIY体验中心、文创中心和中长期培训课堂，承担传承、普及湘绣的功能。

传统湘绣题材，以梅兰竹菊等为主。柳建新刺绣艺术博物馆还选取摄影、雕塑及当代画家的作品。此外，柳建新还把同为"非遗"的浏阳夏布作为底布，展现湘绣之美。其中一幅名为《银虎》的绣品，是由刘雅和母亲共同完成的。除了用色创新外，还采用传统湘绣不常用的油画布作底布，"油画布吸光，湘绣丝线反光，对比反衬之下，更能突出作品的质感"。在第11届中国工艺美术大师作品暨国际艺术精品博览会上，《银虎》获"百花杯"中国工艺美术精品奖金奖。

"妈妈的观念是很先进的，我们在艺术上很容易达成共识。"刘雅笑着说。

2015年3月，刘雅作为湘绣青年传承人，参加了文化部与中央美院联合举办的"非遗保护与现代生活"培训交流活动。在设计毕业作品时，她把湘绣与装置艺术结合起来，获得文化部副部长项兆伦和中央美院院长范迪安的高度赞赏。

毕业作品名叫《不朽·传承》，用真丝绣线和鲜花做成半真半假的花，放于圆盘上。"鲜花盛放，枯萎，湮灭，刺绣精湛技艺展现的鲜花却可以艳丽留存恒远。""我想借助这幅作品歌颂湘绣、非遗的永恒不朽。"刘雅认真地说。

此外，母女二人在湖南图书馆"百姓课堂"讲解、普及湘绣，培训了300多名湘绣爱好者。湘女绣庄还与湖南工艺美院签订协议，成为该院的湘绣实习基地，并已接收四名湘绣专业毕业生来绣庄工作。

"湘女"让湘绣"更年轻"

如何让湘绣更好地获得保护、传承和发展？刘雅和母亲绕不开这个难题。

"因为没有庞大的消费市场做支撑，单纯依靠工艺为生的湘绣，其生存与发展必然要面临严峻的挑战。"为此，刘雅主动寻找现代设计力量与机构，通过现代设计的创意与传统工艺形成优势互补，共同开发出真正有美感、简约不繁复的文创产品，来有效开拓消费市场。

几个月时间，她设计开发出头箍、绣扇、笔袋、毛毡本、围巾、手包、抱枕、钥匙链等文创产品，加上接下来要做的花瓶外包装、手机套，有70～100种，"通过实体店和电商来营销"。

另外，刘雅还尝试开发、研制一些手工DIY系列产品。通过量化生产，继而凭借相对亲民的价格优势和本身高端的艺术定位，开拓市场，推动湘绣融入更广泛的社会生活中去，真正实现非遗传承的活化，也让湘绣"更年轻"。

湘女绣庄目前拥有创意研发中心、生产加工基地、营销展厅及私立刺绣艺术馆共计1600平方米。多年来，绣庄一直以传承湘绣技艺、弘扬湘绣文化为宗旨，所制绣品代表了湘绣届最高水准，曾获中国民间艺术最高奖"山花奖"金奖、"百花杯"中国工艺美术精品奖金奖、艾琳国际工艺精品奖、湖南省工艺美术精品大奖赛金奖等多项荣誉；多幅湘绣佳作被权威机构收藏，例如《金童玉女》被国家图书馆收藏，《三英战吕布》被中国国粹苑收藏，《松龄鹤寿》被全国妇联收藏，《阿弥陀佛》被台湾佛光缘美术馆收藏，《盛世花开》被中国石化集团收藏，《毛泽东·韶山》被韶山纪念馆收藏。绣庄注重非遗文化传播公益，自建艺术馆举办湘绣工艺讲座沙龙、对外积极参加艺术展会和文化交流，让湘绣文化走近生活、走遍祖国大江南北、美国、英国、法国、瑞士、葡萄牙及台湾地区，获得了国家文化部和省委宣传部、省文化厅、省商务厅等领导部门的支持和肯定。🔒

（陆嘉琪）

文创产品眼镜盒

『南一门』：糕点里承载的儿时记忆

湖南省南一门南北特食品有限公司总经理韦帮卡

只要是老长沙人，都知道"南北特"的糕点。老一辈人逢年过节时，一定要尝一口"南北特"的糕点才过瘾，"南北特"糕点也因此被长沙人亲切地誉为"儿时味道"。

"南北特"的前身可追溯到1913年，从茶陵迁到长沙的谭氏糕点世家，在南门正街（今黄兴南路），开了一家"南一门"作坊，专门制作传统糕点，一时名噪长沙。当时，"南一门"最著名的产品是法饼。法饼的诞生还有一个因缘际会的故事。据悉，谭氏手工匠人擅做面饼，酥软香浓，入口即化，时人称道。一次做面饼时，不慎将酿好的甜酒倒入发酵的面团中。不料，最终烘焙出来面饼不仅更可口，还有一份淡淡的酒香。法饼一面世就受到市民青睐，以致店家只于夜间出售，以招徕其他生意，促进了夜市繁荣。

法饼的主要原料为精面粉、饴糖、奶粉、甜酒、纯碱、苏打等，经面团调制、甜酒发酵、腌糖、切块、成形、烘烤等工序精制而成。饼呈扁圆形，表面乳白色，底面棕黄色，入口松软，奶香浓郁，酒香醇绵，甘甜味美。就连当年毛泽东主席在湖南第一师范就读时都经常到南门口购买"南一门"的法饼。

抗战爆发后，谭氏后人离开长沙去了浏阳。1945年，湖南有名的爱国民主人士饶菊林接手"南一门"，以经营糕点和南北杂货为

黄兴南路南北特产食品店

主。中华人民共和国成立后，"南一门"成了国营商店，改名为长沙市国营零售总店南一门市部。1964年更名为南北特产食品商店，简称"南北特"。

几十年来，"南北特"经营全国各地特产食品，熟知全国各地特产食品的产地、产家、性能、质量、信誉等特点。1965年元旦和春节两个节日期间，"南北特"从全国10多个省、市、自治区的近百个生产厂家，购进300来种特产食品，包括北京六必居的韭花酱、臭腐乳，四川的涪陵榨菜，山西的正宗陈醋，江西的烤凤尾鱼，浙江的金华火腿，广西的金橘干，上海的熊猫牌炼乳等。这些特产食品在当时一面市就成为抢手货，南北特产食品商店一时声名大振，顾客盈门。到了20世纪90年代初，"南北特"已同全国20多个省、直辖市的100余家大、中型厂商建立了横向业务联系，经营南北特产食品达2000余种。

"南北特"除经营全国各地名产之外，还充分利用前店后厂的优势，组织专业技术力量，移植一些外地名产。如从四川移植过来的怪味豆，一时成为誉满全国的湖南长沙名产，大凡到过长沙的外地人，都以能购得"南北特"的怪味豆为幸事。

"南北特"加工制作的怪味豆，精选颗粒大的蚕豆浸水泡发，去其黑嘴，经油炸熟，然后将熟芝麻、食盐、味精、甜酱、花椒、七星海椒、五味香粉、明矾等配制的辅料和白糖、饴糖煮成酱，再和炸好的蚕豆一起搅拌均匀，散热装袋。这种怪味豆具有香、甜、辣、松、鲜等特点，从1964年上市后，即受到消费者的青睐，年销量达30万公斤以上。除门市零售外，还远销北京、上海、南京、杭州、江西、广州等地。

"南北特"有经验的老师傅其实都有一套质量标准。比如说，云片糕好吃与否，不用吃了才知道，只要慢慢将它一片片撕开，每一片都极平整，不散不断，那就是好手艺。另如灯芯糕，看它能不能用火点燃，如果能燃烧，说明里面添加了足够的桂子油，这种从肉桂树皮、肉桂树叶蒸馏提取出的精油，成本不低，香而微辣，正是灯芯糕最为地道的风味。

经过不懈努力，2016年，湖南省南一门南北特食品有限公司被湖南省商务厅评定为"湖南老字号"，2018年2月被认定为天心区第四批区级非物质文化遗产代表性项目。🈴

（陆嘉琪）

工作人员正在赶制法饼

茫茫戈壁，驼铃阵阵；万里茶马古道上，茯茶香溢。

提起茯茶，喝茶的人都会想起"湘益"这个湖南老字号，益阳茶厂的发展史，堪称半部中国茯茶的发展史。湘益茯砖茶，占湖南省边销茶总产销量的60%以上，是中国知名的品牌产品，在西北地区有着"喝酒要喝伊力特，喝茶要喝湘益特"的美誉，被誉为"古丝绸之路上的神秘之茶，西北各少数民族的生命之茶"。

神秘的"金花酵库"

湖南省益阳茶厂有限公司，创建于1958年，系国家民委、财政部、中国人民银行等国家部委定点的茯砖茶生产厂家和国家边销茶原料储备承储企业，是湖南省农业产业化龙头企业、省重大科技专项示范企业、省高新技术企业，省创新型企业，茯砖茶国家标准起草、制修订单位。公司主要产品为"湘益"牌系列茯砖茶，年生产能力为2万吨，年均产销量1.2万吨以上，其中边销茶产销量占全国总量的1/4，边销茶原料储备占全国的26.7%。

公司一脉传承金花工艺，从未被超越。轻轻撬下一块金花茯砖，煮一壶沸水冲泡之，顿时满室菌花飘香，汤色红亮，如浴红霞之光，杯透琥珀之色。金花茯茶，形在茯砖，神在金花，美在汤色。轻啜一口，心清气明，天地间澄澈如玉。

金花，指在茯茶加工过程中通过发花工艺，培养出一种有益菌种——"冠突散囊菌"，人们俗称"金花"，它有450多种对人体有益成分，对人体新陈代谢产生了积极的作用，是成就茯茶独特品质的主要因子，是区别于其他黑茶品类的核心关键所在。金花的发酵技术，被列为我国国家二级机密。

湖南省益阳茶厂有限公司拥有60年历史的金花酵库。自1958年建厂以来，在60年不间断的茯茶生产中，一直以"金花酵库"为加工技艺，60年历史的"金花酵库"中有着丰富的有益微生物菌种，"金花"繁衍指数，工艺指标、温度参数、发酵环境的稳定性，奠定了湘益茯茶纯正、不可复制的品质基础，是成就湘益茯茶品质灵魂的核心所在。

金花是成就茯砖茶特有菌香的主要因子

国家茯砖茶制作非物质文化遗产传承人刘杏益大师

茯茶大师的匠心情怀

在湖南省益阳茶厂有限公司，有这样一位老茶人，身为非物质文化遗产茯砖茶制作工艺的传承人，他把青春和汗水都奉献给了湖南黑茶，他爱茶、痴茶，茶成为他生命中不可分割的一部分。他朴实、低调，他执着、坚定，他就是刘杏益。

刘杏益，1964年生于益阳市赫山区，1985年湖南农业大学茶叶专业毕业。刘杏益毕业后被分配到了益阳茶厂，在生产技术科干起了技术专干的工作。从车间副主任到主任，从质量管理科科长到新产品研究室主任，从茯茶公司策划部经理到茶厂副总经理，一步一个脚印，曾担任过七个部门负责人，其中有六个部门他都是首任负责人。可不管在哪一个岗位，他都是技术带头人，创新产品的急先锋。

30多年来，在益阳茶厂，刘杏益参与研发了110多款产品，每款产品均得到了市场的认可，成为行业内公认的茯茶大师。

非遗传承绽放璀璨之花

一甲子风雨历程，一代又一代的茶人将自己的青春华年投放在湖南省益阳茶厂，任它在时光的洗练中发酵升华，终成今日湖南省益阳茶厂有限公司的繁荣。

"湘益"品牌及产品多次荣获中国茶叶名牌、湖南名牌产品、湖南省著名商标、中国国际茶博会金奖、中国（湖南）国际农博会金奖、中国湖南黑茶文化节金奖等荣誉称号。2008年，"湘益"品牌茯砖茶制作技艺被列入国家级非物质文化遗产保护名录，公司是茯砖茶制作技艺国家级非物质文化遗产传承保护单位。2010年"湘益"品牌入选"中国世博十大名茶"。2011年"湘益"品牌荣获中国黑茶（茯砖）标志性品牌称号。2015年公司作为湖南黑茶的主要代表，参加了意大利米兰世博会，并荣获"百年世博中国名茶金骆驼奖"。2016年，公司荣获国家科学技术进步奖（黑茶提质增效关键技术创新与产业化应用）。

黑茶永远会"红"

60年来，湖南省益阳茶厂有限公司以国家非遗茯砖茶传统生产工艺为依托，着力弘扬茯砖茶悠久的历史、丰厚的文化内涵，致力做大做强做优"湘益"牌茯砖茶老字号品牌。公司坚持依靠自己的毅力和智慧，创造出了一次次的行业奇迹，走出一条特色发展之路。

2005年，公司依据市场需求，创新开发出一品茯茶、极品茯茶等中高端茯茶，成功开拓内销市场，并由此带动了整个湖南黑茶产业的蓬勃发展，开辟了湖南黑茶产业的新纪元。

2018年1月3日，湖南省级院士专家工作站落户益阳茶厂，这是益阳市首批挂牌的省级院士专家工作站，填补了茯茶行业乃至整个黑茶界的空白。院士专家工作站建设是中国科协引导创新要素向企业集聚、引进高端智力服务企业协同创新的开创性工作。

随着黑茶产业的快速发展，湖南省益阳茶厂有限公司在稳定和巩固西北传统市场、保障边销茶供应的基础上，大力拓展了以北京、长沙、广州、上海、济南、苏州、重庆、西安为中心的国内市场。

在国内市场迅速扩张的同时，公司董事长彭雄根出于长远考虑，继续将品牌放在国际平台上，将品牌打造成民族的、世界的共有品牌。公司积极开拓了以日本、韩国、俄罗斯、英国、美国等国家和中亚地区以及中国香港、台湾为中心的新兴国际和境外市场。目前，公司在传统销售模式基础上，开通了电子商务网络营销渠道，形成了一个以益阳为中心、线上线下互补、覆盖全国通达海外的多层次营销网络模式。

"湖南黑茶必然不会衰败，好戏还在后面呢。"彭雄根这番充满自信和斗志的话，也让大家相信，坚定信念，胆大心细，湖南黑茶永远会"红"。"雄关漫道真如铁，而今迈步从头越。"湖南省益阳茶厂有限公司，延续中华茶文化的文明积淀，凭借诚实守信与专注专业的经营理念，以锻铸辉煌和梦想的高瞻远瞩之魄力，实现品牌发展和企业规模的跨越腾飞，向国际化现代企业集团迈进。

（周明）

国家万吨黑毛茶原料储备库

邓永和号商行原招牌

邓老先生教授传统技艺

舞凤山石砚·天池墨生香

　　舞凤山石为富含上亿年素松化石和含粉沙质绢云母的青石，是制砚的上等材料。石砚制作流程包括采石、维料、设计、雕刻、题款、配盒、打磨等十多道工序。因石赋形，由形达意，刀法力求大气与细腻相结合，尽可能注入雕刻者对艺术本身的理解与取向，务使每方砚都具备浓郁的文化内涵与高雅的审美情趣。

　　清嘉庆二十五年（1820年）春，湘乡石匠朱南泽浮槎而下，至桃江地段，见舞凤山悬崖峻拔，如凤舞中霄，便揽舟而上。山中青岩叠页，品质优良。朱南泽本是石刻行家，觉得取此山之石为砚，诚安身立命之道。

　　翌年，朱南泽携季弟玉泽到舞凤山，开山采石。名石匠以其炉火纯青的雕刻功夫，成就了舞凤山玲珑剔透的"龙凤砚"。其后，名石匠弟子邓永和前来加盟，邓永和的石雕技艺青出于蓝，舞凤山石砚的声名因此不胫而走。

　　民国时期，新学兴起，学校发展，石砚、石板、石笔需求量激增，舞凤山石砚广受青睐。石厂从湘乡、双峰招来大量熟练石工，生产的石板、石砚由长沙永益公司和卫丰公司包销，后来发展到武汉等地。1940年，文具生产运销合作社成立，自此呈现产销两旺。

　　中华人民共和国成立以来，舞凤山石砚得到长足发展，舞凤山

石料开采场

砚石社曾是全国唯一的一家国营制砚单位，1951年，石厂工人组织砚石生产合作小组，1956年转为桃江县人民委员会手工业管理科管辖下的砚石生产合作社，为大集体性质的工厂。至此，封闭保守的传徒方式被打破，除了湘乡、双峰来的石工，还在修山、三堂街等地招收技工，职工人数增加到173人，产品畅销省内外，工人的生产积极性空前提高。1958年，因政策原因下放社办。1962年砚石生产合作社恢复运行，收归县办。后设修山、乌旗山两处分厂，分别实行独立核算，自负盈亏。1968年，两分厂合并，更名为"舞凤山砚石厂"，产量大幅度提高，品种更为全面。产品销往全国十多个省、市。1971年以后，开始远销美国、澳大利亚、新西兰、日本等国，广受好评，在国际上具有一定影响。1980年，应日方邀请，工厂派专业人员远渡东瀛，与日本同行切磋砚艺。之后，日本同行多次来厂进行考察，并成为贸易合作伙伴。1987年，雕花石砚"二龙戏珠"荣获国家部优产品奖。1987—1989年，先后有澳大利亚和美国的资方老板前来参观，对舞凤山页岩的品质和砚石雕艺赞不绝口。

原舞凤山砚石社旧址

毛主席在他漫长的生命长河中，一直与砚相伴，对青石砚情有独钟。在韶山、井冈山与北京的纪念馆中，均藏有主席生前所用的数方青石砚。据湘砚学者考证，主席读私塾时用的长方形砚，也是桃江舞凤山石所制，现藏韶山毛主席纪念堂。

舞凤山石砚经过几代人近200年的研发，形成了自己独特的产业文化和完善的制作工艺流程。所开发的系列砚台品种，有面向大众的实用砚，也有供馈赠予收藏的艺术砚。有配合安化黑茶的石茶盘，也有大众居室需求的屏风和摆件，产品在设计过程中兼容并蓄，在继承传统文化的基础上，重在体现本土文化特色，以弘扬湖湘文化作为舞凤山石砚文化的内核。如砚品："画龙点睛""钟馗赐福""世外桃源""白鹿闻钟""浮邱问道""屈子问天"等，都明显地注入了传统文化与本土特色的相关元素。在全国、省市各展览中多次获奖。

2013年，第八代传人钟健发起成立益阳市舞凤山文化发展有限公司，建立了1600多平方米的生产、展示基地。2016年，又成功申报湖南省非物质文化遗产和"湖南老字号"，舞凤山石砚开始谱写新的篇章。⑩

（杨海英）

『青松』皮蛋：易学难精东方韵

松花皮蛋是益阳的传统特产之一，据传已有500多年的历史。松花既是装点皮蛋的冠华，又是衡量质量的标志。这种白色的结晶花纹，是蛋白质水解过程中生成的盐类和游离的氨基酸沿不同的方向扩散沉淀形成的。松花皮蛋营养丰富，有增加食欲、降血压、解热降火等作用。

松花皮蛋的起源

据说当年朱元璋起义时，陈友谅来洞庭湖一带大量收集鸭子和鸭蛋。之所以大量收集鸭子，主要是用于打仗前给士兵改善伙食，且有暗喻杀"元鞑子"之意。而鸭蛋则是顺带的军用食品，收得多了，为了保鲜，便采取该地区鸭农提供的办法，把鸭蛋用盐、石灰和茶叶末腌制起来。

益阳松花皮蛋在民国初期登上产业高峰，当时军阀混战，各地一盘散沙。那时候鲜美可口的松花皮蛋便成了最适应流动作战的军需食品，这迅速带动了益阳松花皮蛋的产量。松花皮蛋由于别具一格的风味，在东南亚各地也享有很高的声誉。

创始人杨丙生和"青松"皮蛋的故事

"青松"皮蛋创始人杨丙生（1915—1990），今益阳市新桥河镇杨林坳人，在三兄妹中排行老大。杨母早逝，其父带其做篾货养家糊口维持生计。1933年国民党对苏区发动第五次"围剿"，政府下令征兵扩充兵源，杨家二男必抽其一，杨丙生成为抽壮丁的对象。杨父不愿意长子从军，带子逃至益阳青龙洲。

青龙洲是资江的一个小河洲，四面环水，是躲丁的好地方，洲上有近百户农家以种菜、养鸭，加工作坊为生。洲上有一蛋坊，东家郭氏，郭氏膝下二女无子。郭氏见杨家父子流落到此，杨父为人老实，杨子聪明伶制，恰蛋坊需要帮手便收留之。数日后杨父说明原委，郭氏将杨丙生收立为继子，杨父回家，从此杨丙生步入皮蛋加工行业。

1949年，杨丙生继父郭氏的蛋坊越开越大，销路越来越广，起初用木推车销至益阳县周边地区，后用木排、船只、车辆转运等运输方式销往湖北、江苏等省份和香港地区。

1950年杨丙生继父去世，杨丙生传承蛋坊。1956年，公私合营，实行计划经济，益阳县大水坪人民公社收杨氏蛋坊为社办企业。1956年益阳县人民政府下设农贸站，成立"蛋类加工厂"，杨丙生担任松花皮蛋技师。1962年，"蛋类加工厂"更名为"益阳县皮蛋厂"，益阳皮蛋开始出口，杨丙生掌控全厂生产、产品出口、工艺流程关键技术，是益阳县加工皮蛋技术"三生"之首，在湖南省同行业很有名气。

1976年，益阳县青松皮蛋厂成立，杨丙生来到青松皮蛋厂。1983年，在"无铅工艺炮制松花皮蛋"批度实验中，杨丙生担任主要协作人员，负责"无铅工艺"皮蛋产品质量评估。1985年，杨丙生正式注册"青松"商标。

杨丙生先后革新浸泡技术，传承了郭氏松花皮蛋加工技术，又培养了一批传承人，为湖南益阳松花皮蛋技术承前启后，做出了不可磨灭的贡献。

一种易学难精的民间技艺

"青松"皮蛋制作技术传承比较复杂，它是一种易学难精的民间技艺，学徒只有

通过勤学苦练，才能达到操作水平。其工艺配方也秘不示人，外人难以知晓。解放前，由于受封建习俗的影响，加上皮蛋制作是当时人们的一种谋生手段，在传承技艺上是各自封闭的，有传崽不传女，传内不传外，传一不传二的传统。如向外氏传授，必须先收立为义子。

中华人民共和国成立后，特别是改革开放后，许多陈规陋习被打破了。当地政府为挖掘名特产品制作技术，组织民间技人，以公有制形式生产办厂，加上现代有偿技术转让，促进了皮蛋业的发展和传承。

如今，"青松"皮蛋传统工艺和现代设备结合，发挥出了传统产品的优势，在创新和科研上都加大了投入，生产出了更加受消费者欢迎和信赖的产品。

（刘伟丹）

益阳世林食品有限公司创建于2005年3月，是一家融种植、养殖、生产、销售及研发为一体的农产品深加工企业。公司拥有湖南省著名商标"林结巴"商标，主要生产独具湖湘特色的农家坛子菜、腊味、河鲜熟食、竹笋山货等全新酒店特色食材，产品通过代理商及电商网络平台销往全国各地湘菜馆、酒店以及家庭。公司是湖南省农业产业化龙头企业、湖南老字号单位、中华全国供销合作总社农业产业化重点龙头企业、全国主食加工示范企业、高新技术企业。

法人代表陈世林是湖南省益阳市兰溪镇尹家坝村人。小时候陈世林经常住在姥姥家里。舅舅说话有些结巴，陈世林就跟着学，慢慢地也变得有点口吃了。村里的人从此就不再叫他的名字，而直接喊他"林结巴"。这给陈世林带来了不小的烦恼。未承想，曾经让陈世林烦恼的"林结巴"三个字却给他带来了事业的辉煌和财富的积累。

因为家里穷，陈世林初中都没有读完。赋闲在家的陈世林开始只是杀一些鸡、鸭之类的送到酒店去，赚点辛苦钱。后来他无意中了解到，把新鲜鸡鸭熏制后送到酒店，利润更高。于是，陈世林悄

『林结巴』：坛菜腊味天地宽

益阳世林食品有限公司厂区鸟瞰图

悄地跑到长沙学习熏肉技术。学完技术回到益阳后，1996年陈世林建了自己的熏肉厂房。生意一天比一天好，陈世林开始准备建立自己的加工厂。产品需要有一个叫得响的名字，可是起个什么名字呢？这时候，母亲的一句话提醒了陈世林。母亲说，小时候有人叫你"林结巴"，不如就叫"林结巴"怎么样？"林结巴"三个字就这样定了下来。因为这个名字特色鲜明，很快就得到了大家的认可，后来新开发的坛子菜也沿用了"林结巴"这个名字。

益阳世林食品有限公司建立了"公司＋基地＋农户"的经营管理模式，通过与农户实行合同制和合作制的形式发展农产品种植、养殖业。公司通过农副产品种植、养殖、加工、销售前后联动，将农村一二三产业有机整合、紧密相连、一体推进。公司与农民合作社、农户结成紧密利益共同体，使广大农户不仅从农业生产环节获得利益，而且合理分享初级产品进入加工、流通领域后的增值利润。公司在益阳各区县（市）及岳阳、常德周边县有合作的蔬菜基地及养殖基地22 000亩，在桃江、安化等地有竹笋生产基地5800亩，基地涉及农户9000多户。公司与各合作社签订购销协议，2016年为种植、养殖户带来收入8000多万元。同时，公司的加工生产基地直接安排了周边300多名农民就业，年发放农民工资1800多万元。公司现有省级代理商31家，市级代理商156家，年产鲜菜1万多吨，成品5000多吨，产品销往全国各地，2016年销售收入15 879万元，年创利2500多万元。

近三年，公司业绩均以30％以上的速度在递增，为了适应酒店特色食材市场的庞大需求，推动益阳乃至全省酒店预制菜行业的发展，公司在赫山区S308线兰溪镇附近地段征地70亩，建设世林食品标准化厂房，计划总投资2.6亿元，规划总建筑面积38 500平方米，扩建4条食品深加工生产线，预计达到年产酒店特色食材1万吨的生产能力。目前已完成1.6亿元投资，完成新厂建设的第一期工程，已建成建筑面积达3万平方米的标准化厂房，新厂已于2016年底投入生产。

公司秉承"诚实、专注、创新、超越"的企业精神，坚持"好原材、做好菜"的经营理念，力图将公司打造成中国酒店预制菜专家、中国家庭便捷预制菜第一品牌。🖋

（杨海英）

　　永泰福茶号始创于道光九年（1829 年），前身为三泰福钱庄，位于中国黑茶之乡，万里茶路起点——湖南益阳安化黄沙坪，主营引茶（官引）"千两茶"，同治年增加红茶箱包。永泰福茶号到第四代传人李梅森手里发展到鼎盛时期，有自己专门的茶码头，专门的脚帮（挑夫）负责从山高路险的高家溪、马家溪担脚运输毛茶与货物的上船下河。民国初年，该号年收益达 10 万银圆。中华人民共和国成立前夕，仓库里存放的"千两茶"就有 2000 余支，土纸 2000 余担，箱包花香茶无数。1950 年其货交与政府公私合营。私营"千两茶"于 1952 年宣告停产。

　　永泰福茶号老板李梅森开明、洋派，茶号由母亲王太夫人掌管，自己常常兴起就随货船北上武汉听梅兰芳唱戏。当时大上海时髦的三枪牌自行车、无敌牌缝纫机，李梅森都购置回来，解放初李家的阁楼上还可见到。杨开慧的兄长杨开智解放初在安化任中国茶叶公司安化茶场第一任场长时，在李家住过三年，和李梅森结下了不浅的交情。杨开智曾致信黄沙坪区公所，称李梅森为"茶界名人"、开明人士，对革命有贡献。这封信是李梅森的"护身符"，也使得李家在"文革"中免遭抄家之祸。李梅森过世后，为后人留下了一只两米见方的楠木箱子，里面有一支百年"千两茶"和永泰福当年所产各种茶叶样品，为后人恢复生产留下了宝贵的资料。这其中，杨开智可谓功不可没。

　　改革开放后，永泰福茶号的后人李胜夫于1986年创办安化县黄沙坪茶行，并于1999年恢复传统产品"千两茶"的生产，同年李胜夫向安化县工商行政管理局申请变更企业名称，经安化县工商局核准登记注册，恢复了永泰福茶号，从而成为安化众多茶号经历动荡后独枝一

永泰福茶号：用责任锤炼工匠精神

永泰福老茶厂

永泰福新厂

揉茶

永泰福采制"千两茶"

清代著名书法家黄自元所题招牌
（小牌）

脉传承至今的茶号。经过几年的发展，永泰福茶号已成为益阳市农业产业化龙头企业；2008年被中共湖南省委宣传部、湖南省质量技术监督局定为"湖南制造、值得信赖"质量万里行活动重点宣传单位；被湖南省用户委员会、中国质量万里行湖南市场调查中心评为2008年"湖南用户满意示范单位"；安化县工商行政管理局"一化三基"定点服务企业。

目前永泰福茶号拥有总资产319万多元，年产精致黑茶系列1500担，"千两茶"1000余支，出口红茶2500担。其开发的天尖、贡尖、黑砖、高香黑茶、"千两茶"等十余个品种系列，因其品质优良，畅销国内外市场。尤其是传统产品"千两茶"，被誉为"茶文化的经典，茶叶历史的浓缩，茶中的极品"，风靡日本、韩国及东南亚地区。自建厂以来，永泰福茶号采取"公司+基地+农户"的经营模式，建立绿色无公害原料基地800

亩，联系农户500户，安置就业人员150多人，每年纳税10万多元。永泰福茶号今拥有5000余平方米的加工车间，保存完好的有着190年历史的永泰福老厂房至今仍在生产，已列入省级文物保护单位。2009年全省各界在株洲茶陵公祭人文始祖茶祖炎帝，永泰福"千两茶"成为供奉在炎帝陵前的祭品。2010年永泰福黑茶代表湖南进入上海世博成为会上100个"中国元素"之一，获得"中华传统工艺特别奖"，其中永泰福"千两茶"获评世博会最受欢迎产品，并被世博博物馆馆藏。永泰福茶号第七代传人李胜夫成为国家级非物质文化遗产（安化黑茶制作技艺）国家级代表性传承人。对于老字号，李胜夫说："传统的东西是历经历史风雨洗涤了的最精华的东西，传统文化核心的东西不能丢，工匠精神的核心就是打铁的打好铁，做木匠的做好木匠，干一行、钻一行。"

（杨海英）

大码头、活油月饼、随水运畅销湘西北，这是有成斋的前世；工业园、绿豆糕、凭电商远销全国甚至全球各地，这是有成斋的今生。作为益阳食品界一家极负盛名的老字号，有成斋的历史跨越百年，历经辉煌，也曾有长达半个多世纪的空白期。如今的有成斋是新世纪后复建的，无论是特色产品还是生产方式都与当初的有成斋大为不同，但掌门人的开拓创新精神和企业对品质的追求都得到了最好的传承，这也在新老几代益阳人心中留下了这样的味道密码：益阳的饼，有成斋制！

大码头上的一杆南货旗帜

益阳是典型的江南水乡，一条资江穿城而过，从明清开始水运的兴盛，带来了南来北往的船只，也带来了商业的繁荣，铸就了大码头时代的辉煌。

1913年，在人流如织的大码头二堡段，来自江西安福的彭国仕、彭介然、彭会皆、丁朗山四位同乡集股，创立了有成斋。有成斋中"有成"二字出自西汉班固《汉书·匡衡传》"同心合意，庶

有成斋：几代益阳人的味道密码

几有成"，意思是：齐心合力，事情就能成功。四个江西小伙伴也确实秉承其意，同心协力将有成斋打造成了一家名动两湖、畅销三江的南货店。

开业伊始，精于策划的彭国仕出任经理，确定了有成斋的经营范围以茶食（糕点）为主，兼营南货。为拓宽业务渠道，增加花色品种，确保产品质量，彭国仕严把"入口关"，派出得力亲信到大江南北采买上等原辅料，往北到汉口购入精面粉、红枣、海带、魔芋、粉丝，到沙市采购四川红糖，到长沙购进黄花、桂圆、太古白砂糖。往南到广西南宁购入粗白砂糖，到广东增城购买荔枝。往东到江西樟树购进西瓜子。大批南货登陆益阳，不仅丰富和活跃了市场，集聚了人气，也大大提升了有成斋的知名度。

有成斋开设的酱园则立足本土，因地制宜，消化大批益阳城市周边的农副土特产品，将其制成各种酱油、原酱和酱菜供应本地市场。为突出特色，彭国仕主抓糕点制作，亲自去长沙礼聘四位安福籍糕点名师来益授艺。他们对市面风行的苏式、广式糕点了如指掌并推陈出新，因此不到两年时间，有成斋的糕点品种竟达60余个，其中四季货有鸡蛋糕、广桃酥、西花片、炒米糕、黑芝麻片、荤桃酥、高级饼干等20余种；节日货有年糕、寸金糖、焦切、酥糖、雪枣、兰花根、元宵、绿豆糕、月饼等20余种。由于质量过硬，产品种类繁多，店面生意非常红火。

排队吓不退、战火驱不散的金字招牌

有成斋的美味源于其精细的制作工艺，以及馅精料足、甜咸适中、香而不腻的口感，不多时便风行资水流域的湘北地区。除了益阳外，周边的新化、安化、溆浦、汉寿、沅江等地的客商和富户慕名而来，洽购者络绎不绝。每到逢年过节，有成斋的糕点必定是时令紧俏商品，门口车水马龙，人群熙熙攘攘，箩筐、扁担排成几条长龙，场面十分热闹。

据史料记载，益阳最地道、最出名的老月饼要数活油月饼。这种表面布满针尖大小的孔、咬一口酥脆掉渣的老月饼深受老益阳市民的喜爱，其中又以有成斋的活油月饼口感最好、最为畅销。每逢中秋，有成斋的活油月饼可产300余担，即便如此，其月饼在益阳城还是一饼难求。

有成斋的货品到底有多抢手？从坊间流传的一个故事就可窥见一斑。1938年末，益阳县内泉交河一位叫徐绍唐的乡绅派家丁去置办一担有成斋的糕点作为年货。家丁来到有成斋，看到门口排了6~7排买年货的客人，而每排都长达几十米，他看着害怕，心想哪里的年货不都一样吗？遂到东门的一家南货店采买了年货回去交差。谁知徐家老爷一尝便知不是有成斋的糕点，因此大发雷霆，责令家丁重新去有成斋排队采买。

正因为益阳百姓非有成斋的糕点不买，所以其生意一直应接不暇，店铺日均营业收入超2500银圆，这在益阳南货商号，别无二家。

1928年，彭国仕年老退休，由丁建仁担任经理。此后，有成斋的生意越做越旺。抗日战争时期，日寇袭扰，民生凋敝，有成斋的生意却并未减少。1944年至1945年，每年还能盈利银洋近8000元。

后来，随着内战爆发，烽烟四起，一些股东先后退出有成斋自立门户，派生出有成利、有成益、有成新和有成协等有成系列南货商号。虽然有成利、有成益一直经营到中华人民共和国成立初期，并加入公私合营，但都无法与有成斋的名望相比。难怪后来有人要收购有成斋时，老板丁建仁声称："有成斋这块牌子价值2000两白银，少一个铜板我都不卖。"

新生代注入新活力，辉煌重现

从1913年到1950年，有成斋经营近40年。随着公私合营，有成斋的招牌湮没在历史大潮中，陪伴了两代益阳人成长的熟悉的味道也随之封存，成了传说。

徐亮就是从爷爷辈们的讲述中才知道有成斋的。这个在益阳城长大的80后跟有成斋本没有什么关系，却最终成为这家老字号新一代的掌门人。他说这是一种缘分，也是命运冥冥之中的一种暗示：身为勇闯益阳的那拨江西人的后代，自己有责任将这块老字号招牌扛下来并发扬光大！

在一众湖南老字号的现任掌门人中，

徐亮绝对算得上新生代和中坚力量。他虽然年轻，却经历丰富、眼界开阔。他大学毕业后出国留过学，又在北京的外企工作过，回到益阳后涉足房地产也取得了相当的成功。2007年，听说有成斋的后人创办福星食品并复建"有成斋"字号，徐亮当即注重资入股，参与创建。

2012年，一心想复兴有成斋品牌的徐亮正式参与了企业的管理与经营，并注册了"有成斋"这个商标。从一个能快速圈钱的行业跳到一个自己并不熟悉、前景又并不明朗的行业，此时的徐亮在外人看来似乎有些头脑发热，但他义无反顾，带着身家与精力全情投入。

既然是一切从头再来，就不妨把步子迈得更大些。徐亮接手后，除了秉承"诚者有成，信者无疆"这份老的立业精神，有成斋更像是一个现代化的企业，少了很多束缚与桎梏，充满了活力与生机。

首先，与其他老字号主要还是依赖传统销售模式不同的是，有成斋在竞争激烈的电商领域已经占得一席之地了。"大概是2012年，我们就开始发展电商了。"事实证明，当初的投入是需要勇气的，但也是值得的。徐亮介绍，现在有成斋在天猫、京东、唯品会等各大电商平台都开设了店铺，产品销售量也在逐年增长，其中的拳头产品——绿豆糕还夺得了天猫超市同类单品销售量的冠军，在年轻的消费者中拥有了众多粉丝。

而支撑徐亮走出电商这一步的是生产工艺的改进。"传统的糕点都是纯手工制

绿豆冰糕

蛋黄酥

作，保质期太短，产量也上不去，不适合在线上销售。而我们的产品目前已经实现了在无菌环境中全机器流水线生产，全部都达到了三个月以上的保质期，补齐了老字号食品的这块短板。"而实现这一转变的背后，是徐亮在上任伊始就在赫山区龙州路工业园内建立了面积达8400平方米的新厂，又在生产硬件上投入了1000多万元。

要做好食品，还得把自己变成一个"吃货"。"一方面是为了满足消费者的口味和需求，不断地研发新品；另一方面也是甘当'小白鼠'，为消费者把好质量关。"接手有成斋的这几年，不断试吃、不断改进配方、调整口味成了徐亮工作的日常。为了一款产品，他可以从国内吃到国外，目前有成斋最受欢迎的绿豆冰糕就是他吃出来的结果，"过去的绿豆糕是用本地的猪油、绿豆和砂糖配制而成，成分和口感已经达不到现代消费者的要求。而我们现在的绿豆糕基本已经脱胎换骨了——配方是根据台湾的名品改进而来，绿豆来自泰国，芸豆来自缅甸，糖来自日本，黄油来自新西兰"。

徐亮笑称自己也许不是一个最优秀的企业家，但一定是一个出色的产品经理，因为他不仅会吃，还会想。目前，徐亮正在着手开发一个黑茶口味系列月饼，将同样代表益阳历史文化的黑茶与有成斋紧密联系起来，打造成独一无二的"爆款"。

尽管已经重新将有成斋的品牌形象植入益阳市民心中，但徐亮并不满足于此。正如他的前辈们曾将商业版图延伸到湘北各地，他想让有成斋走得更远些。去长沙开一家实体门店，成为徐亮近期的目标。开疆拓土，不畏强敌，如今的老字号最需要的正是这份勇气与雄心。

有成斋，未来可期！

（范莉娜）

第五代掌门人 卢万俊

产品摆拍

湖南常德地处北纬30℃，在这个茶叶种植的"黄金纬度带"，造就了国内优质茶、有机茶最佳的生产区域。湖南"古洞春"品牌茶叶产品诞生在风景优美的桃花源里。"古洞春"牌茶叶经过170多年传承，在继承手工传统的基础上，不断创新制作技艺，产品以独特的色、香、味、型而独树一帜，并录入《中国名茶志》。

砥志研思，培植香茗

湖南古洞春茶业有限公司，起源于1839年卢全武创立的"卢氏茶行"。1965年，"卢氏茶行"第五代传人、"潇湘茶仙"、湖南杰出茶学专家、"湖南大叶茶之父"卢万俊在地处深山的太平铺乡徐家冲发现了一棵野生大叶茶树，经过细心观察与专家鉴定，这棵野生大叶茶树属世间少见，是稀有的香茗。1968年，卢万俊开始在全乡2800亩茶园中调查走访，进行良种选育。

卢万俊寻觅、繁育出的茶叶良种——桃源大叶茶填补了湖南空白，改写了中国茶史。他先后自主研发上市了以"霸王翠剑"野茶王为旗舰产品，包括"银狐飞毫"银毫、"春螺舞韵"曲毫、"杨柳依依"毛尖、"青青佳人"烘青、"春色满园"绿茶等高、中、低档绿茶产品，"国品红粹"红茶产品、"天地蕴藏"黑茶产品在内的300多个系列产品，实现了拳头产品高端化，系列产品大众化，以满足不同时期不同消费群体对各类茶品的不同需求。"长江后浪

古洞春：以茶为媒 传情四方

古洞春摊青

推前浪，世上今人胜古人。""古洞春"第七代传人卢振兴，90后的新生代表，完成学业后跟随爷爷卢万俊从事茶树良种选育，茶叶新产品研发工作。2015年，以他为首的研发团队完成的"桃源大叶红茶""二次萎凋，二次发酵"技术通过科技成果鉴定，填补了国内空白。

在"湖南大叶茶之父"卢万俊完成"桃源大叶一号""桃源大叶二号"品系研究成功的基础上，卢振兴秉承爷爷的嘱托，"桃源大叶茶"三、四号品系的研究已获重大突破，培养的品系母株树干高达 4.6 米，株径 18.5 厘米，树龄超过 5 年。其叶肥大、柔软，香味独特、突出。采用该品系鲜叶加工试制的红茶风味独特，经检测，其品质优于斯里兰卡锡兰高地红茶。

不拘一格，根植品牌

"古洞春"历代传承人始终遵循"敢为人先，止于至善"的前辈教诲，用心、用情、用爱生产每一片茶叶。传承"精益求精，客户至上"的发展观和价值理念，在坚持传统生产技术的基础上，不断推陈出新，相继投入 2200 多万元对生产线进行技术改造，建成了加工量达 11 000 多吨的清洁化茶叶精加工生产线，生产有机茶、生态茶。从茶树的繁育、培管、鲜叶采摘、农药残留控制，到杀青、揉捻、成形、干燥、包装等每一个生产环节，使茶叶从种植到加工、从销售到消费者的杯中，都置于严格的质量控制之下。通过不懈的努力，"古洞春"品牌产品获得 QS 认证、"绿色""有机"食品认证、ISO9001-2000 国际质量体系认证、ISO22000-2005 食品安全管理体系认证，"古洞春"品牌已深深植根广大消费者心中，产品深受国内外消费者青睐，远销北京、上海、深圳、香港等地，并批量出口。

不仅如此，在卢万俊幺儿媳唐春仙大刀阔斧的改革下，2015年6月，湖南古洞春农业集团成立，集团融茶叶科研、良种选育、茶叶种植、生产加工、市场拓展、品牌营销、电子商务、现代农业、乡村旅游等为一体，进一步加大品牌建设力度。

作为桃源大叶茶的省级龙头"湖南老字号"企业，古洞春集团将始终以人为本，注重产品质量，开拓创新，力求把绿色、有机、安全的好茶传递给每一位消费者。

专业做好茶，真心交朋友，以茶为媒，传情四方，古洞春香茗永飘香……囿

（彭静）

义哥牛肉：传承清真美食

这里是常德市桃源县枫树维吾尔族回族乡。

传说600多年前，明朝将领维吾尔族人哈勒·八士（因剪除敌对势力有功，赐姓"翦"）奉朱元璋之命南下征战，行军至桃源枫树岗，忽被眼前的景象迷住：整个枫树岗似一座小岛，被烟波浩渺的洞庭湖包围，岛上的枫叶姹紫嫣红，在蓝天的映衬下煞是好看。哈勒·八士当即决定屯驻此地，此后，他们安营扎寨，繁衍生息，维吾尔族血脉逐渐开枝散叶，而枫树岗也渐渐变成了维吾尔族的第二故乡。

如今，哈勒·八士的墓地和伊斯兰教标志性的清真寺还在，似乎向世人昭示着数百年前那段金戈铁马的辉煌。而这辉煌的背后，有一家百年老字号与之有着千丝万缕的联系，那就是拥有600多年清真牛肉加工历史的"义哥牛肉"。

"义哥牛肉"的创始人，便是湖南维吾尔族汉文化的先驱翦山胜、翦山学。

维吾尔族喜食牛羊肉，是一个"马背上的民族"。当年大队维吾尔族士兵奉旨南征，戎马倥偬的生活与新疆丰富的牛羊渐行渐远，随伊斯兰军南下的阿訇（波斯语，意为老师或学者）与伙夫便就地取材，在枫树口哈旗营制成方便携带的清真手撕牛肉、清真麻辣牛肉与清真牛肉干，生意日益火爆。时至鸦片战争爆发，湖南维吾尔族汉文化先驱翦如琰到虎门炮台抗击外寇，将士一行自枫树出发，随身就带了不少清真手撕牛肉作为生存之粮。

清乾隆年间，翦山胜、翦山学自岳麓书院毕业后，成为常教阿訇。山胜雅号"义哥"，为人仗义，交结广泛。兄弟俩精诚团结，先后在枫树口和常德东门首创了"清真釜牛肉"（"釜"

乃"密罐"也）。其间，无论是南来北往的富商，还是巡回迁居的布衣，都要光临常德枫树"义哥清真釜牛肉"，满足口腹之欲。从此，义哥的名字就随着清真釜牛肉在社会上广为流传。后来，翦华润、翦敦政、翦焕南几代人都在常德、汉寿、益阳等地专营清真釜牛肉。清道光年间，后代翦友明、翦万年制作的清真釜牛肉、清真红烧牛肉畅销常德，还远销黔阳、桑植、龙山、汉口等地。

陬市镇隶属桃源县，素有"小南京"之称。中华人民共和国成立前后，陬市清真饭店翦玉保因擅长制作清真"牛肉三宝"——清真釜牛肉、清真红烧牛肉、清真牛百叶，一时门庭若市，车水马龙。翦再荣是制作清真"牛肉三宝"的当家厨师，尽管他和他的徒弟们成天泡在厨房内，产品依然供不应求，不少人因买不到釜牛肉而留下遗憾。

1958年9月，哈勒·八士的后裔、历史学家翦伯赞提出，牛肉使人更健壮，牛肉使人更聪明，牛肉使人更美丽。他建议桃源回维大队办一个清真牛肉加工厂，由此，桃源县枫树公社回维大队牛肉加工厂在当年应运而生。

1979年，清真釜牛肉创始人翦山胜的第七代子孙翦凝义为传承清真美食，弘扬饮食文化，开办民营清真牛肉食品厂。他继承祖宗衣钵，将企业命名为"桃源县义哥清真牛肉食品厂"，并用义哥头像注册商标。38年来，翦凝义与时俱进，对生产工艺不断进行改革，在传统清真牛肉的基础上注入绿色、富硒等有利人体健康的元素，穆斯林传统秘方搭配现代工艺技术，新鲜的牛肉被打造成爽滑酥嫩，唇齿留香的腊牛肉、巴掌牛肉、红烧牛肉、牙签牛肉、风干牛肉、酱香牛肉、麻辣牛肉等系列产品，畅销北京、上海、广州、新疆、山西、江浙等地，出口非洲、伊斯兰教地区。

值得一提的是，"义哥清真牛肉"系列产品于1986年正式列入人民大会堂专用产品，现为湖南省著名商标，是融菜牛繁育、养殖、屠宰、加工、销售、酒店与富硒牛肉研发为一体的常德市农业产业化重点龙头企业，被国家"三部委"（国家民委、财政部、中国人民银行）认定为"全国少数民族特色商品定点生产企业"。

（杨雨晴）

中国人的饮食烹饪历来讲究新鲜。然而在所有滋味中，鲜是最难以形容的一种味道，它不像酸甜苦辣咸给人明确的味觉冲击，却能给人美妙的感受。正因为它难以定义且难以把握，所以成为中国饮食文化中最玄妙的存在。

在常德桃源就有一家以鲜味闻名的百年老字号饭店——洞仙酒家。在这里，没有特级厨师，没有各色调料，食材均取自大自然的馈赠；在这里，每道菜没有精致漂亮的卖相，没有出神入化的手段，只有乡里来的厨娘，就着一口柴火大锅，用极其质朴的方式演绎出的人间至味。

这味道是小山鸡的原汁原味，是黑珍猪的软嫩爽口，是野生鲇鱼的鲜美异常，是自磨豆腐的清爽滑嫩……这味道弥漫在桃花源的寻常巷陌，飘散在武陵城的市井人家，连同着岁月变迁和城市的兴衰流转，深深地嵌入了几代桃源人的记忆深处。

关于洞仙酒家的历史，要追溯到117年前。

清光绪二十七年（1901年），湖南省常德府桃源县澄溪乡（今桃花源桃花村）17岁的青年万文富，在桃源山下的驿道（319国道）旁开起一片门店，始称"饭铺"，以应路人餐饮之需。数年下来，万文富深深体会到新鲜是餐饮行业的生命力，于是，他在"鲜"字上做文章。

『洞仙』：每只土鸡都有『身份证』

各界名流与洞仙酒家

当时没有电，每到暑热之际，食物保鲜相当困难，他先是虚心向民间厨师求教，将店中荤菜煮沸后，不搅动，让其自然降温；再是在离店不远处觅得一处山洞，山洞凉风习习，他将备用瓜果蔬菜藏在洞堂里面。时间一长，驿道上往返的商贾相邀到店里吃"洞鲜"。后来，因店铺位于道教圣地桃川宫下，有人以为店主人学有仙道之术，能够长期保鲜食物，干脆称他为"洞仙"老板。

民国二十二年（1933年），万文富年近半百，将酒家交给儿子万运周主持经营。国内革命战争期间，洞仙酒家成了当地农民协会负责人的秘密聚会点。一天，农民协会负责人正在酒家内开会，忽见一伙"清乡团"团丁荷枪实弹闯进来。万运周一面大声招呼，一面趋前导引，绕过农协会议房间，将一伙人带上酒楼，农会负责人得以顺利脱险。

可惜的是，"文革"期间，洞仙酒家停止经营，酒店被占用为大队加工厂。

1978年，中共十一届三中全会，拨乱反正。洞仙酒家第四代传人（万官清之子）万建国与妻子文志华接过衣钵，经过一番改造后的洞仙酒家重新开张。

改革开放的春风吹拂大江南北，乡村旅游悄然兴起，桃花源餐饮企业遍地开花。与此同时，随着生活水平的提高，人们开始崇尚没有添加剂的健康饮食，开始怀恋食物本来的味道。万建国与时俱进，开拓创新，以继承老祖宗的"鲜"字为原则，以传统和绿色食品为基准，不断研发优质鲜味。

成立于2015年的"小山有位"就是洞仙旗下极具地方特色的餐饮品牌。餐厅主打的小山鸡因肉质鲜美，口感饱满，营养丰富在当地食客中广受好评。

为了让食客吃上正宗土鸡，餐厅与农村合作社和农户合作，选用土鸡苗，以原生态的方式养殖。土鸡被放养在五强溪、牯牛街的连绵群山之中，这种回归山野的放养方式极大地还原了土鸡的原始生活环境，相比饲养的鸡，它们的毛色更为鲜亮，肉质更加结实，营养比例也更为合理。

为确保土鸡的品质，餐厅还借助高科技，为每一只土鸡制作了独一无二的"身份证"——脚环。食客用手机扫一扫脚环上的二维码，便能了解每一只土鸡从出生到成熟的所有成长信息。

制作鲜味需要好的食材，更需要好的烹饪。"小山有位"的每道菜在烹饪的过程中都不加调料，不曾接受专业培训的厨师们，用原生态的食材和简单的手法，为食客打造返璞归真的田园生活。

百年过去，洞仙酒家已从5张桌子的小饭铺发展为拥有15家分店、日客流量2000人、年营业额过亿元的餐饮集团。如今，经过岁月沉淀的百年老字号酿造出了最浓郁的味道，它藏身于繁华都市，静待过客光临。

（杨雨晴）

泰和合：『宜红』宜红

石门县泰和合茶叶专业合作社是一家传承100多年的老字号茶叶企业。

1888年4月，广东香山（今中山）人氏卢次伦从久负盛名的安徽祁门请来制红茶大师，在石门宜市（今壶瓶山镇）设立泰和合茶号。当年5月开始生产，试制红茶4000余斤，销往汉口，获利数倍。泰和合茶号专门生产红茶，故茶名为"宜红"茶。声名远播的石门"宜红"和安徽"祁红"及云南"滇红"并称中国三大工夫红茶极品。"宜红"茶远销欧美，在汉口销量一度占全国红茶出口40%，红极一时。

卢次伦又名月池公，清咸丰八年（1858年）八月十五日生于农家，家中不算富有，但布衣粗茶淡饭可自给尚有余。7岁起蒙读私塾，聪慧过人，四书五经、《资治通鉴》《诸子》及杂学都有涉猎，19岁已能单独看病，借行医游历各地。在外行医之时，得知石门宜市附近有可开采铜矿，遂到石门寻找商机。采矿未果，却因偶然之机缘决定制茶外销。

1888年，卢次伦正是而立之年，他边干边学，与茶师一道制定生产流程、工艺流程、技术标准，在长期的摸索实践中，成为一名优秀的制茶师傅。

1919年，湘鄂边境盗匪骚扰，官匪勾结，泰和合茶号难以为继，加上卢次伦年已花甲，有荣归故里之心，随即告别"泰和合"，带妻儿回广东香山县养老。

卢次伦经营"泰和合"前后31年，从茶号的创立，到生产经营管理都是卢次伦全面掌控。卢是"泰和合"当之无愧的创始人。

卢次伦在宜市期间，培养的吴习斋、熊纯臣、刘嘉乃等人都是制红茶专家。1928年北伐完成，吴习斋、熊纯臣、刘嘉乃等人与津市的涂子红和湖北鹤峰县的张鼎承合作，成立鹤顺昌茶号于石门县所市。

鹤顺昌茶号在吴习斋等人的苦心经营下，制成"宜红"顶级标准的"米"级茶。可惜后来所市制茶总部遭受火灾祸事，鹤顺昌茶号无法继续生产经营，只好关门撤号散伙。

抗日战争爆发后，民国政府为筹措资金，于1940年初春，设立宜市制茶工厂。同年，宜市茶厂制成3000箱左右的"米"级红茶，可惜因长沙会战、常德会战以及敌人攻占贵州独山，交通断绝，无法运出，直到抗战胜利，还有2000多箱茶叶放置在"泰和合"楼上没有销售。

中华人民共和国成立后，医治战争创伤急需大量外汇，"泰和合"传承下来的红茶是为数不多可换外汇的资源，刚解放，中国茶叶公司就成立了宜都红茶厂。

宜都红茶厂全盘接收泰和合茶号的有形和无形资产。中国茶叶公司为最大限度地发展宜红茶区生产优势，将宜红茶区划为湖南和湖北茶区。为此，湖南茶叶公司成立石门茶厂，专门生产红茶，厂部从宜市迁到石门县城。石门茶厂成立后红茶产量成倍增长，20世纪80年代产量突破1.2万担。石门茶厂红茶生产技术是由"泰和合"传承而来。石门茶厂的辉煌就是泰和合茶号的传承和光大。

石门茶厂生产科长田子恒，是泰和合宜红茶第三代传人。

"宜红"茶能让外国绅士赞不绝口，在制茶工艺上有独到之处。"宜红"茶分六级十二等，在工艺流程上细分为初制工艺8道，精制工艺12道，顶级的"米"级红茶，还要在精制工艺12道基础上加"选一车一炭焙"三道工艺。由主持茶师精细"焙火、提香"而成的"米"级红茶，具有高雅、独特的茶蜜韵香。

泰和合茶号旧址

中国百年泰和合走进北京老舍茶馆

卢次伦创办的泰和合茶号几经更名。为保护和传承"宜红"茶品牌和技术，弥补石门茶厂改制后带来的传承断档，石门皂市人氏张先全领衔，于2000年组建成立石门县泰和合茶叶公司，后更名为石门县泰和合茶叶专业合作社。2003年5月28日在国家工商总局注册了"泰和合"和"泰和宜红"茶商标，"泰和合"商标得到了完整保护。

泰和合茶号经百余年的传承，又经合作社十多年的发展，现拥有茶园1500亩，茶农381户，茶厂3家，直营店5家，加盟店20家，年生产宜红茶和绿茶15万公斤。

合作社秉承"传承经典，永续辉煌"之理念，永葆"泰和宜红"茶之特色，继续演绎百年"泰和合"之精彩。

（杨海英）

"甜酒甜、甜酒香,长乐甜酒不放糖。今年三月呷一口,明年六月嘴留香。"著名剧作家甘征文先生新编的《甜酒谣》,唱的就是湖南人最爱喝的长乐甜酒。

长乐甜酒因产于长乐而得名,酿造始于何时已无从考据,但由来却众所周知。在长乐镇,无论男女老幼,都能绘声绘色地讲述长乐甜酒起源的故事。

孝心酿甜酒,御赐金招牌

据说,北宋仁宗景祐年间,汨罗长乐街照壁巷有一位名叫陈玉昆的年轻人,他幼年丧父,靠母亲纺纱织布拉扯长大。玉昆成人后以帮工、打柴为业,是当地出名的孝子。

一天,母亲想吃糯米饭,玉昆马上去米店买来一升糯米,把饭煮好。没想到吃饭时,母亲突发胃病,玉昆连忙寻医抓药为她治病,还把糯米饭盛出来用钵装好,用被子包裹好放在火炉边,以备母亲随时食用。谁知老母亲两日粒米未进,到第三天中午病情才稍有好转有了食欲。玉昆见母亲病好,高兴异常,忙把包裹打开。一股浓郁的酒香扑鼻而来,玉昆心想不好,只怕糯米饭坏了。可把木盖揭开,只见米饭洁白如玉、剔透晶莹,四周清水荡漾,他用竹筷夹起一试,入口温软,酒香四溢,味甜如蜜。玉昆忙盛了一碗给母亲,老人家一试果然好吃。玉昆问娘这是何故,娘说:"儿啊,是你的孝心感动了天地,这是上天赐给的甜酒。"

玉昆将信将疑,仔细观看甜酒,发现里面有一些小黑籽,是一种叫曲花草的籽,原来是自己在盛饭时不小心将砍来做柴烧的曲花草的籽撒了一些在米饭里。玉昆心想,一定是这曲花草籽起了作用。于是,第二天他又买来一升糯米, 拌上一些曲花草籽如法炮制。三天后一看,果然如上次一样。母亲吃了两次甜酒,病全好了,而且面色红润,看上去好像年轻了许多。

玉昆高兴极了,决定在长乐街上开一家甜酒铺。甜酒铺择吉日开张,并挂出了"长乐陈记甜酒"的招牌。街坊邻里都来道贺,并尝试甜酒,果然酒香四溢,入口生津,味甘如蜜。玉昆的生意越做

长乐甜酒:长饮此酒 乐而忘忧

越好，后来，他将这酿造方法传给街坊亲友，千百年来，代代相传。

民间传说，元朝的元顺帝经过长乐，品尝甜酒后赞不绝口，欣然写下"长饮此酒，乐而忘忧"八个大字，长乐镇就是因此而得名。后来，清朝的乾隆皇帝三下江南，两到长乐，品酒后大加赞赏，御笔亲题"长乐甜酒"，从此长乐甜酒声名大振，享有"宫廷御品"的美誉。

父子齐携手，甜酒代代传

长乐甜酒一直是各家酿制，各自为营，过去没有形成统一的品牌效应。1903年3月，长乐镇珠港大屋一户李姓人家生下了第五个儿子。因前面生的四个儿子取名端仁、端义、端礼、端智，遵循孔孟之道，这个满仔就取名为端信，意味着仁义礼智信，五子传家训。

因家境贫寒，端信从小就跟着父亲李东汉学做甜酒，成年后每天挑着甜酒担子四乡八邻走街串巷，大声呼唤："卖甜酒啰，卖小钵子甜酒！"1930年，端信成家立业，专业酿制甜酒销售，年产量上万斤，在当地小有名气。1948年，他扩大经营规模，在长乐下市街创立公和益作坊，销售长乐街牌甜酒，前店后厂生意红红火火，买甜酒的顾客慕名而来，长乐街甜酒成为远近闻名的品牌。

1953年，国家开始实行粮食统销统购政策，长乐甜酒受到冲击，酿制户数逐年锐减。李端信看在眼里急在心头，将儿子阳波叫到跟前，语重心长地说："我家祖祖辈辈做甜酒，现在多数人家停业了，希望你能来接我的班啊。"儿子满口答应："爸爸您放心，我一定子承父业，让长乐街甜酒代代相传。"李端信十分高兴，将酿制甜酒的秘技全盘传授给李阳波。

1980年，长乐甜酒作坊如雨后春笋，又恢复了昔日繁荣的景象。2011年12月，长乐街甜酒传承人李阳波打破家庭作坊的旧模式，牵头成立汨罗市长乐甜酒产销专业合作社，统一糯稻品种、统一技术标准、统一加工工艺、统一订单生产、统一包装销售。这一重大举措的实施，促进了长乐甜酒的发展。

汨罗市长乐甜酒产销专业合作社种植基地

汨罗市长乐甜酒产销专业合作社厂房外貌

袁隆平院士品尝长乐街老字号甜酒

为进一步把企业做大做强，2016年3月，李阳波又注册成立湖南公和益食品科技有限公司，实行"公司+合作社+农户+市场"的运作方式，成为岳阳市唯一一家融种植、收购、加工、销售为一体的农产品加工企业。

文化加创新，甜酒成地标

长乐镇位于湖南省汨罗市东部，智峰山南麓，清澈美丽的汨罗江穿镇而过。特殊的空气、水质、土壤条件，孕育出日照时间最长的优质桂花糯米、三粒寸糯米和富硒糯米。独特的糯米，加上特制的生物酒曲和特殊工艺酿造的甜酒玉脂凝香、润口甜心，历千年而不衰，融众口而不腻。奇绝秀丽的自然生态与国家级非物质文化遗产——长乐抬阁故事会民俗文化融合的人文环境，孕育出独树一帜的长乐甜酒，如同国酒茅台一样，离开茅台镇就产不出茅台酒，离开长乐镇同样也酿不出长乐甜酒。现在，长乐甜酒已经成为中国地理标志保护产品，长乐街甜酒被评为"湖南老字号"品牌，成为长乐甜酒产业中的一朵奇葩。

近几年来，湖南公和益食品科技有限公司与科研单位合作，创办汨罗市长乐甜酒研究院，将传统方法酿制的甜酒运用现代科学技术，添置搅拌系统、自动灌装系统、杀菌冷却系统、净水处理系统等先进设备，开发甜酒新产品。目前有煮着吃的原汁原味甜酒、泡着吃的冻干方便甜酒、直接吃的花色饮品甜酒三大系列。产品深受消费者的青睐，市场前景十分看好。2017年实现销售收入7163万元，取得了良好的经济效益和社会效益，拟定今后五年内将销售拓展覆盖全国31个省市，市场占有率达到20%。

2014年，企业荣获湖南省著名商标，被评为岳阳市农业产业化龙头企业；2015年，荣获"全国科普惠农兴村"先进单位称号，被评为"现代特色农业省级特色粮食产业园"；2016年，企业被评为国家农民合作社示范社，长乐街甜酒传承人李阳波担纲申报的长乐甜酒地理标志产品保护获批，成为汨罗市一张极具特色的"名片"。

3.上甑：将浸泡的糯米捞起至篾丝箩中沥干水上甑，用柴火蒸40分钟，饭要熟透、喷香。

4.淋饭：饭蒸好后连同木甑抬出，搁在木盆上，每10斤米约用12斤水淋饭，降温后清除米汤，使饭粒清爽。

5.拌曲：将淋过后的糯米饭倒入大木盆内散热，摊凉的米饭在10℃～15℃时拌曲，视米饭温度等气温条件再确定拌曲分量。

6.装坛：将米饭与曲拌匀后，装入采用高温或紫外线灯消毒的瓷坛。

7.入窖：进窖后瓷坛用棉被盖好。窖藏温度要求保持35℃～40℃，透气好，但不通风。

8.出窖：经过48～60小时，即酿造成功，可以出窖。

9.包装：包装容器要求大小一致，干燥、清洁、牢固、方便运输。🔖

（陈暑艳）

长乐甜酒工艺流程

1.选料：选用本地生产的"三粒寸、桂花糯"，要求米粒饱满、颜色纯白、无泥沙杂质。

2.淘米：用深井地下水将糯米连续淘洗五次直至出清水，保证无糠麸、灰尘、米屑及杂质，然后浸泡约四小时。

长乐街老字号甜酒待运

千载招魂悲楚仕，百桨劈波竞汨江。汨罗江上，楚旗猎猎，战鼓咚咚，迎端午节的龙舟赛事开赛了。随着信号枪声响起，数十龙舟在江面竞速。这里面，就有老匠人许桂生制作的龙舟。

许氏龙舟制造技艺，传到许桂生这里已是第五代。2012年，许氏龙舟制造技艺入选岳阳市非物质文化遗产保护名录，他也成为许氏龙舟制造技艺传承人。

扮桶也曾是龙舟

许桂生出身于龙舟世家，父亲许岳云、师祖余德化，都是当地很有名望的造舟师傅。

20世纪30年代，人们划龙舟比赛使用的是渔船、渡船，直到

九子龙：
上下求索成『舟王』

1936年，许桂生的师祖余德化才设计出屈子祠镇方圆五里以内第一条龙舟。当时生活水平低，没有什么文化娱乐活动，除了在五月初五纪念屈原外，平时，老乡们就通过划龙舟竞赛缓解劳动带来的压力。据说，最早的"龙舟"五花八门，除了渡船、渔船，甚至还有农村扮禾用的扮桶，人们并不在乎竞渡工具的好坏，图的就是个热闹。

生于斯长于斯的汨罗市屈原纪念馆馆长、岳阳屈原研究所副研究员刘石林，一直以来对汨罗的民风民俗有着浓厚的兴趣。他回忆，20世纪60年代初，在屈子祠镇和周边，人们制造龙舟的兴致很高。"村里制造一支龙舟，平摊到每户要一箩稻谷外加五元钱，当时一天的工分只有一两毛钱。为了划龙舟有些人宁愿不上工，少工分。"刘石林说，后来为了挖掘整理有关制造龙舟的习俗，他来到许桂生家，帮他抬木材、架工棚、清场地……直到弄清制造龙舟的一系列习俗、传说和各类赞词后才满意而归。

1963年，湘阴县人民政府正式举行了一次龙舟赛，22支队伍参赛，龙舟都是参赛队自备的。这一年，在师傅的带领下，许桂生的父亲许岳云开始设计龙头。在许桂生厂房的玻璃柜里，至今保存着当时的一个龙头。"文化大革命"时破"四旧"，龙舟制作"头人"（制作龙舟的主要负责人）余德丰为了保护这个龙头，曾不顾一切地说："要毁龙头，先毁我！"

1978年，汨罗县人民政府正式组织龙舟比赛。随后，零星有政府组织的龙舟赛事。那时，造龙舟没有统一标准，都是根据制造者多年的经验设计制造。造龙舟多是一些自然村、姓氏组用来自娱自乐，比赛也不能保证完全公正、公平。直到许桂生开工厂办公司，龙舟生产才开启了传统与现代接轨的新模式。

19岁造出船王

许桂生15岁师从父亲学习木工，19

岁那年开始制作龙舟，负责龙舟整体设计。在龙舟制作上，许桂生表现出少有的天赋。

1980年，许桂生第一次做掌墨师，负责龙舟制造的总设计、指挥。汨罗市河市镇需要许家父子制造一支龙舟，许岳云将这个重任交给了儿子许桂生。

"你这么小的年纪，就能把船做好？"面对别人的质疑，许桂生顶着巨大的压力，在师祖和父亲的指点下，汲取经验，发挥自己的想象，顺利制造出自己的第一支龙舟，他的龙舟被公认为是屈原农场的"船王"。

1988年，许桂生生产民间龙舟的同时开始学习生产标准龙舟。从此，龙舟开始由渔船、渡船演变，出现了比赛的专用龙舟。

2004年，他率先成立汨罗第一家龙舟专业生产厂家，被媒体誉为是新型龙舟制造业的"火车头"。

"龙舟制作要求非常严格，最重要的就是载重，大了没有力度，小了承载不起，其次才是形状和线条。"许桂生说，龙舟制造有十多道工艺，他们生产的龙舟既纳传统之长，又率先采用玻璃钢材质，具有弧度小、重量轻、阻力小等特点，销往全国各地，成为许多地方龙舟赛的专用龙舟。

现在，许桂生的九子龙屈原龙舟制造厂一年能够生产、销售数百条龙舟，订单来自北京、上海等国内各地区，甚至韩国、缅甸、马来西亚等国家，并成为广州汕尾龙舟赛、2009年中华龙舟大赛总决赛以及历届汨罗江国际龙舟赛专用龙舟制造商。

传承龙舟文化任重道远

在传统造龙舟的过程中是有很多讲究的。首先龙骨是整个龙舟的心脏，龙骨直不直，就靠木材选得好不好。船身的木材要选上等的杉木，因为杉木轻巧，不笨重，船速才会快一些，而船头、船尾则要用木质比较

坚硬、被民间视作神木的樟木。

据传，很早以前，赛龙舟的年轻人苦于造船没有材料，便去种了树的人家偷木材。每年赛龙舟前夕，都会有造龙舟的人对偷木乐此不疲，这一行为到后来演变为当地民俗，偷来木材之后，要由掌墨师主持开工伐木仪式，说一些美好祝愿的词句，希望龙舟跑得更快，保佑地方平安。

在龙舟做好的当天晚上，是"亮墩"仪式。第二天上午，则要举行更为隆重的"关头仪式"，这是龙舟制作完工之后最为讲究一个仪式，是一项十分考究的祭祀活动。

为了纪念屈原，每年五月初一龙舟赛前，不管龙舟停放在哪个地方，都要划到屈子祠"朝庙"。

随着市场经济发展的需要，龙舟批量化生产后，制作过程中的这些仪式逐步简化，保留下来的并不多。

作为享誉中外的"造舟大师"，许氏龙舟制造技艺入选第一批岳阳市非物质文化遗产保护名录，许桂生成为这一技艺的传承人。

"我从小就耳濡目染学习制作龙舟，十多岁就开始给父亲打下手制作龙舟。许家的龙舟制作技艺是一代传一代，父亲也曾和我说过，要把汨罗的龙舟制作技艺传承下去，一定不能失传。"许桂生说，如今他又把这门技艺传授给了儿子许名南。

"生产龙舟不仅是为了营生，更多的是传承龙舟文化，传承祖辈父辈的历史，还有对先人的感情。"许桂生自豪地说，他带了十几名徒弟，留在厂里的只有三个，"他们有的去别人厂里，也有的自己开厂，我不怕带出徒弟饿死师父，传承才是最重要的。"

据悉，在岳阳汨罗江畔，有十多家生产龙舟的厂，每年有数百艘龙舟诞生，从汨罗运往全国各地。其中，许桂生和他的团队制造的龙舟占了一半。

"路漫漫其修远兮，吾将上下而求索"，传承保护龙舟制造技艺任重而道远。延续传统龙舟技艺，传承龙舟文化，把龙舟事业发展得更加辉煌，是许桂生毕生的心愿。在他的带领下，汨罗龙舟服务世界的旗帜正高高举起，漫卷浩荡春风。 🦁

（陈暑艳）

公司南大门

屈原酒文化展示

『屈原』酒：千年楚韵 端午醉

历届汨罗江国际龙舟节，人们都会喝到同一种白酒，这种酒馥郁芬芳，回味绵长，令人赞不绝口。这就是以文化名人屈原之名命名的"屈原"牌白酒，它具有深厚的历史文化底蕴，是久负盛名的地方酒。

屈子落泪，"龙涎"化酒

诗祖屈原，曾官至楚国左徒，因政见之争，遭受奸臣诽谤和排挤，先后两次被流放，屈原酒的传说就发生在屈原被流放的日子里。

公元前290年前后，屈原来到了楚国古罗城。此时正值楚国日渐衰落之际，国家连年征战，民不聊生。古罗城也不例外，境内凡14岁以上、60岁以下的男子全被官府抓去打仗，田地无人耕种，百姓食不果腹。

屈原每年早春开仓放粮，救济乡邻。有一年春天，他家的余粮已全部分光，但仍有不少穷人没饭吃。面对饥肠辘辘的穷人，屈原不禁仰天长叹，祈求老天开恩赐福。他的泪水一串串地掉到地上，突然，奇迹出现了，泪珠竟然变成了白灿灿的大米，转眼之间堆满了他家门前的三亩月牙田。

屈原赶忙将这些大米分给没饭吃的穷人。田里的大米分给百姓后，地上的坑坑洼洼中还遗漏了不少，屈原便将带有泥沙的大米全部归整到田边的一个石窖中。石窖又名"泉坑"，位于龙王山的南麓。龙王山下有个龙洞，龙洞的出口就在离石窖不远的地方，高出石窖足有百多米。龙洞内终年有水流出，传说是龙王口里流出来的龙涎。

"龙涎"在石窖旁形成了一个不大不小的瀑布,屈原家的三亩田正好常年笼罩在瀑布的飞泉微液之中。

也不知过了多久,有一天,田里突然飘来阵阵酒香。屈原觉得奇怪,来到月牙田边查看,发现是石窖中的大米经过"龙涎"滋润后发酵,转化成了香甜可口的美酒。

屈原给这天然美酒取名"玉液琼浆"。他叫来古罗城歇业多年的酒肆老板,命他经营。老板身负重托,不敢懈怠,用心打理,"玉液琼浆"很快成了楚国上至达官贵人,下至黎民百姓的餐饮佳品。

屈原投江殉国后不久,楚国人为了纪念他,将"玉液琼浆"更名成了"屈原酒"。

千年楚韵,古法传承

2000多年来,屈原酒一直是作坊式生产,直到1966年才改为工厂式生产,并命名为国营汨罗县酒厂。

1995年,以原酒厂大曲车间为基础成立汨罗市酿酒总厂;1997年,国有企业改制,杨异华先生兼并式收购原汨罗市酿酒总厂,成立湖南湘华屈原酒酿造有限公司;2003年,现任老总何伟雄先生收购湖南湘华屈原酒酿造有限公司,创建汨罗市屈原酒酿造有限公司;2008年,公司更名为湖南屈原酒业有限公司;2012年,董事长何伟雄先生投资6000多万元,新建屈原酒生态酿造园。

公司坚定不移地走"质量兴厂,科技兴厂"之路,先后引进目前国内最先进的酿酒机械设备和技术。如今,公司注册资本2000万元,拥有固定资产1亿余元,年产优质白酒1500吨、调味料酒2000吨。公司被认定为"湖南省农业产业化省级龙头企业","屈原"商标被认定为"中国驰名商标","屈原"酒品牌被认定为"湖南省名牌产品"和"湖南老字号"品牌。

千年楚韵,古法传承。屈原酒秉承浓香型白酒"混合续糟、双轮发酵、分层起糟、量质并坛"的传统生产工艺,汲取名、优酒酿造技术之精髓,借助汨罗江得天独厚的自然生态环境,结合现代微生物技术的运用,选用优质高粱、小麦、玉米、糯米、大米五种粮食为原料酿制而成。产品质量符合国家名优白酒标准,先后荣获各种国际国内金奖。

"弘工匠精神,创百年品牌"是屈原酒业始终如一的经营理念,公司将走产业融合之路,将屈原酒生态酿酒园打造成融白酒酿造、湘楚民俗、风景园林为一体的工业旅游景点;走品牌战略之路,将屈原酒打造成世界华人的端午酒! 🔊

(陈署艳)

屈原酒楚韵系列

有300多年历史的岳州扇与苏扇、杭扇齐名，是中国三大名扇之一。它的制作工艺、表现形式承载着岳阳悠久的历史文化，是研究中国扇业文化、传统手工业形成与发展的宝贵资料。

据《岳阳县志》记载，岳州扇始于明末清初，从湖北省洪湖传入。最初，岳阳只生产扇骨毛坯，不生产纸扇。1952年，岳阳县的民间艺人成立手工作坊，开始岳州扇的制作。1956年，岳阳县成立竹器合作社，标志着岳州扇专业厂家的起步。1957年，岳州扇开始外销，成为湖南省最早出口的轻工业产品之一。

岳州扇主要品种有纸扇、毛扇、绢扇、骨扇，一把扇子的制成要经过72道工序。1979年，《湖南日报》、中央电视台先后对岳州

岳州扇：银丝巧织炫海外

鸳鸯扇

檀香扇

西班牙木扇

精致冲花绢扇

扇进行了专题报道。报道评价岳州毛扇：
"银丝巧织，百态千姿，彩色绒扇折叠起
来似一束鲜花，打开时如半轮明月，骨架
上精雕细刻着美丽的花纹图案，扇面上绒
花非常细软，染上五颜六色，喷上特制香
料，做成扇子，好比无风起舞，无花飘香。"
2009 年，岳州扇制作技艺被列入湖南省
第二批省级非物质文化遗产保护名录。

　　国内最大的岳州工艺扇生产企业和最
大的岳州工艺扇出口企业，当属1958年建
厂，2000年改制的岳阳县芭蕉扇业有限责
任公司。

　　芭蕉扇业有限公司在岳州扇传承人
刘望龙的带领下，通过带徒传授的方式，
培养出李向齐、兰红标等一批岳州扇技艺
传人。他们在传承中创新，融入各种传统
文化元素，开发了扇画、扇联、扇诗、扇
迷、扇舞等扇文化表现形式，将制扇技术
和扇文化推上了一个新的高度。

　　芭蕉扇业有限公司推出的岳州扇设计

题材广泛，采用镂花、烫画、雕刻、镶嵌
等传统纯手工制作和现代激光雕刻技术、
不规则物体特殊印刷技术，造型雅致，技
术独特，集中国传统文化的精粹于一身，
实现了由实用性向审美性的飞跃。12大系
列、3000多个花色品种美不胜收，让人叹
为观止。各类工艺扇畅销美国、英国、法
国、加拿大等30多个国家和地区，许多作
品为国内外知名人士所珍藏。

　　不管现在还是未来，岳州扇文化都将带
着悠悠的清风，带领我们穿越历史的时空，
感受中华民族传统艺术的多姿多彩。🔴

（陈暑艳）

紫檀嵌银丝宫扇

恒飞电缆：风雨一甲子 共筑百年梦

雁城衡阳，北倚葱葱衡岳，南拥泱泱蒸湘。在这片热土之上，一批优秀的工业企业撑起了湖南制造业的脊梁。

享誉海内外的恒飞电缆便是个中翘楚。60年前，"恒飞"从一根细细的电线起家，几代人栉风沐雨，一甲子沧桑巨变，"恒飞"飞跃湘南大地，搏击浩瀚宇宙，正书写着湘南工业的百年传奇。

复兴工业的承诺

1957年，湖南衡阳。

中华人民共和国成立后的第一座湘江大桥，也是湖南省第一座公铁两用桥——湘江公铁大桥刚刚在衡阳建成，通车试行。

衡阳工业百废待兴，机器的轰鸣和往来奔驰不息的车流汇聚成了齐抓共进的主旋律。

而此时，刚刚从衡阳市商业局办公室走出来的衡阳皮线厂厂长王顺的内心同样波涛汹涌。

铁路是工业的大动脉，电线电缆是工业的大血管，没有配套的电线电缆做支撑，工业发展将面临极大的限制。1956年，衡阳市政府派人去上海学习塑胶电线生产技术，这批肩负使命的学员，在学会技术的同时，还带回一台挤塑机。那一年，衡阳不但有了生产塑胶电线的生产技术，还有了第一台生产塑胶电线的设备。

长沙恒飞公司门头

但衡阳电线电缆行业的起步，还差一个领军者，衡阳市委市政府将这个重任交给了时任衡阳市皮线厂厂长王顺。

当时的衡阳市皮线厂坐落于回雁峰下的茶叶塘，这里远离市区、厂房简陋、设备单一、产品种类有限，整个工厂仅有68人。正是在这样艰苦简陋的基础下，1958年10月8日成立衡阳电线厂，王顺带领员工迎难而上，攻坚克难，历时三个月，生产出了第一根塑胶电线。那一刻的他们应该没有想到，就是这根小小塑胶电线，开创了衡阳电线电缆60年的辉煌。

1959年1月，衡阳电线厂更名为衡阳电线电缆厂并正式投产，年生产电线68.63吨，完成年工业产值45.09万元。

1961年，衡阳电线电缆厂与衡阳轴承厂合并，职工人数增至162人，至1962年底电线总产出1000千米，自主研发了新产品，主要产品为铜芯橡皮线、铝芯橡皮线、高低压腊克线、石棉片、铜铝绞线。

1962年2月，衡阳电线电缆厂更名为衡阳汽车配件厂。

1963年，年产电线达7344千米，因生产的电线品质上乘，国家第一机械工业部将其列为电线生产定点厂家。

1965年，总产值达272.15万元，同年改名为衡阳电线厂。

1968年，衡阳电线厂为人造卫星和运载火箭发射装置试制浸涂高温电缆，该电缆的研制成功填补了我国电缆生产史上的一项空白，在当时具有先进的国际水平，

衡阳恒飞公司门头

也成为衡阳生产电缆的开端，衡阳电线厂从此步入军工行列。

筚路蓝缕，春华秋实，衡阳电线厂一步步兑现着复兴衡阳工业的承诺。

十字路口的坚守

2001年，衡阳电线电缆厂迎来了决定命运的一年。

20世纪90年代，我国为了推进改革开放进程，推动市场经济发展，发起了国有企业私有制改革大浪潮。衡阳电线电缆厂经过衡阳市政府审定后，进入首批改制名单。

经历了改制的阵痛，2002年11月，衡阳电线电缆厂正式更名为"衡阳恒飞电缆有限责任公司"。何忠诚出任董事长、何厚廷出任总裁。新创的恒飞电缆面临着诸多问题，首当其冲的便是品牌的传承与创新。

"恒飞"是衡阳电线电缆厂1997年为扩增产品系列、增强市场覆盖率、提升产品竞争力、树立企业品牌战略而注册成立的品牌。五年时间的运营，已经获得了一

定的市场认可，但品牌的影响力远远不够。

当时市场上很多消费者包括单位客户，对产品的认识还停留在"衡阳电线电缆厂生产的"层面上。改制后，企业名称的变动无疑是一次很大的挑战，老客户尚能理解企业主动适应市场的变革，但新客户却无法透过新名称感受到品牌的历史和文化传承。

公司总裁何厚廷思虑良久后，为"恒飞"定调："恒飞"是一个大有可为的好品牌，它蕴含的厚重底蕴值得传承和发扬；今后，企业上下还要齐心协力为"恒飞"注入新的时代内涵，拓展它的维度和深度，提升它的市场号召力和品牌影响力，让"恒飞"在国内闪闪发光，还要让它飞出国门、走向全世界。

历史的车轮滚滚向前，创立初时的"恒飞"历经岁月的洗礼，巍然屹立于电线电缆航母的船头。2011年注册的恒飞电缆在"恒飞"品牌的基础上，从湘南大地一跃而起、一飞冲天，"专注电线电缆六十年，服务航天三十载""恒飞电缆、航天品质"的口号传遍了三湘四水。

情系中国航天梦

2008年12月18日，衡阳恒飞电缆有限责任公司迎来了一位尊贵的客人——中国载人航天工程航天员系统总指挥兼总设计师陈善广。当天，陈善广在时任衡阳市委常委、副市长段志刚等的陪同下，为公

衡阳恒飞主干道

司授予了"载人航天工程配套企业"称号。

陈善广认真翻阅了企业宣传资料，称赞道："我和航空航天打了一辈子的交道，而你们恒飞电缆，也和我国军工、航空航天事业情缘深厚，难舍难分。"

董事长何忠诚将"恒飞"的历史娓娓道来："恒飞就是一部活的衡阳现代工业发展史。恒飞1958年建厂，正值我国工业配套的起步阶段，生产纱布电线、皮电线，产品单一，性能有限；20世纪60年代中期，国家工业发展迅速，1963年，我们被国家第一机械工业部列为电线生产定点厂家，生产高标准的航空产品，说明我国工业发展基础已经成形；现阶段，恒飞借助中国智造的雄厚实力，产品研发实力、生产技艺都得到了极大提高。"

发展伴随着荣誉："恒飞在1980年、

1981年为发射运载火箭做出贡献，受中共中央、国务院、中央军委嘉奖；1984年，被国家机械工业部评为'为通讯卫星做出贡献的先进单位'；1990年至1992年，国家航天工业部对企业予以嘉奖；1997年中国运载火箭技术研究院发来贺电；1999年、2003年、2005年，企业继续为中国载人火箭贡献力量，获中国运载火箭技术研究院嘉奖。2018年，又荣获'神舟七号载人航天协作配套单位'荣誉，恒飞电缆不仅过去与航天航空事业奋斗在一起，今后也将继续和国家航天事业共同进步、共同发展。"

百年品牌 百亿恒飞

2018年4月2日，衡阳，恒飞电缆股份有限公司创立大会。

恒飞电缆股份有限公司董事长兼总裁何厚廷与股东、董事会成员、证监会成员、各位代表一同合影。每个人都系上了鲜艳的红色围巾，背景墙上的横幅"恒飞电缆股份有限公司创立大会"，映衬着每个人喜气洋洋的笑脸。伴随着摄影师的口号，闪光灯下，一幅历史照片正在生成。

对恒飞电缆来说，这是一个特殊的日子，也是一个值得铭记的日子，这个充满着活力的品牌，再次实现了新的突破和飞跃。恒飞电缆股份有限公司创立大会，不仅宣告了恒飞电缆跨入了新的发展篇章，也意味着全体恒飞人对自己的发展和成长提出了新的要求——"百年品牌、百亿恒飞"。

百年恒飞——让"恒飞"迎接每一个百年的到来，具备自我蜕变永葆青春的力量；百亿恒飞——企业不仅要在规模、经济体量上做到百亿级别，也要主动担负起相同规模、体量企业所承担的社会责任。

一万年太久，只争朝夕。2014年，位于长沙市望城区普瑞大道上的恒飞生产基地建成投产，这块占地400余亩、投入数亿元的新基地，拥有全新的自动化生产线、国外最新最高端的生产设备。这块热土，承载着"百年品牌、百亿恒飞"的百年梦想，新的腾飞力量正喷薄而出。🦅

（余娅）

『石鼓牌』酥薄月：畅销不衰有秘密

从 1981 年捧回衡阳市第一块国家优质产品银质奖章到如今，衡阳市南北特食品有限公司的"石鼓牌"酥薄月已经走过了 38 个年头。

"石鼓牌"酥薄月采用传统工艺与现代技术相结合的生产方式，选料严密，配方讲究，经过 14 道工序精制而成。在中国苏式、广式两大月饼流派中，酥薄月属于苏式月饼的派系。清咸丰年间酥薄月传入衡阳，至今已有 150 多年的历史。

1956年11月，衡阳南北特食品的前身——华华食品加工场成立，"文革"初期，改名为衡阳市江山南北土特产商店加工厂，1979年10月申报"石鼓牌"为企业注册商标，1984年，更名为衡阳市南北特食品厂。

1992年，衡阳市政府为了扩大"石鼓牌"酥薄月的品牌规模效应，将原衡阳市糕点厂并入衡阳市南北特食品厂。随着国企改革进一步的深入，2006年经衡阳市政府批准实行产权制度改革，企业改制重组，2007年正式成立衡阳市南北特食品有限公司，由"石鼓牌"酥薄月主要研创者、酥薄月第四代传承人鲁振华任公司董事长兼总经理。

获得国家优质产品银质奖

华华食品加工场成立之初，主要沿袭传承了江西赣帮的制作工艺和生产技术。酥薄月的生产工艺由江西赣帮师傅传入衡阳，第一代传人田炳章师傅以师徒相传于第二代传人袁长生，再传于第三代传人熊福田，如今传至第四代即当今掌门人鲁振华。

鲁振华1971年8月分配至衡阳市江山南北土特产商店加工厂工作，拜师学艺成为糕点名师熊福田师傅的得意弟子。1976年，他已经把广式和本式两种派别的糕点制作技艺掌握得炉火纯青，达到了青出于蓝而胜于蓝的境界。

1980 年初，鲁振华领衔主持酥薄月创优夺牌研发课题，经过优化配方、改进工艺，终于使产品风味独树一帜，质量和技术标准等均达到了国家优质产品的技术水平，最终进入国家级优质产品评选项目。

1981年，"石鼓牌"酥薄月以独特风味荣获国家优质产品银质

奖牌，为衡阳市捧回了第一块国家级银质奖章。

1988年，经国家质量奖审定委员会复查，"石鼓牌"酥薄月被继续授予国家优质产品银质奖而载入史册。1988年，"石鼓牌"酥薄月获得中国首届博览会金牌，1994年获"中国名牌"食品称号，2002年被评为"中国名牌商品"，2004年至2017年连续十四年获评为"湖南名饼"，2011年获得金牌月饼行业标杆产品，入选中华糕饼文化遗产。

2013年，"石鼓牌"酥薄月制作技艺入选衡阳市非物质文化遗产名录，2014年获湖南省"名优特"产品称号，2016年获评"湖南老字号"，连续三年获评湖南省级"守合同，重信誉"企业，2017年获中国烘焙行业最具影响力传统十大民族品牌。

20世纪80年代获国家银质奖时的庆典场面

酥薄月制作技术培训班操作现场

高品质是酥薄月永恒的追求

经过60多年的历练，如今的南北特食品有限公司主要生产有"石鼓牌"酥薄月、圆黄蛋糕、灯芯糕等130多个品种的产品。其中有20多个产品获得省、市优质产品、湖南省名饼、名牌优质产品等称号。

但凡食品，质量安全是重头。一般食品保质保鲜均使用添加剂，但酥薄月向所有顾客郑重承诺：绝不使用任何添加剂！

早些年，南北特食品就和商业科研所联合研制了一种植物保鲜技术，这一科研成果还获得过湖南省科学进步三等奖。衡阳南北特是最早一批按照相关标准建立食品检验室、无菌室，制定严格的检验制度和操作规程的食品加工企业，大大提高了食品的安全指数。

"从源头上把住原料质量关、从生产工序上严格控制品质关、从产品出产环节严格把住检验关，做好了这'三关'工作，消费者才能真正享受到优质、实惠、最放心的产品。"这是南北特掌门人鲁振华常挂在嘴边的口头禅。

（刘伟丹）

『湖之』牌湖之酒：穿越千年 醇厚绵香

湖之酒是衡阳特产"四宝"之一。而湖南省鼎谷一酒业有限公司的"湖之"牌湖之酒，1991年就申请了商标注册，具有自主知识产权，在市场上，得到老百姓的一致认可。

湖之酒已有2000多年的历史

"湖之"牌湖之酒，属于中国黄酒类，据史料记载，湖之酒的历史可追溯至西汉期间，距今已有2000多年的历史。据《衡阳县志》记载，"衡州（今衡阳）自汉传，酃湖水可酿"，故得名为酃湖酒、酃酒、酃醁酒，即现今的湖之酒。中国很多史籍中对于湖之酒都有记载：清朝《大清一统志》记载"酃酒始于西汉，盛于三国，宋朝列为皇宫御酒"；而宋朝《资治通鉴》卷一百二十五记载，三国时期"魏主得黄甘，即啖之，并大进酃酒"。公元280年，司马炎已建立西晋，荐酃酒于太庙，由此可见湖之酒的历史之悠久。

湖之酒最初是酃湖附近农民自制的"家作酒"，后逐步进入市场，民国二十四年（1935年）上海版《中国实业杂志》载：清末民初，衡阳城内有酿酒作坊179家，每年产酒达32600担。故城衡阳酒店遍及大街小巷，有"青草桥头酒百家"之赞。今衡阳四乡，每家每户都会酿制。逢年过节、红白喜事，都用湖之酒待客。

曾获法国巴黎"世界之星"奖

20世纪50年代初，衡阳县县政府迁驻西渡镇后，湖之酒生产得到快速发展，1951年衡阳县人民政府正式创办了国营酒厂西渡酒厂，专业生产湖之酒。

湖南省鼎谷一酒业有限公司的前身就是衡阳县西渡酒厂，是衡阳地区最早成立的酒厂。根据《衡阳县志》记载，20世纪70年代西渡酒厂就初具规模，覆盖白酒、黄酒两大种类。1980年，西渡酒厂更名为湖南省湘南酒厂，20世纪八九十年代达到顶峰，年产量达到2000多吨，产品畅销北京、上海、深圳等20多个省（市），还出口到美国、日本、新加坡等国家和我国港澳地区，并荣获法国巴黎"世

1988年荣获法国巴黎"世界之星"奖

湖南省鼎谷一酒业有限公司

产品摆拍

界之星"奖、商业部全国包装评比二等奖、商业部优质产品奖、首届中国食品博览会铜奖、商业部第三届酒类评比"银爵奖"等各种荣誉。

2006年，湖南省湘南酒厂改制为湖南省鼎谷一酒业有限公司，是衡阳地区一家专业从事生物酿造白酒、黄酒的农业产业化龙头企业。公司现拥有国家级勾调师3名，中、高级专业技术人才30多名。公司研发的浓香型中高端白酒——鼎谷液系列产品，因"口感醇绵悠长，好喝不上头"的独特品味迅速打开了市场，深受广大消费者的喜爱。

2008年5月，湖之酒被衡阳县县委、县政府确定为政府接待用酒及重大活动冠名用酒，同年被评为2008年中国湖南第十届国际农博会金奖产品。"湖之"牌湖之酒、西渡黄龙玉液系列产品已经成为衡阳特产"四宝"之一。

2014年7月，"湖之"牌湖之酒获批为"国家地理标志产品"，2016年荣获"湖南老字号"称号。

被誉为"液体蛋糕"

湖之酒选料精细，工艺严谨，采用当地传统"贡米""麻矮糯"为原料，用金鸟井涌出的矿泉水经淘洗，浸泡，蒸煮，冷却，糖化，陶瓷小缸多次发酵、过滤、密封，精制而成。湖之酒金黄透明，浓郁香甜，人称三香，即闻着清香、喝着甜香、斟后余香。

湖之酒以其"营养、低度、保健、绿色"的特点而享誉海内外，名声超过日本的清酒、韩国的真露酒。因湖之酒富含18种氨基酸和16种人体所必需的微量元素，其营养价值是葡萄酒的4倍，啤酒的6倍，被誉为"液体蛋糕"。湖之酒用途广泛，除做饮料酒外，还用来做烹调作料，除腐去腥，添色添香。

鼎谷一酒业公司连续八年被评为衡阳市农业产业化龙头企业。现今，公司生产走上了规模化、标准化、产业化的道路，发展也走向正规化、高速化。湖之酒这一衡阳县传统特色产品也在公司新一代传承人手中焕发新的光彩。🔶

（刘伟丹）

"谋彩"牌湖之酒：重现古酒韵味

西渡湖之酒始自西汉，盛于三国，至今已有2000多年的历史。因其悠长久远的历史、深厚的文化底蕴，并且具有养生作用，故而历代以来都曾作为贡酒，是我国贡品历史最悠久、闻名时间持续最长、诗赋记载最早、赞誉诗文最多的传统美酒，被称为中华一绝。湖之酒传承至今已形成了诸多品牌，"谋彩"牌湖之酒乃这些品牌中的翘楚。

"谋彩"牌湖之酒由第五代传人刘谋彩传承千年的古法酿制技术，通过39道工序酿成，让古代湖之酒与现代消费者重聚。

非遗传承

刘谋彩是衡阳县人，曾任衡阳湘南酒厂厂长，该厂所生产的湖之酒曾闻名全国，并远销日本、美国、南非、中国台湾等国家和地区。作为国家级高级酿酒师、品酒师，他先后荣获省级劳动模范等荣誉，他所掌握的酿酒技术在1995年12月召开的"全国第三届科学技术人才交流展示会"上获得科技成果奖，该技术一问世，就在业内引起轰动。他主导生产的"黄龙玉液"1995年曾获商业部优质产品奖，1998年获湖南省湖之酒防酸保鲜科技进步二等奖。

刘谋彩2003年正式注册成立衡阳怡和实业发展有限公司，主要产品有"谋彩"牌新鲜湖之酒、"谋彩"牌陈酿湖之酒（黄龙玉液，极品湖之酒）、壹加零及俏芙蓉系列产品。"谋彩"牌陈酿湖之酒（黄龙玉液、极品湖之酒）是刘谋彩创造的产品，产品的研发主要根据健康饮食、微生物学和生物化学的基础理论，从20世纪80年代开始就不断获得各类奖项，其品牌也被评为"湖南老字号"。

2014年，刘谋彩"湖之酒酿制技艺"被列入衡阳市非物质文化遗产保护名录。2016年刘谋彩被评为市级代表性非遗传承人。

坚守古老的作坊

刘谋彩说，酿酒是门博大精深的技术，不是靠夸耀历史和文化就能出彩头的。湖之酒属甜型黄酒、发酵酒，选料精细，工艺严

密，祖传秘方制出，传统工艺酿造。湖之酒有米、水、曲三大要素，酒内所含人体必需的多种维生素和26种氨基酸，得靠严格的材料选用和工艺，精确的配比和酒浸蒸、发酵、过滤，方能"备味滋和、体色醇清"。

刘谋彩一直坚持采用传统工艺和传统设备，手工酿造最正宗的湖之酒。传统工艺做出来的湖子酒，与众不同。刘谋彩介绍，刚完成糖化的鲜嫩湖之酒，已经呈乳黄色，香甜如蜜，喝起来有衡阳人最念念不忘的"粑嘴巴"的感觉。刘谋彩湖之酒厂目前存有一套传统大型木榨，利用杠杆原理，压榨分离湖之酒。采用这种古老的木质器具，对酒质的影响小，不会带入现代压榨机械的金属离子、机油污染等危害，是最绿色的生产设备。

刘谋彩酒厂生产的湖子酒，有三种：一是原生态的湖子酒，包含了酒糟和酒液，很多人喜欢喝这个酒；二是压榨分离后的湖之酒，倒入酒缸，密封保存，进入熟化期，糖分慢慢转化成酒精，酒度逐渐提高，香味浓郁，回味无穷；三是装入酒坛中的密封陈酿，一年以后变成陈酿湖之酒，不用加任何防腐剂，可长期贮存。陈酿时间越久，酒质越美。这与绍兴黄酒非常近似。

"黄酒是民族特产，属于酿造酒，唯中国有之。今日说黄酒，人们几乎都想到浙江绍兴，认为那里是黄酒的发源地，其实，黄酒的发源地在湖南衡阳。"湖南师

带胚芽的麻矮糯

刚酿制完成的湖之酒，其色金黄透亮

大副教授、湖南经济发展研究中心研究员蒋雁峰曾在《湖湘文库·酒篇》中，表达了自己的观点。

湖子酒作为最理想的养生酒之一，应该走出衡阳，走向全国。扩大衡阳黄酒的知名度与影响度，让衡阳回归中国黄酒的真正发源地与圣地，绝不是梦想。不管遇到什么困难，刘谋彩表示，他一定会坚守，并期待湖之酒辉煌时代的到来。

目前，怡和公司正计划兴建"土法"生产"谋彩"湖之酒生态厂及"衡阳酒文化展示馆"，这将为"谋彩"牌湖之酒注入新的文化元素。🔖

（刘伟丹）

"十四总，洞庭春，酒席点菜有馄饨。"对上一辈湘潭人来说，这句顺口溜再熟悉不过了。而顺口溜里提到的馄饨，便是拥有"湖南老字号"之称的东昇饺饵，一个让湘潭市民回味无穷的特色小吃。

"东昇饺饵店"前身为"洞庭春酒家小饮部"，随洞庭春酒家一起创办于清朝中晚期，原址位于湖南省湘潭市中山路122号（老正街十四总）。中华人民共和国成立前，"洞庭春酒家"是当时省内比较著名的高档酒宴场所之一，达官显宦、商界精英云集，其小饮部制作的饺饵、脑髓卷、银丝卷、小笼汤包都是大家喜爱的产品，尤其是手工鲜肉饺饵最为著名。

1958年，"洞庭春酒家"改造成公私合营企业，同时更名为具有时代气息的"东昇饮食店"。"文革"期间（1972年）"东昇饮食店"由于扩大生产规模，迁址至湘潭市十四总解放路26号，并挂牌"东昇小饮部"。

"东昇小饮部"迁址以后名气越来越大，生意也越做越好，一度成为湘潭市早餐、夜宵行业的名店，可谓是家喻户晓、老少皆知。其手工制作的馄饨以皮薄、个大、味鲜、汤浓、汁多所著称，深受广大市民群众欢迎。

1999年"东昇小饮部"由于受开放市场的冲击，同时自身管理混乱，产品质量和经济效益一落千丈，店铺生意门可罗雀，以至于长期亏损无法再进行正常的经营活动，面临关门歇业的困境。

2000年，"东昇饺饵店"现任负责人陈刚租赁解放路26号原"东昇小饮部"门面，并以个人名义办理了个体工商户登记、税务登记，正式以"东昇饺饵"字号注册。

东升饺饵原址

2004年初，因旧城改造，"东昇饺饵店"旧址原地拆除重建，并于2004年底重新开张营业。

东昇饺饵现做现卖，做馅料用的肉是老板亲自到菜场精挑细选的上好猪前腿肉，剁碎后特别配以独家秘制酱料加入鸡蛋腌制六小时以上，包饺饵的面皮是专人手工擀制，并添入食用纯碱以中和猪肉的油腻，用猪大骨以慢火长时间熬制的高汤散发出一股浓郁的清香。呈现在食客面前薄如蝉翼般的饺饵皮透着玉质般的晶莹，汤里漂着切碎的酸菜和芹菜叶，一看就让人垂涎三尺。吃的时候，将整

东升小饮部内座无虚席

个饺饵送入口中咀嚼，感觉面皮筋道，大坨的肉馅也很细腻、润滑、回味无穷。东升饺饵真正做到了古人所韵"晶莹皮似玉，馅美咽生津"的美味境界。

每天清晨，食客络绎不绝，有不少是居住在周边的中老年人。对他们而言，吃上一碗原味饺饵，不仅是对老味道的不舍，更多的是对传统餐饮的回味。

风雨飘摇百十年，经历许多变迁，一碗东昇饺饵承载湘潭这座古老城市多少市民永远也泯灭不去的记忆。由于东昇饺饵口味独特、工艺精湛、历史文化底蕴深厚，2008年，湘潭市发改委、市商务局、市旅游局、市统计局、市质监局联合授予"东昇饺饵"为"湘潭市服务行业老字号品牌"称号。2016年12月，"东昇饺饵"被湖南省商务厅授予"湖南老字号"称号。

作为百年老店，传统工艺不能丢，但如果不进行转型升级、适应市场需求，就无法在竞争激烈的中式快餐行业站稳脚跟。这一点陈刚深有感触。2017年，第二家东昇饺饵店开店后，陈刚一方面让员工们积极学习传统手工饺饵的制作方法，一方面四处寻访老一辈小吃技艺师傅进行拜师学艺，让新店既能满足老年人的口味，也能满足年轻人的需求。

短短几个月，东昇饺饵便在原味手工饺饵的基础上研发出了多种口味的馄饨和饺子，如三鲜馄饨、海鲜馄饨、川辣馄饨、香炸馄饨、八宝烧卖、锅贴饺子、手工水饺等。此外，通过四处寻访，陈刚和店里的师傅还学会了许多具有历史文化意义及地方特色的街巷传统小吃，如糖油饺子、传统春卷、糖油粑粑、传统凉粉和五香兰花干等。这些新产品面世后，一度成为店里的畅销产品。

如今，东昇饺饵店"洞庭风"牌面食类系列产品商标已注册成功，"洞庭春东昇饺饵"这一老字号商标也即将注册完成。为了拓宽市场，陈刚还计划筹办一家生产生鲜、速冻面食类系列食品的加工厂，并希望有更多的能人加盟"洞庭春东昇饺饵"这一老字号品牌，跻身全国连锁餐饮市场。🐙

（彭静）

传统馄饨

三鲜馄饨

川辣馄饨

香炸馄饨

刘光霁『黑药』：传达最深远的健康理念

86岁的刘光霁，长沙理工大学离休干部。50余年里，他与妻子曾昭平打理着一种叫"黑药"的祖传神奇秘方，一家老小打拼出了一片"黑药"江湖。

晚清湘军妙手军医

刘光霁的太祖父刘富清是清朝左宗棠军中一名军医，跟随左宗棠出生入死，征战各地。长期的军旅生涯中，刘富清一边收集整理一些散落于民间的神奇偏方，一边加以研究探索，加上自己多年的实践，终于在对一张药方进行改进之后，发现其对腰腿伤痛、跌打损伤等有奇效。

因此方经加工后呈黑色粉末状，故被军中将士称之为"黑药"。伤者病者，经此方救治后恢复健康的不计其数，"黑药"之名得以广为流传。刘富清将"黑药"的配制成分、制作方法及敷贴穴位都详尽地记录下来，准备将自己的心得留给后人，造福百姓。

"黑药"初显神奇

刘富清的"黑药"秘籍虽一脉传承下来，但因后人很少学医，这祖传秘籍被渐渐淡忘。直到1956年，刘光霁父母才想起祖传秘籍，并把这份秘籍给了刘光霁。刘光霁接过秘籍后，跟懂医的妻子开始认真翻阅秘籍，跋山涉水寻找秘籍里提到的草药。

按秘籍提示，经无数次调制之后，刘光霁和妻子曾昭平终于将"黑药"配制成功。接下来，该检验药效了。用人做实验，万一出了问题怎么办？两口子正愁眉不展，一只鸡的惊叫声打破了僵局。家里的一只母鸡被野狗咬断了腿，刘光霁将黑药粉末用陈醋调成糊状，涂在鸡腿的伤口上，然后用胶布粘牢。四天后，奇迹出现了！这只断腿的母鸡居然跟没事一般可以到处溜达。刘光霁兴奋得一夜未眠。

有了这次奇迹，刘光霁对老祖宗的"黑药"疗效深信不疑。读小学的小女儿刘朝林玩耍时不慎摔断腿，腿骨完全断裂错开。邻居劝刘光霁马上送医院，他却不慌不忙拿出"黑药"涂在女儿腿部伤

原湖南省委副书记刘正使用"刘光霁黑药"治好他的颈椎病后亲切题词鼓励并合影留念

口，没多久，女儿说："爸爸，我不痛了！"两个星期不到，女儿的摔伤完全康复，断骨自动接上。想不到，女儿成了刘光霁第一例人体实验者。

悬壶济世，"黑药"出成果

"黑药"的神奇效果被亲友和邻居口口相传。刘光霁用"黑药"治好了数十种疑难杂症。一传十，十传百，"刘光霁黑药"从此声名远播。

刘光霁的"黑药"为外敷药，可透入皮肤产生消炎、止痛、活血化瘀、开窍透骨、祛风散寒等作用。它对骨质增生、颈椎病、颈胸腰椎间盘突出、关节炎、肩周炎、风湿类风湿病、骨髓炎、乳腺增生、卵巢囊肿等患者有很好的疗效。治疗特点鲜明，使用简便，无任何副作用。

1999年，刘光霁荣获孙思邈杯发明金奖、中国民族医疗医药科技交流荣誉奖杯和农村医学成果奖。2000年，刘光霁荣获

20世纪医坛风云人物特殊贡献奖、"刘光霁黑药"荣获国际千禧名医奖和国际千禧名医学术成果奖。2000年，刘光霁及发明入选了《二十世纪世界传统医学优秀成果》并在北京人民大会堂受到国家相关部委领导的接见和颁奖。2004年，"黑药"被湖南省食品药品监督管理局批准为湘潭光霁中医医院制剂。2016年，"刘光霁黑药"获得国家两项实用新型专利并被湖南省商务厅评定为湖南老字号产品。

经过50多年的医疗实践，刘光霁与妻子曾昭平不断对祖传"黑药"进行改进。中医学院毕业的二儿子刘朝红和小女儿刘朝林也参与进来，为了更好地传承祖传"黑药"，刘光霁将"黑药"秘籍传给了儿女们，一同探索"黑药"创新。

从太祖父到刘朝红，已是刘家第六代"黑药"传人。刘光霁这一家老小算是跟这"黑药"耗上了，50余年如一日，乐此不疲。

百余年的历史，数代人的努力，让"黑药"赢得了广泛赞誉。现在，用"黑药"秘方第六代传人刘朝红的话说：云南有白药，湖南有"黑药"，我们希望通过"黑药"传达中华民族最深远的健康理念，也一定充分利用品牌优势，发挥老字号独特的经济价值和文化价值，在传承优秀文化中取得更大的成绩。🈶

（刘伟丹）

富田桥豆腐：良心豆腐背后有匠心

在娄底涟源市荷塘镇富田桥村，有一种特别的豆腐，以其沁人心脾的醇香和回味悠长的嚼劲，征服着人们的味蕾，成为几百年来薪火不绝的美食传奇，它就是富田桥游浆豆腐。

据史料记载，涟源富田桥游浆豆腐已有500多年的历史。1515年，明武宗游江南到过富田桥，品尝过豆腐，并将其定为贡品。传说清代乾隆帝下江南时，在驿站走马街（今属双峰县走马街镇）走失宝马白龙驹，便顺着足迹一路追寻，走到一处地方，朦胧中看到白马正在桥头官道旁边的古井饮水。手下赶到现场时，白马就地一跃，在三里外化作一座山。晨曦中，乾隆皇帝见溪边桥头井旁，几家作坊正在忙着打水磨浆做豆腐。作坊老板见有贵人来，忙取豆腐邀客人品尝。乾隆皇帝品尝过豆腐后，龙颜大悦，钦赐"富田桥"地名，并钦点涟源富田桥豆腐为皇家贡品。

一般的豆腐都是以石膏点制而成，而富田桥豆腐在制作上采取游浆方法，无需石膏作添加剂，也能形成豆腐。这其实得益于当地的一口水井，该井的井水天然含卤，可替代传统的石膏点浆之功效，所制豆腐清香细嫩、味道鲜美，蛋白质、氨基酸、维生素含量极高，色香味都别具一格。

曾有元是曾氏豆腐第13代传人，他说，曾氏游浆豆腐之所以好吃，是因为家族遵循"做游浆豆腐，做良心豆腐"的祖训，豆腐必须纯手工制作。

曾氏游浆豆腐须经择豆、浸豆、磨豆等15道工序，关键工序就是"游浆"。"游浆"顾名思义就是以游成浆，用勺子在锅里慢慢搅动，待豆浆凝聚成絮状后，沥干成形、成块，即成游浆豆腐。要让一锅豆浆形成豆腐，就要游浆500转以上。有经验的游浆师傅会根据气候节令的变化等来控制游浆的速度，以达到最佳的口感。

目前，富田桥游浆豆腐已获批国家级地理标志证明商标、"湖南老字号"称号，被列入娄底市非物质文化遗产保护目录，并申报国家专利五项。

（陆嘉琪）

永丰辣酱：好酱晒足180天

永丰辣酱是双峰县永丰镇的传统特色食品，每年农历五月底至八月底为永丰辣酱的最佳晒制加工时间。每到这时，晒谷坪或楼顶上随处可见晒制的辣酱，酱香溢满永丰村头镇尾，成为千年古镇一道独特的风景。

永丰人究竟什么时候开始做辣酱？早在明朝时期，永丰一带便有人晒制辣酱，迄今已有300多年的历史。清朝时期，永丰辣酱开始有了名气，产品销得越来越远，相传这其中有曾国藩的一份功劳。据说湘军领袖曾国藩有一次将永丰辣酱这一家乡特产带到京城，进献给咸丰皇帝。吃腻了山珍海味的咸丰皇帝，一尝这充满乡野风味的辣酱，大加赞赏，把它列为宫廷贡品。据考证，韩国辣酱源头就是永丰辣酱。中共早期重要领导人蔡和森，少年时代就曾在其叔公开办的蔡广祥酱园学徒三年，那时的双峰辣酱已开始走出国门。如今，永丰辣酱大多会打上"百年传承、皇室贡品"字样，其中寄托的文化意味可想而知。

近年来，双峰县把永丰辣酱作为发展县域经济一大支柱产业来开发。永丰镇还成立了永丰辣酱行业协会，对辣酱生产企业实行生产许可证制度，凡不符合生产条件的企业一律停产整顿，凡不符合质量要求的产品一律严禁上市。

"双峰当地人做辣酱，用的水是没见天的水，要天没亮之前就到山上打回来；辣椒要用当地所产肉质肥厚、辣而带甜的大红椒为主料，加小麦、黄豆、芝麻、糯米和盐等原料加工而成，经蒸煮、发酵、磨晒、露晒等工艺精工制作而成。"曾任双峰县供销合作社理事会主任的张波介绍，永丰辣酱的老字号魅力不减，正是缘于永丰人对制作原料和工艺的严格要求。

尽管现在已经出现了炒制等新的生产技术，永丰辣酱却仍然坚持使用传统工艺。辣酱依靠天然晒制，数百个酱缸得在露天陈放一年以上，接受180天左右的太阳晒制。"一直让它天然发酵，等油分出来了，就晒熟了。这个过程将从端午节一直持续到中秋节。只有这样做出的辣酱才会保留最原始的味道。"

（陆嘉琪）

20世纪80年代欧阳新辉制笔带徒　　1997年青云阁百年店庆

青云阁制笔：千万毛中择一毫

　　青云阁笔庄由欧阳迎祥（祖籍湖南湘乡）始创于1899年，专营湘笔制作。青云阁的毛笔选料上主要有羊毛、狼毫、鸡毛和兔毛，经过选毛、脱脂、梳绒清甩、齐头、齐尖、押毛、梳层、掌毛、理汇、分头、护毛、吃干、粘头、上胶、硫黄熏烤等几十道工序精心制作而成。经过100多年的传承，青云阁毛笔逐渐形成了自己独特的传统制作技艺。

　　青云阁开业初期，制售毛笔，自产自销。1929年，为了进一步提高制笔技术，欧阳迎祥把自己年仅14岁的儿子欧阳汉林送到益阳学习湘笔制作工序。四年后，欧阳汉林又被派往武汉邹紫光阁笔庄学习。邹紫光阁笔店，创始于道光年间。晚清民国时期，邹紫光阁与北京李福寿、上海周虎臣、湖州王一品三家笔庄，并称中国"四支笔"。在这里，欧阳汉林像海绵一样拼命吸收新知识，把自家制笔技术和从各个地方学到的技术结合在一起，去糟粕取精华，从而形成了一套自己独特的制笔工艺。

　　1935年，学成归来的欧阳汉林斥资在长沙南门口开了两个门店，专制湘笔，拥有20名笔工，产销两旺。1939年，抗日战争激烈，长、潭一带战火纷飞，青云阁笔庄迁至蓝田老吆街。其时正值外埠机关学校人员大量内迁，购笔者甚多，欧阳汉林遂在杨市、桥头河、安化、溆浦等地设立分店，除制笔外，尚制墨和印泥。1950年，青云阁更

香妃竹毛笔

名为"湘乡谷水毛笔社"，由欧阳汉林任主任，初时有笔工 60 余人，盛期笔工达百余人。20 世纪 60 年代中期，欧阳汉林年事已高，遂将家业传给第三代欧阳新辉。"文革"期间，欧阳一家下放湘乡泉塘公社，青云阁再次更名为"泉塘毛笔社"，有帮手 40 余名。实行工分制，每月生产毛笔 3 万余支。

1978 年改革开放，青云阁返迁湘乡市。1989 年，欧阳新辉携家迁至娄底，并将青云阁传至第四代传承人欧阳广。欧阳广曾于清华大学美术学院、中央美术学院攻读书画艺术品投资高研班，并把目光投向了书画市场，2014 年在长沙开设青云阁艺术馆，致力于弘扬中华传统文化，推介中国优秀艺术家及其精品。青云阁艺术馆本着弘扬中华文化艺术，与书画收藏爱好者进行广泛交流的宗旨，同广大书画艺术家建立广泛联系，为有深厚艺术造诣的中青年艺术家提供一个艺术窗口，不断推出新人新作。

青云阁笔庄在努力传承传统制笔工艺的同时，也不断与时俱进。在走访湖州、宣州、文港制笔作坊，交流经验，推出适应现在书画家书写的新品种。此外，青云阁笔庄还开拓了从姻家龚成熙处传承而来的传统手工装裱技艺，多次北上郑州、北京荣宝斋学习交流装裱技艺。

曾有名家说，百年来，湖南唯有青云阁欧阳氏世传笔业，恪守羲之笔经，讲究用料做工，管用坚竹兽骨，毫选鼠须兔箭。即便在记工分的"文革"年代，亦是"千万毛中择一毫"，一管与质不符，必折裂弃之，悉合古法乃止，故其笔精致耐用，士林推重。湘籍或在湖南工作过的领导人陶铸、张平化、华国锋等都喜欢青云阁的毛笔，已故湖南书法名家颜家龙从学生时代起就喜欢用青云阁的羊毫习字作画，娄底的已故著名画家王憨山生前也对青云阁的毛笔情有独钟。

百余年来青云阁始终与湖南省的文艺界保持亲密的关系，并深得书画界的好评，为湖南书画艺术的繁荣发展尽一份力。2016 年"青云阁"获授"湖南老字号"称号。🐝

（陆嘉琪）

『湘春蕨菜』：山菜有野心『走上』日韩餐桌

每年，当春雨洒向株洲县朱亭镇的山野，满山的蕨菜就探出了头，迫不及待要"看看"外面的世界。此前，当地人上山采蕨都是自采自食。近年来，该县通过走农业产业化道路，将蕨菜深加工，发展出蕨菜产业。湖南湘春农业科技开发有限公司便是其中的佼佼者。

湘春农业是湖南省唯一的野蕨菜出口企业，其特色产品是以蕨菜为主的蔬菜、干菜、水煮菜和腌渍蔬菜四大系列，主要销往韩国、日本等地。2016年2月，公司总经理刘芬获株洲市"最美女性创业奖"。同年，"湘春蕨菜"获授"湖南老字号"称号。

刘芬的创业路是在力挽狂澜的经历中开始的。朱亭镇的蕨菜由于品质好、价格优，很多做农贸出口的商人慕名前来收购。但由于缺少经验和技术，而且恶性竞争激烈，行业亏损严重。雪上加霜的是，2008年朱亭镇的蕨菜出现了严重滞销。当时刘芬家的小作坊也面临着生死存亡的危机，为此，母亲还偷偷打电话向她哭诉。为了帮父母亲渡过难关，还在华中科技大学就读环境艺术专业的刘芬，毅然担起了重担。互联网上到处找资源，甚至远赴吉林与客户洽谈，最终她不负众望，解决了销售问题。

2010年刘芬毕业了，开始在株洲规划院实习。在短短的几个月时间内，她得到了相关领导的认可。然而，她的心中一直有个沉甸甸的使命——尽自己的力量解决当地留守儿童的问题。最终，她选择了回归家乡，于2010年成立湘春农业公司。2010年以来，刘芬建立规模生产车间、蔬菜真空无菌水煮生产流水线等，采用"公司＋基地＋农户"的模式，发动农村留守妇女采摘、加工蕨菜。安置当地妇女在本厂就业120多人，并不断地吸引着外出务工者返乡就业。

2010年"湘春农业"成立时，做的是蕨菜干出口代工生意。但是，代工利润太微薄，且始终做不出品牌。"湘春农业"决定改变思路，自营出口。两年后，湘春农业取得了蕨菜干出口许可证。说来也巧，此时正好有韩国批发商慕名而来，直接找到了"湘春农业"。双方想法不谋而合，直接建立了合作关系。

与很多企业不同，"湘春农业"主要依靠人工。出口到韩国的蕨菜干并不是将新鲜蕨菜简单晒干就行，对蕨菜的长度、颜色和新鲜度等都有严格要求，这些都要经过精挑细选，必须纯手工。

厂房里还常驻着两位韩国来的"监工"，他们对收购货源、挑拣、晒干或水煮等流程和工艺，进行全程监控。这是"湘春农业"主动要求韩国客户做的，一直延续至今。对"湘春农业"来说，这道程序至关重要。有了监工的"监督"，能促使大家把压力化成动力，生产出高品质的蕨菜干，有助于公司的成长。

这样一来，"湘春农业"与第一个客户就建立了牢固的合作关系。品质过硬、诚信做人，韩国客户开始向同行说起"湘春农业"。一传十，十传百，如今该公司每年的出口量达到2000多吨。

每年3月底至7月是"湘春农业"生产的旺季。他们从当地农民处收购新鲜蕨菜，经过高温处理，晾晒成干菜，然后进行包装。不管什么行业的创业，都得靠品质、守诚信，才能赢得市场。所以"湘春农业"对加工蕨菜的每道工序都严格要求，严禁添加任何添加剂。

如今，"湘春农业"生产的蕨菜在日韩供不应求。2016年，"湘春农业"新建5000吨蔬菜加工项目，投资500余万元，扩建了1500平方米的蔬菜深加工厂房，年销售额可达到1.2亿元以上。"湘春农业"还带动了上千农户采摘野生蕨，附近100多个农户收购点长期为公司供应野生蕨菜。🔳

（陆嘉琪）

第四代传承人谭群英及师父照片

唐代著名文学家柳宗元的不朽名篇《捕蛇者说》中，记叙了永州的"异蛇"及其药用价值："永州之野产异蛇，黑质而白章；触草木尽死；以啮人，无御之者。然得而腊之以为饵，可以已大风、挛踠、瘘疠，去死肌，杀三虫。"文中的"异蛇"，就是永州地面上所盛产的尖吻蝮蛇、银环蛇、眼镜蛇。

千年之后的今天，毒蛇大都通过高新技术养殖起来，成为专门的药物资源。永州市异蛇科技实业有限公司作为发展异蛇为"药饵"的龙头产业，凭借庞大的养殖基地和优异的养殖质量，代表着该地区以蛇泡酒、食药功效兼备的最高水平。2016年，该公司的"裕顺和异蛇酒"被认定为"湖南老字号"。

永州市异蛇科技实业有限公司位于湖南省永州市零陵区异蛇山庄，成立于1996年10月，是一家融高科技异蛇养殖、蛇毒研究、蛇产品加工、休闲旅游为一体的高新技术企业。公司获得了湖南省野生动物及其产品经营许可证、食品生产许可证（SC），通过ISO9001：2008质量管理体系认证。是国家林业重点龙头企业、国家中药材健康旅游示范基地、湖南农业、林业产业化龙头企业，国家级尖吻蝮蛇、乌梢蛇中药材养殖示范基地、中国野生动物保护协会养殖委员会爬行动物（蛇类）养殖示范基地。起草制定了《尖吻蝮养殖技术规程》《蒸馏米酒生产技术规程》湖南省地方标准。公司通过对尖吻蝮蛇（五步蛇）、眼镜蛇等珍稀蛇类人工养殖技术的研究，技术成果先后荣获省科技进步二等奖、三等奖，永州市科技进步一等奖。

虽然公司成立至今只有22年，但它的异蛇酒历史可以追溯到100多年前。光绪二十六年（1900年），蒋明泰在零陵大西门开了家裕顺和药铺，专门从事异蛇饮片和其他中药饮片的加工、销售。异蛇饮片的加工制作，从工艺到流程，蒋明泰都坚持亲手操作，或者

裕
顺
和
异
蛇
酒
：
历
史
悠
久
　
人
文
厚
重

传承器具

亲自指导，严格把守质量关，杜绝缺斤少两和不规范的操作。1918年，蒋明泰治好湖南督军谭延闿严重的湿疹，谭公亲笔题字写下"裕顺和"三个大字。

1919年，作为蒋明泰得意门生的郭太明，协助蒋明泰在原药铺的规模上开始全面拓展，历经一年时间，店堂建成200多平方米的砖木结构楼阁。郭太明跟随蒋明泰专攻《黄帝内经》、熟读《本草纲目》；望、闻、问、切样样精通；推、拿、灸、针门门都会，并掌握独门异蛇药酒的浸泡和异蛇饮片制作的绝活，深得蒋明泰的真传。蒋明泰膝下无儿无女，为了不使中医饮片这门精良的技术失传，蒋明泰收了郭太明为义子，并将祖传医药良方悉数真传给郭太明。郭太明成为"裕顺和"的第二代掌门人。

1944年，日军犯境，"裕顺和"遭到严重毁损，郭太明将药店移入自己家中（原零陵南门口）。1946年，郭太明在原址重建裕顺和药店。1953年，零陵区实行公私商业改造，"裕顺和"纳入公私合营归口管理，"裕顺和"名称不复存在。郭太明将异蛇饮片加工配方传给儿子郭三益。1992年，郭三益将异蛇饮片加工配方交到了儿媳，也就是如今永州市异蛇科技实业有限公司董事长谭群英的手上。

20世纪90年代初，谭群英在公公郭三益的指导支持下，办起了小酒坊。生于酿酒世家的她用自酿的50度纯粮米酒，与异蛇、药材浸泡，配制出异蛇酒。在技术上，谭群英从古法突破，沿用"裕顺和"

祖方，把现代科学与传统技艺相结合，采用永州异蛇酒传统酿造技艺经多道工序酿制，窖藏一年以上，原生态酿造，酒香醇和。1996年，谭群英成立永州市异蛇科技实业有限公司，经过20多年的经营，公司现有柳宗元异蛇王酒、异蛇鞭酒系列；"湖南老字号""裕顺和"异蛇酒系列；柳宗元牌蛇美人保健软胶囊；"裕顺和"牌泡酒料、养生蛇汤包；愚溪牌蛇油蛇肽护肤品系列；异擦宁消菌外用系列产品。其中异蛇王酒、异蛇鞭酒酿泡技艺被列入湖南省永州市非物质文化遗产保护名录。2018年，"永州异蛇"获评为国家农产品地理标志产品。

为使异蛇产业可持续发展，公司成立了永州异蛇生物研究所，深入研究蛇毒蛋白、蛇肉蛋白等在医药、食品、生物制剂领域的新产品，充分发挥毒蛇在蛇类养殖资源中的核心价值，进一步传承与发扬永州异蛇药食同源的养生文化。🐍

（周明）

异蛇酒浸泡工艺（永州异蛇——尖吻蝮蛇）

百根冰：用百种植物根茎酿的『爱心』酒

好山有好水，好水酿好酒。

桑植县位于武陵山脉，是澧水源头，山清水秀。境内没有重工业，加上高温、多雨、潮湿的气候条件，为白酒酿造提供了优越的环境和品质保障。距桑植县城80公里的八大公山国家级自然保护区，覆盖2.32万公顷原始森林，拥有1700余种药用植物，是全国三大"国药库"之一。珍奇树种有银杏、珙桐、红豆杉、樱花等；名贵药材有灵芝、天麻、何首乌、杜仲等。

作为在战争年代曾经激励将士的用酒，"百根冰"酒在中国酒类发展史上占有独特地位。它取材于武陵山中多种植物根茎，包括人参、生黄芪、当归、熟地等百余种，根据不同的药材生长及成熟季节适时采挖，再洗净、切块（条）、晒干或烘干、炮制。具有"味甘清凉、饮不口干、醉不上头"的特点。惊梦酒业食品有限公司依托桑植丰富的楠竹资源，潜心开发研制百根冰竹筒酒系列产品，以其白族传统手工酿制秘法，辅以洞藏、新颖独特的竹筒外形艺术包装，实现了酒文化、食文化、竹文化、民俗文化的完美结合，成为张家界市旅游标志性产品。

百根冰酒的传承人谷菊秋女士，是让百冰根酒走出深山造福大众的灵魂人物。更令人称道的是，她和她的惊梦酒业十几年来一直

致力于扶残助残事业。谷菊秋女士是一位经过军队洗礼的退伍军人，军营生活教会了她两个词：责任、奉献。让她永远无法释怀的是，在一次训练中发生了意外车祸，她的班长为了救她而失去了双腿，终身残疾。而她，也从此告别军营。从那一天起，她就暗暗立志：要做出一番事业，为了救她而落下终身残疾的班长，也为了全天下所有的残疾人。

这样一个决定，谷菊秋女士一做，就是28年。现在惊梦公司成为湖南省残疾人扶贫示范基地，公司的中层骨干和一线熟练技工中有38位是残疾员工。他们已经成为公司的骨干和精英，不仅挑起了生产一线的大梁，也实现了他们自己的人生价值和回报社会的梦想。同时，公司也十分注意营造企业文化氛围，鼓励残疾员工参与企业管理，对企业事务建言献策，真正使残疾员工融入企业中来，让他们感受到企业的重视和其他员工的尊重，启发他们的主人翁意识，共享企业发展成果。企业的残疾员工，都说"惊梦圆了他们的致富梦"。

有好友感慨于百根冰酒和谷菊秋女士，以"百根冰酒"题赠：百折不挠，根深蒂固，冰雪何惧，酒香神州。

（戴琳）

湘西凤凰县，一座美丽的古城，也是苗族聚居区。这里不产银，却是银饰繁荣之地。苗族人身上穿戴的银饰，大都出自传统的银匠师傅之手。在这里，历经一百五十载风雨的文荣昌银号以其世代传承的精湛技艺惊艳世人。

同治七年（1868年），文荣昌的父亲从江西丰城携资来到湖南省镇箪（现凤凰县），以自己儿子名创建文荣昌银号。同时也把精美的手工技艺带入了美丽的凤凰古城。历经数十载，文荣昌银号结合当地（苗族、土家族）风土人情，制作出了一批精美作品，被大众喜爱。名利俱佳的文荣昌，被当地人赋予"儒商"称号，并留下家训"诚实做人，技艺求精，勤俭经营"。

清末，湖南省巡抚赵尔巽视察镇箪（凤凰）时，为其盛誉感佩而亲书对联赠予："荣耀千秋珍多楚宝，昌祺百世价重南金。"

文荣昌银号因手艺精湛且热情好客，一时间门庭若市，达官贵人相继到访。民国时期，因与"湘西王"陈渠珍为世交，文荣昌银号制作的银饰工艺品被其作为礼物广为赠送，以致流传海内外，被博物馆和消费者广为收藏。

现任文荣昌银号传承人文德中1953年出生，系第四代传人。因出身工艺世家，文德中从小便对银饰锻制技艺拥有浓厚兴趣。自8岁

"文荣昌"：不为繁华易匠心

起就跟随爷爷文荣昌学艺，在祖父的严格要求与细心认真指导下，他的银饰制作技艺日渐成熟精湛，并有所创新发展。文德中精通银饰各种工艺制作，如浮雕錾刻、花丝、镶嵌、镂空、点翠、上色、珐琅等各种技艺流程。

文德中经常参加全国性各类文化技艺交流，展示技艺，交流经验；传承民族技艺，弘扬传统文化，足迹踏遍大江南北；多次参加国家"非物质文化遗产技艺展示"和"老字号展示"活动，多款作品获得各种奖项，拥有多项国家外观设计专利。文德中师傅先后被评为"苗族银饰锻制技艺代表性传承人""最具影响力的传统技艺大师""湖南省工艺美术大师"等，其作品也被评为"国家级非遗项目"。

在传承与发扬的基础上，文荣昌号银饰不断融进新鲜血脉，镌刻时代烙印。茶具、壶杯、餐具、手镯、戒指、头饰、摆件等各种饰品，历数万次精敲细击，经过铸炼、捶打、焊接、编结、洗涤等繁杂而精细的环节，由工匠心、手、力通融合一，千锤百炼，精雕细琢，方成精美绝伦的银器。这些传统手工制作的银器，既有古典魅力，又兼具个性化和时尚化，既年轻脱俗，又颇具厚重感和淳朴感，体现出一种浓厚的文化魅力，不仅流行于一些中小城镇和少数民族地区，也为大都市里的部分消费群体所喜爱和收藏。

看着那么多人喜爱并佩戴着文荣昌银号精心锻制的银饰，文德中说，他总能收获到许多快乐。对文德中而言，背负的不仅是家族银饰锻制技艺的传承，更是对民族的热爱和奉献。至今，在文德中的手指上，仍佩戴着祖父锻制的银戒指，在他的心目中，这是比世界上任何东西都要珍贵的礼物。这种跨越世代的传承，不仅是技艺的传承，更是一种情怀和寄托。直到现在，文德中广收门徒，致力发展传统工艺。

如今，文荣昌银号沿袭祖辈们存遗的"诚实做人，技艺求精，勤俭经营"家训精髓，始终秉持"传承银锻技艺，弘扬苗族文化"之使命，提出了"以品质取胜，工艺再繁复也绝不粗制滥造、以次充优；以店誉为先，用物美价廉的产品和耐心细致的服务取悦顾客"的店训。在继承民族传统工艺的同时，开拓进取，将传统与现代技艺、时尚交相融合，以精工技艺和创新精神，再造新一代文荣昌银号的辉煌。🔴

（彭静）

熔银　锻打　拉丝　掐丝　填丝　焊接

德胜斋：湘式月饼辣人眼

浏阳市德胜斋食品厂的前身是解放前的德胜斋坊，位于历史悠久的古港镇，主要生产德胜斋茴饼、中式糕点和月饼。

德胜斋茴饼是著名的湖南特产，是浏阳寿、喜、礼、供奉的必需品。它与浏阳花炮、夏布、菊花石、豆豉一起构成浏阳五大名产，久负盛名。

德胜斋浏阳茴饼的制作技艺被列入市级非物质文化遗产保护名录。据史料记载，茴饼始于清代初期，距今已有300多年的历史。它主要采用面粉饴糖（麦芽糖）、茶油、花生、芝麻、熟豆粉、蜂蜜、金橘花、桂枝油、小茴香等为原料，经过和皮子、和芯子、擦油酥、包酥、开皮灌芯、成型烘烤等十多道工序精制而成。茴饼形态美观，色泽金黄光亮，口感外酥内脆，以配料优良、工艺独特、技术精湛、历史悠久而享誉八方。相传乾隆皇帝游江南时路过浏阳，地方官奉上茴饼，乾隆帝品尝后啧啧称赞，遂问此为何物，随从回复"茴饼"。乾隆帝心想，茴饼，回饼，是时候回宫了。从此，茴饼多了一份回乡的美好寓意。

德胜斋创始人杨元生生于浏阳古港镇，1897年，他秉承"修身如执玉，积德胜遗金"的祖训，在古港德胜街创建斋坊，专门做茴饼，取名德胜斋。在那个年代，茴饼就已远销海外，声名远播。

解放后，德胜斋公私合营，第二代掌门人杨子尤成为供销社副

德胜斋的糕点香甜可口

食品师傅。1999年，第四代掌门人杨裔春买下古港供销社食品厂，取得产权，重操祖业，兴办浏阳市古港德胜食品厂，并在浏阳梅花小区开设专卖店。2004年取得"德胜斋"商标的注册证，发明"蜂蜜茴饼"，并于2006年取得国家发明专利证书。2011年获得中国湖南旅游博览会优秀旅游商品评选活动地方特产金奖、2013年获得湖南名优特产博览会魅力湘品TOP百强、2017年获得中国深圳国际文化博览会最佳创意展演奖。

第五代掌门人杨斌于2016年开始担任德胜斋的总经理，在传承和发展中选择了双轨并进的决策，锐意创新，注重产品体系的开发、文化的注入、销售体系的重建。德胜斋于2017年进驻浏阳市文化产业园办公，成立湖南德胜斋文化创意有限公司，进一步提高浏阳茴饼的知名度。一方水土一方饼，每个省都有一个有名的饼，为此，公司派专人考察学习云南的鲜花饼、安徽的梅菜扣肉饼、鼓浪屿的馅饼、周村烧饼、金华酥饼、山西太谷饼、台湾太阳饼、江西茶饼等特色饼的产业特色，博采各家之长。公司还派人参加人社部组织的中国创业创新大赛，取得优异成绩。2017年，德胜斋首次提出湖南月饼（湘式月饼）的名词，做出了湘式月饼中最好的麻绒饼。公司运用"有了湘式月饼，和广式月饼说拜拜"的口号大力宣传，实现销售额306万元的好成绩。同时提出"中式糕点复兴""振兴老字号"的理念，以北京"稻香村"、澳门的"讵记"为榜样，着重打造德胜斋这一品牌，以中式糕点复兴和创新为表现形式，以浏阳茴香及亚洲最大的野生桂花集群浏阳周洛野生桂花大峡谷的桂花IP为内容，形成打造湖湘文化名片的战略方针。

公司注重人才引进，拜国家级烘培大师为师，吸收策划、设计、电商等人才，和相关企业取得人力资源共享，分享技术成果。组建了以长沙为中心的全国销售中心。产品主要在湖南各大旅游景点、大型商场、车站、机场等地销售，并开展线上销售，登陆淘宝天猫、京东，同时开办自己的微信商城。2018年，企业年产值将突破1600余万元。

今后，德胜斋将继续秉承祖训，注入更多的文化元素，增加品牌的文化自信和软实力，注重生活美学，在传承中创新，形成新时代下的产业转型和消费升级的新局面，力求获得更多年轻消费者的青睐，延续下一个辉煌的百年。

（陈暑艳）

国际眼镜：70年为你的眼睛着想

1947年仲夏，国际眼镜的前身——国际钟表眼镜材料行在长沙老城司门口八角亭开张。

眼镜行据传由湘乡人辜恭新创立。辜恭新出生于19世纪末，曾在武汉的洋行工作，对钟表眼镜有一定的了解。抗日战争胜利后，他回到长沙，与周姓验光师合作，从广州和武汉进货，主营钟表、眼镜、汽灯及五金材料配件。由于当时经营的各类商品绝大部分为洋品牌，主要服务对象为社会上层人士及各界名流，故眼镜行取名"国际"，以示商品汇聚世界名品，宾客来自五湖四海。

1956年眼镜行公私合营；1960年改为国营，成为湖南省钟表眼镜的批零兼营二级站；20世纪80年代初，在原器材商店的基础上成立了长沙钟表眼镜缝纫机公司，并正式恢复原来老字号——长沙国际眼镜专店。

2007年，公司聘请章亮明为长沙国际眼镜专店总经理。章亮明从事眼镜行业近40年，立志传承国际眼镜品牌，刻苦钻研眼镜技术，经营理念不断创新，在专业与管理上颇有建树。

2012年，长沙钟表眼镜缝纫机有限责任公司与湖南锦德商贸服务有限公司签署商标与服务标识完全使用权协议。公司现已逐步发展到八家连锁店铺，在长沙眼镜行业有一定的知名度。

历经几十年打拼，公司已成长为一个与时俱进、充满活力、敢为人先的学习型眼镜连锁经营企业，形成了一整套专业的验光配镜规范标准。公司强调用专业的人，做专业的事，专业技术人员占总员工人数的43％以上。公司还组织员工定期参加各类专业知识和操作技能的讲座与培训，在2014年长沙市眼镜行业首届技能竞赛上，公司参赛员工成绩优秀。

眼镜商品不是简单的买卖关系，其专业与服务是重点。为体现服务特色，公司把服务工作细化到每天的营运时段中，力求达到宾至如归、快乐消费的效果。为回馈社会、服务民众，公司还组织员工积极参加商会公益活动，进行咨询、义诊等公益活动。

公司秉承"承尚专业，专注品质，服务民众"的理念，70多年来，充分利用名特老店的优势，不断创新经营，完善商品结构，"国际眼镜"已成为湖南省眼镜行业的知名商标。

（陈暑艳）

南北特：把一门事业做久

湖南省南一门南北特食品有限公司是一家久负盛名的"百年老字号"烘焙食品企业，迄今已有100多年的历史。

1913 年创建的南一门（现南北特），是长沙市南门口步行街上第一家南食店。1956 年公私合营，直到 1964 年才改为"南北特"。在 20 世纪 80 年代，其与沙利文、怡丰斋、国风、九如斋、冠香园一并经营中式糕点，在长沙红极一时，是长沙市人耳熟能详的六大老字号之一。每年中秋节，家家户户都要到南门口买几个南北特产的月饼，直到如今，南北特还被长沙人亲切地誉为"小时候的味道"。

南北特百年匠心专注传统糕点，主要产品有法饼、灯芯糕、怪味豆、月饼、粽子、绿豆糕、胡椒饼、桃酥等。产品遍布湖南三湘四水及全国各地。其中法饼是南北特公司历史最悠久、最著名的代表产品。

历经105年的风雨，南北特始终以匠人精神为基准制作每一款产品，坚守独特的传统工艺和配方，在长沙市的传统食品行业有着深厚的历史底蕴和很高的美誉度。由于多年的坚守与市场的精耕细作，南北特的市场综合占有率及销量逐年增长，其特色产品南北特法饼、灯芯糕、怪味豆、胡椒饼、中秋月饼等，备受长沙市民的推崇和喜爱。公司产品遍布各连锁商超，在特产销售渠道更是遍地开花，是全国旅客首选的湖湘特色糕点伴手礼。

在经历了改制重组后，百年老字号南北特焕发出新的光芒与活力。南北特坚持以"专注传统食品，秉承匠心品质，制造匠心产品，坚守匠人精神，打造匠心品牌"为己任，以进一步"做稳、做好、做强、做久"为目标。这家曾给无数长沙人带来"甜蜜回忆"的湖南非物质文化遗产项目企业，必将再创百年辉煌，成为代表湖湘文化的一张靓丽名片，为弘扬"工匠精神"贡献自己的一份力量！🀥

（陈暑艳）

罗氏湘绣第五代传人罗运霞（第一排左一）

罗氏绣庄的绣女们忙于刺绣活计

再红湘绣：『素衣朱绣』传久远

湘绣是湖南人民在漫长的人类文明发展过程中创造的一种传统工艺，是在湖南民间刺绣工艺的基础上，融入和吸收其他刺绣文化及绣种的精华而发展起来的刺绣工艺品，距今已有2000多年的历史，《诗经》中就有"素衣朱绣""皱衣绣裳"的描写。

长沙市湘绣研究所，承自罗氏先辈开办的家庭湘绣工坊（花站）及罗氏绣庄，历经时代变迁，1991年由江再红创办的再红绣庄发展而来。

罗氏湘绣第七代传人江再红，是中国工艺美术大师、国家级非物质文化遗产湘绣国家级代表性传承人、长沙市湘绣研究所艺术总监。她18岁考入湖南省湘绣研究所，拜刘爱云、周金秀为师，凭借对湘绣的热爱和艺术天赋，刺绣技艺日益提升。1991年江再红从湖南省湘绣研究所辞职，组织家族绣工，创办再红绣庄，并在长沙市长岛饭店租下门面，开设了长沙市第一家民营湘绣店。1996年，她创办天心湘绣厂；2003年，企业升级为长沙市开福区湘绣研究所；2018年，企业成长为长沙市湘绣研究所。

经过多年努力，长沙市湘绣研究所成为年生产能力2000万元、年销售过1000万元，融科、工、贸及展示、培训为一体的湘绣示范企业。公司科研开发和生产管理的主要负责人都有30年以上的从业经验。多年来，研究所内抓质量管理，外树市场形象，全力实施精品战略，精心培育的"再红"湘绣品牌在激烈的市场竞争中脱颖而出，受到市场认可，被省质量监督局认定为湖南名牌，被省工商行政管理局认定为"湖南省著名商标""中国知名品牌""全国消费者信得过品牌"。企业通过国际质量体系认证，被授予"国家级非物质文化遗产湘绣传承基地"等称号。

长沙市湘绣研究所不断提升以技术开发、市场开拓和先进设计为主的核心竞争力，每年都有新产品面市。作品《雄狮》《晨雾荷花》《天伦之乐》均荣获中国工艺美术最高奖项"百花杯"金奖；作品《狮啸雄风》被国家博物馆收藏；绣品《毛泽东一生走过的路》被韶山毛泽东同志纪念馆作为国家一级文物永久性收藏；作品《芙蓉国里尽朝晖》被国家图书馆珍藏；世界最大的单个人物肖像绣——8平方米的《人民领袖》由中国人民解放军空军司令部收藏；双面绣《盛世牡丹》被伊朗副总统哈西米收藏；作品《骏马奔腾》被沙特皇室收藏；双面绣《毛泽东》被埃及文化部部长收藏；《清明上河图》长卷被美国驻意大利大使馆永久性收藏；世界最大的刺绣作品《阴功轴》面积达50平方米，2004年由法国收藏家珍藏；作品《厚德博学，强军兴国》和《国防科技大学校徽》《红军不怕远征难》《一代伟人毛泽

东》分别搭载"神六""神七""神十"载人飞船升空……研究所拥有6项中国专利产品，系列作品多次在国内外博览会上载誉而归。

作为湘绣国家级代表性传承人，江再红始终潜心刺绣和传承，致力弘扬湘绣文化，积极参加国内外相关活动和旅游展会，以精美的绣品和精湛的技艺向世人展示湘绣艺术，推介湘绣工艺品。曾在北京"奥运"、上海"世博"表演刺绣，先后赴美国、英国、韩国、法国、意大利、沙特、哈萨克斯坦等国及我国香港、澳门、台湾等地区现场表演，推广湘绣艺术。先后在长沙简牍博物馆、北京国家图书馆、湖北、新疆等地授课，传播湘绣文化，起到了很好的交流宣传效果。⑱

（陈暑艳）

罗氏湘绣第七代传人江再红正在进行刺绣创作

253

青竹湖绣庄：独一无二多孤品

在湖南长沙，绣庄和店铺林立。为脱颖而出，青竹湖湘绣有限公司独辟蹊径，将产品的研发定位归纳为三个字："高、尖、精。"在产品的档次上下功夫。公司聘请了13位专家作为青竹湖湘绣的技术顾问，专门为青竹湖进行湘绣的研究和新产品的开发。其中就有中国工艺美术大师、湘绣国家级传承人刘爱云老师。"青竹湖"的湘绣，实现了传统和现代的结合与创新，产品也不断扩大丰富，不但有传统的湘绣狮虎、双面全异绣等产品，国内的山水画、国外的油画等也都成了"青竹湖"的创作素材，原创湘绣作品更是"青竹湖"湘绣孜孜追求的目标，很多产品在市场上独一无二，成为湘绣藏家争抢的孤品。

专家搞研发创新，技师受技艺培训。公司绣工进行定期技艺培训，培训从一笔一画的人物勾勒、山水走笔，到着色、定型走针用线，全由专家完成，大部分绣工成为专业技师，部分绣工成为高级工艺师，同时也成为"青竹湖"湘绣的中坚技术骨干力量。公司实行人性化的管理模式，绣工自己考勤，拿计时工资，也适应了农村分散和集中相结合的工作特点，并将现代企业的管理制度引入公司，迅速完成了从农家湘绣小作坊到大企业的转型。

"青竹湖"湘绣创作出的湘绣作品多次荣获省、部级奖励：《荷塘新曲》获2006年湖南省工艺美术博览会金奖，《荷塘鹭色》获2006年中国民间文艺家协会颁发的山花奖，《卧虎》获2008年长沙市首届"金湘奖"银奖，《回眸》获2009年湖南省工艺美术学院银奖，《待》获2015年第十一届中国（深圳）国际文化产业博览交易会"中国工艺美术百花奖"金奖，《袁隆平肖像》还获得了深圳文博会银奖和中国民间艺术协会博览会铜奖。此外，产品还漂洋过海，畅销到美国、德国、法国、新加坡、马来西亚、印尼、韩国、日本等国家。📖

（陆嘉琪 ）

新沙池：长沙市的沐浴『祖师爷』

长沙市新沙宾馆有限公司自营部门新沙池澡堂作为湖南省乃至全国留存下来为数不多的传统沐浴业老品牌，从创建之初至今已有88年的历史。

其成长大致分为四个历史时期：

1. 1930年至1938年11月，创建初期以"新沙池"浴室命名是长沙市沐浴行业的"祖师爷"。

2. 1939年至1956年，私有独资经营。

3. 1956年至2002年，公私合营后转变为国有企业，隶属于长沙市二商业局下辖市服务公司管理。

4. 2002年至今，国资退出，长沙市服务公司改制成立长沙市服务有限责任公司，后于2004年成立子公司——长沙市新沙宾馆有限公司。

改制后的新沙宾馆有限公司始终秉承优质服务理念，坚守"新沙池"这块沐浴业老字号招牌，潜心经营，不畏残酷的市场竞争格局，不断努力，不断创新，充分保留传统服务项目，顾客群体稳定，口碑优良。《长沙晚报》《潇湘晨报》以及红网等媒体2018年先后报道新沙池，称其为工薪阶层提供舒适的沐浴环境、贴心的传统服务，是亲民的休闲好场所。

（陈暑艳）

株百：一切从顾客出发

　　株百于株洲人，有一种天然的亲切感。这个"老字号"企业，从1958年开业至今，已揽"金"无数。几十年来，株洲人对株百的宠爱始终如一。改革开放后，株洲百货股份有限公司凭着好口碑好机制好营销突飞猛进，不断创造"商业奇迹"，年销售额从1978年的不到600万元跃升至2018年的23亿元，成为让业内惊叹的"株百现象"。

20世纪60年代的株洲百货大楼（中心广场）

20世纪90年代的株百

沉与浮：在无情的洗牌战中创造"株百现象"

　　20世纪80年代初，株洲的生活用品市场，几乎被湘江百货商店、建设百货商场、前进百货商店、贺家土百货商店四大国营商场"分割"。其中，湘江百货商店就是今天株百的前身。

　　改革开放前，株百的规模不大，仅有一层楼营业。株百原董事长龚性强回忆，那是一个属于卖方的时代，商场的地位高高在上。"计划经济年代，货物稀缺，不少商品还要凭票证才能买到。像电视机等家电算是奢侈物件，手头有了供应券，商店里还不一定有货。"

　　改革开放后，市场欣欣向荣，自由交易方兴未艾，新兴商场风起云涌。计划经济年代依靠垄断生存的国营商场，在市场的波涛中颠簸前行，有的被"后生小辈"打得落花流水。

领导班子合影

　　市场带来了竞争，优胜劣汰成为新的生存法则，商品零售行业也迎来一次次洗牌。自1998年以来，在百舸争流的市场大潮中，曾经赫赫有名的商场或销声，或离场，唯株百乘风破浪，扬帆远航。尤其是在进入新世纪的十多年来，株百更是演绎了平均每年销售增长超亿元的商业奇迹，被外界称为"株百现象"。

　　"'株百现象'的背后，原董事长龚性强功不可没。当株百遭遇企业人员包袱重、利润薄的艰难时刻，龚性强坚决进行改革，从柜组承包到股份制改革，再到'两个置换'的彻底改制，在他的率领下，一路高歌猛进20年，使得株百迎来第二次发展的春天。"回想株百当年轰轰烈烈的改革，株百现任董事长姚献其感慨地说。

危与机：在激烈的商战中打出"株百营销"

　　改革开放40年，株百已从最初一家门店，发展到营业面积超10

万平方米的连锁大卖场。至今，株百的12处经营场所林立于各大商业圈，20多个商品经营部相互呼应，已经成为株洲零售商业的"航母舰队"。

翻看株百的成长史，其销售业绩每十年都呈跳跃式增长：1978年597.16万元，1988年为2404万元，1998年为1.85亿元，2008年为12亿元，预计2018年底达到23亿元。

放眼株洲商圈，竞争已呈白热化。百货市场圈中，平和堂、王府井、天虹、步步高等国内百货巨头都占据了一席之地；家电商战中，国美、苏宁、通程等大品牌做得风生水起。面对白热化的竞争局面，株百始终沉着应对，打出一系列"株百营销"组合拳。

"主动谋变，抢先亮剑。"龚性强介绍，株百除了几十年积攒的诚信好口碑，更是在与时俱进中不断创新营销模式。株百内部有个优胜劣汰的竞争规则，每年的春节销售旺季结束之后，商店会有一个品牌调整期，一部分因运作不佳、风格不适合株百市场定位的品牌被清退。同时为了确保自身店面风格，株百输入新鲜血液，将品牌变化的比例控制在总数的10%。

每年，株百都会开展一系列的极具株百老牌名店特色的顾客回馈活动，一改等客上门的传统型营销模式，利用多样化的营销手段主动出击。2018年株百60周年店庆，首日销售额突破3865万元，店庆销售额高达2.06亿元。"这让员工对株百的营销战略更加坚定，对未来的竞争更加有信心。"姚献其信心满满地说，我们的目标是为全市人民打造一个永远放心的购物乐园。

株百建店开业60年，始终遵循"一切从顾客出发"的经营宗旨，本着"诚信为本，追求卓越"的企业精神，在株洲商界一直保持着"龙头"地位。展望未来，株洲百货股份有限公司将以打造百年名店作为继续前行的目标，在追求完美的征程中继续创新拼搏、追求卓越。

（陈暑艳）

株百本部——株洲百货大楼

千金药业：女性健康领域的标杆

株洲千金药业股份有限公司作为中国女性健康领域的标杆企业，是中国制药百强企业、中国主板上市公司价值百强企业、国家技术创新示范企业、国家知识产权示范企业、国家农业产业化龙头企业，"千金"商标系为"中国驰名商标"。

白手起家，艰难创业（1966—2009）

1966年初，时任株洲市医药公司中药批发部主任的任芳师，分析了医疗用药的重要性和药材生产情况，向株洲市医药公司党委书记边沛谭和经理张存贤提出建立中成药加工厂，他的建议得到了市医药公司领导的赞同和支持，并明确表示由任芳师兼管，抽派吴自华、扬衡、杨恒金、何俊宣、黄仲谋等着手筹建。在株洲市解放西街徐家桥永安仁药店后面一个简陋的手工作坊里，他们一边搞试制，一边搞简单的中成药加工。当时没有设备，就用铝锅、铁锅进行提炼炒制。当年底，成功生产出"参苏丸""五积散"两个产品。

1976年底，工厂开始研制"妇科千金片"。通过刻苦攻关，掌握了压片及糖衣包衣技术。1979年，"妇科千金片"获得生产批文，开始投产。

厂门原貌

"妇科千金片"的顺利面世，为企业的发展带来了曙光。但因生产任务不足，工厂经营困难，1981年被株洲市政府列为"关、停、并、转"的对象。

危急关头，在时任厂长刘子庚的带领下，经过多方努力，工厂最终得以保留。痛定思痛，工厂加大了技术改造力度，历经两年的扩建，制丸压片车间投产。

1983年，"妇科千金片"因为疗效可靠誉满三湘，荣列"湖南省优质产品"，全厂上下开始对企业发展有了信心。

1984年，朱飞锦接任厂长。他提出了"创名牌产品、建五好企业"的发展构想，有计划地按GMP（药品生产质量管理规范）要求改进企业"硬件"和"软件"，提高了产品质量。1993年，当改革的春风席卷神州大地，许多企业还在驻足观望之际，工厂抓住机遇，在湖南省医药行业率先进行了股份制改革，更名为株洲千金药业股份有限公司。

1998年，成功借助政府推行"经营层持大股"的东风，公司将部分国有股转让给公司经营层和骨干，进一步完善了"激励与约束相结合"的机制，激发了企业活力。接下来的几年，公司迅速扩张：千金医药、千金湘江药业、千金大药房、千金文化广场等控股公司相继成立，公司经营领域延伸到化药制造、医药批发与零售、文化等产业。

2004年3月12日，千金药业在上海证交所上市，募集资金3.98亿元，为公司发

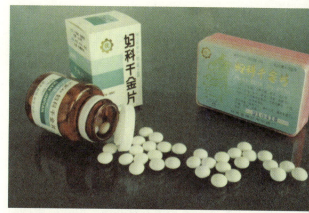

1995年以前妇科千金片的主要包装（盒装、瓶装）

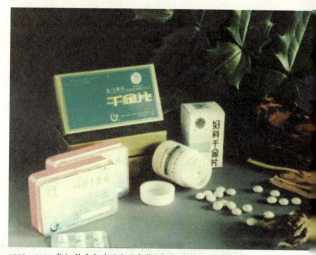

1995—2002年妇科千金片的主要包装（盒装、薄膜衣装、瓶装）

展注入了强大动力。

2009年，公司在栗雨工业园投资的"千金女性健康产业基地"顺利投产。

二次创业，提至升级（2010年至今）

一次次创新，焕发出"千金"的勃勃生机；一次次蜕变，引领着企业的步步登高。

2010年，江端预出任公司董事长。在

他的带领下，新一届领导班子运筹帷幄，铺开了"二次创业"的宏伟画卷。公司以成为"女性健康领域的标杆企业、中药衍生领域的品牌企业"为发展目标，跳出妇科做女性健康，跳出本业做中药衍生。

2012年，公司总部迁入株洲市天元区栗雨工业园新址办公，办公环境大幅改善，工作效能大幅提升。2015年，公司通过非公开发行股票，成功募集5亿元资金，再度增强了自身实力和发展动力。

2015年开始，在公司董事长江端预的主导下，企业继续深化内部改革，创建了"千金经营法式"，坚持利润导向，助推"二次创业"。如今，千金药业旗下现有11家控股公司，员工约7000人。经营范围涵盖中成药、化学药、中药衍生品（养生保健）的研制和销售，医药批发及零售，中药材种植和加工等领域。2017年，公司实现销售规模37.24亿元，实现利税6.28亿元，位居湖南省制药行业前列。

2018年4月8日，千金集团在市工商部门登记成立。在千金药业的主导下，"千金"内部顺应行业发展趋势，致力于集团化运作，继党工团工作纳入集团化管理之后，财务和信息化也实现了集团化管理。通过整合研发资源成立了千金研究院，并开始全面推行"千金经营法式"，成效明显。千金集团的成立，加速了企业的集团化

50周年庆典

千金药业管理团队合影

进程，提升了企业的综合竞争实力，掀开了企业转型升级发展的新篇章。

　　历史的车轮滚滚前行，回眸公司发展历程，就像一幅浓墨重彩的画卷，波澜壮阔，催人奋进。建厂以来，公司始终信奉"诚信负责、行善爱人"的基本原则，经改制、上市、二次创业，传承历史，坚守品牌，愈"老"弥"新"，已然从一个籍籍无名的小厂，成为闻名遐迩的上市公司！

千金的重磅产品

中药

妇科千金片（胶囊）

　　独家品种，为"国家秘密技术品种""国家中药保护品种""国家基本药物""国家医保目录甲类品种"《中国药典》收载品种。该产品曾获中国专利优秀奖，销售额连续20余年位居妇科口服类中成药之首。全方由千斤拔、金樱根、穿心莲、功劳木、单面针、当归、鸡血藤、党参八味药材组成，主要用于治疗妇科炎症，故冠以"妇科"二字；又以君药"千金"为重（千斤拔、金樱根），经沸腾干燥、薄膜包衣等九大关键工艺技术制备而成，具有清热除湿、益气化瘀等功效，临床主要用于治疗慢性盆腔炎、子宫内膜炎、慢性宫颈炎。

补血益母丸（颗粒）

　　国内首创，以妇科要药当归为君药（养血补血），以黄芪、阿胶为臣药（益气生血、补血活血），以益母草、陈皮为佐药（消瘀破滞、理气健脾），诸药配

263

伍，共奏补益气血、祛瘀生新之功效，临床主要用于气血两虚兼血瘀证产后腹痛的治疗，疗效显著，市场份额逐年攀升。

椿乳凝胶

独家品种，为国家重点新产品，该方针对适应病症及证候特点立法配伍，以椿皮为君药（清热、燥湿、止带），以苦参、牡丹皮为臣药（清热凉血、燥湿止痒），以乳香、冰片为佐药（祛瘀、止痛、清热、生肌），诸药和合，共奏清热燥湿、祛瘀生肌之功效，对慢性宫颈炎之宫颈糜烂、中医辨证属于湿热瘀阻者疗效甚佳。

妇科断红饮胶囊

独家品种，该方针对适应病症及证候特点立法配伍，以赤芍为君药（清热凉血、祛瘀止痛），以益母草、三七为臣药（清热凉血、化瘀止血），以仙鹤草、地榆炭、蒲黄炭为佐药（收敛止血），诸药合用，采用现代化制药工艺精制而成，使"血热得凉，瘀血得散，出血得止"，主要用于功能失调性子宫出血等症状。

化药

拉米夫定片

国内首仿化药品种，适用于伴有丙氨酸氨基转移酶(ALT)升高和病毒活动复制的、肝功能代偿的成年慢性乙型肝炎的治疗，为乙型肝炎一线用药，该产品先后获得中国专利优秀奖、湖南省科技进步一等奖、湖南省和株洲市专利一等奖。

恩替卡韦分散片

化学仿制药，适用于病毒复制活跃、血清转氨酶ALT持续升高或肝脏组织学显示有活动性病变的慢性成人乙型肝炎的治疗，为抗乙肝病毒一线用药，2017年荣登中国制药·品牌榜（锐榜）。

衍生产品

"千金净雅"妇科专用棉巾

"千金净雅"为第一个械字号卫生巾，是"中国卫生巾十大品牌""全国质量信得过产品"。2016年，"千金净雅"商标被评为"湖南省著名商标"。本品主要以千金棉（100% 纯天然棉花，经水刺无纺

工艺，融千金药业独特技术制作而成的特殊棉材）、无尘纸、复合透气底膜、离型纸、无纺布包膜、热熔胶，经分子技术加工，环氧乙烷消毒处理而成，具有超薄超吸、时刻防护，带来全天候舒馨之功效，适合经期标准流量的白天或者量少的夜晚使用，具有超强吸收力，并能有效去除异味。

诺丽酒

引入"中药+"的新概念，系千金饮系列进驻商超新品，采用葡萄、诺丽果、枸杞、龙眼、红枣、黄精、人参为原料与饮疗组方，口感柔顺，低度舒适，香气迷人，适合大众消费人群，具有补气血、乌须发、养心神、抗衰益寿、修复衰老细等健康功效。

（周明）

红官窑：谱写中国陶瓷产业新华章

红官窑地处中国陶瓷历史文化名城——湖南醴陵，创办至今，已有百余年的历史，是当之无愧的中国近现代官窑，其所出品的瓷器选材考究，工艺高妙，品质精良，备受众多追求生活品质与未来投资价值人士的青睐。

红官窑始创于1905年，当时翰林院庶吉士熊希龄受清府委托创建官立湖南瓷业学堂，为中国最早的官立陶瓷学校；翌年，熊希龄成立湖南瓷业公司，在传统陶瓷工艺基础上大胆创新，创烧独步天下的"三烧制"釉下五彩制瓷工艺，名噪一时。其所造瓷器主要进贡清廷或官府自珍，散落民间者甚稀。瓷业公司1911年创作的釉下五彩"扁豆双禽瓶"，在1915年巴拿马万国博览会上与国酒茅台同膺金奖，获誉"东方陶瓷艺术的高峰"。"扁豆双禽瓶"造型如凤凰之尾，瓶身绘有扁豆，紫色花丛下一对竹鸡游憩其中，色调浓淡相宜，沉稳典雅，集中体现了红官窑釉下五彩瓷的独特和神奇。从那时起，醴陵釉下五彩陶瓷就与中国高品质瓷器紧密结合在一起，成为众多人士争相珍藏与馈赠的佳品。

解放前，战乱频仍，百姓流离失所，百业俱废，一片萧条。辉煌一时的醴陵釉下五彩瓷业陷入了危机，传统式制瓷工艺几近失传。在少数老艺人的薪火相传下，醴陵釉下彩瓷业经历了近半个世纪的岁月沧桑。

1958年，周恩来总理按毛泽东主席指示，拨款800万元在湖南瓷业公司旧址上创建了醴陵艺术瓷厂。从成功改造并烧制"胜利杯"开始，艺术瓷厂先后承制了"三馆"用瓷、国宴瓷、人民大会堂用瓷；1965年更名为醴陵群力瓷厂后，又先后为毛泽东、周恩来、邓小平、江泽民等党和国家领导人烧制专用瓷，并承制中南海、天安门城楼、钓鱼台国宾馆、联合国大厦专用瓷以及代表国家身份与象征礼赠外国政要的国礼瓷。特别是1974年为毛泽东主席打造的经典"毛瓷"，是当时中国最优秀的陶瓷大师呕心沥血之作，堪称当时中国最高陶瓷技术与生产工艺的结晶，创造了中国现代陶瓷艺术的高峰。2003年，时任全国人大常务委员会副委员长李铁映视察醴陵群力瓷厂，亲笔题词"红官窑"，红官窑品牌从此定名。

传｜奇｜官｜窑·崇｜尚｜妙｜品

国色天姿45头餐具，官窑工匠纯手工制作而成。产品采用釉下五彩工艺，以天姿国色的百花之王姚黄入画，寓意雍容大度、花开富贵。整体器形细腻、温柔，气质端庄婉约，色泽恬静淡雅，兼具中国传统韵味与现代简约风格。每一件产品都历经上百次笔触勾勒、数十道工艺精琢，实属当代"官窑国瓷"，为食器之极品，珍稀难求

2008年，国内最大的陶瓷生产企业华瓷股份入主红官窑，为红官窑品牌注入了强大发展动力。随后，红官窑先后成为北京奥运会、上海世博会、广州亚运会的特许生产商和零售商；先后承制了新疆维吾尔自治区成立60周年、内蒙古自治区成立70周年、宁夏回族自治区成立60周年国家礼品瓷。

红官窑先后荣膺国家工业旅游示范点、中国地理标志保护产品、国家非物质文化遗产传承基地、中国驰名商标、国家用瓷生产企业、中国轻工行业百强、湖南省工艺美术行业最具影响力企业等殊荣。

百年前，瓷业学堂陶瓷人专研陶瓷技艺，创烧釉下五彩，开创中国制瓷新篇章；百年后，红官窑人不忘初心，砥砺前行，将继续秉承复兴中国陶瓷强国之梦，勇于创新，大胆拓展，缔造中国陶瓷传奇品牌，谱写中国陶瓷产业新华章。

（周明）

易俗河国药店：从小镇上走出的连锁品牌

2018年10月，湖南省商务厅公示全省第四批"湖南老字号"企业，湘潭县易俗河镇国药店大药号名列其中。一家镇上的药号何以获此殊荣？

源起易俗河

昔日的洛口古镇有一宗祠，名曰"萧祠"，祠内有一房间，冬暖夏凉，相传明正德皇帝朱厚照（1491—1521）南巡至易俗河时，下榻在此房间内住了一宿，故易俗河原名为"一宿河"。

据清康熙十九年（1680年）《湘潭县志·山水论》载：易俗河即西汉"王莽驻兵之处也"。今垣壁残存。萧祠卧龙，位于老街的涓水河畔。

易俗河老街位于湘潭县易俗河镇西，即易俗河洛口古镇所在地，是全国四大米市之一，从明嘉靖至清光绪的380余年间，各地商贾云集，粮店栉比，米码头有十多处，药铺八九家，取名"冯万庆"的药铺就是国药店的前身。

易俗河因"御足"所涉远近闻名，但在旧时，因地处偏远，当地民众生活相对落后。特别是缺少郎中，老百姓看病很难。

解放前，"冯万庆"的少东家冯运池子承父业，家学传承，医术精湛，且药好价廉，很快就得到了当地民众的信任，而"冯万庆"也成为洛口古镇众多药铺的领头羊。

1958年公私合营，以冯运池的药店为主体组建湘潭县药材公司易俗河购销站国营药店（简称国药店）。合营后，冯运池占有股份，并作为私营方代表坐镇经营。

国药店开业之初，职工大部分是知医懂药的专业人士，在冯运池的带领下，不停钻研中药的调配、制剂、加工、炮制、种植等技术，为国药店培养了不少后备人才。

20世纪60年代，国药店一批懂得生产培植技术的老药工深入农村山地，帮助当地人栽培种植地道药材。其中黄枝子、金银花生产基地

规模庞大，湘潭县从而成为全国黄枝子、金银花的主产区，被北京同仁堂制药厂指定为供货商，也为当地民众开创了一条致富之路。

改制再发展

社会的发展给企业带来了不少机遇，同时也让企业经营者面临诸多挑战。改革开放后，县药材公司志致力于打造全市的知名药号。无奈体制上的缺陷，在管理上受国有企业性质的种种限制，国药店一度陷入经营困局。

2007年，国药店再次改制为私营，接手的是地产商王赞。

王赞接手后坚持"以质量求生存，以信誉谋发展"的经营理念，既为广大消费者提供传统服务项目，同时提供执业药师用药免费咨询，是湘潭市、县医保刷卡定点单位。

王赞是一个敢想敢干的人，他随后投资近2000万元对易俗河国药店原址进行拆除重建，新建成后的湘潭国药大厦总面积7320平方米。并且更新全套设施设备，打造成全市一流的大型自选药品超市，年销售额达3000多万元，是湖南省第一批参与零售药店实施GSP认证并获得通过的单位之一。

然而，时代的发展对企业经营者提出了更高的要求，作为全县唯一保留

企业法人唐淼林

"老字号"名号的易俗河国药店，又面临重新洗牌。

新掌门扬帆

2016年2月，易俗河国药店重组董事会，企业法人变更为唐淼林。

谦和睿智的唐淼林曾是一名成功的药材商，接手之前，他已在这一行业摸爬滚打多年，阅历丰富、经验老到。

作为新掌门人，唐淼林知道，企业必须要有效益，而他更看重的是社会效益和业界良心。

在企业的发展上，他首先考虑的是在全县合理布局，以点带面，铺向全市。而今他在全县已开设了四家连锁店，员工逾80人。年度营业额超5000万元。在对待员工上，他充分考虑老员工的待遇问题，有些从公私合营就干起的员工，他视为"店宝"，更是关爱有加。

在药材的选用上，唐淼林要求员工严格把控每一个环节，"药材好药才好"，这是他经常挂在嘴上的训诫。他坚持亲自去原产地选最好的货源和最优质的货品，药架上的冬虫夏草、天麻、田七等常规药材，都由他来精心挑选原产地。也正是他的较真，易俗河国药店成为北京同仁堂、九芝堂、千金药业等著名药企的订制加工单位。

他注重药品质量和科学管理，要求员工根据易俗河地区、湘潭县地区用药习惯，编排出合理的"斗谱"，既有利于调剂操作，又减少了顾客等待的时间；又如中药制剂，国药店追求的不是数量，而是质量，在理、法、方、药、剂、工、质、效上狠下功夫。

易俗河国药店有一个独门绝技，药剂师能将天麻切得薄如蝉翼，要掌握这一门技术，没有10年的刀功难以做到。很多老顾客都是冲着他们这一绝技而来。薄如蝉翼的天麻片，外观养眼，药效充分，深受顾客青睐。

几十年风雨，几代人的不懈努力，易俗河国药店大放光彩。

2017年8月，湘潭县易俗河镇国药店大药号向国家工商行政管理总局商标局申请商标注册，正式成为一大品牌。

唐淼林坦言，他将一直秉承"崇善守信，务实创新"的企业精神，努力倡导"亲民、为民、利民"的企业文化。他提出了"善待顾客、善待员工、善待供应商"的三个善待思想。他的经营理念是：

弘扬中医药文化，打造百年老店。

下一步他将重点进行连锁品牌店的扩张经营。

多年来，在上级党委、政府和主管部门的大力支持下，经过几代国药人的辛勤努力，湘潭县易俗河国药店获得国家、省、市、县等多种荣誉。

一方百姓养我，我必造福一方。三年来，易俗河国药店通过"关爱老年人""关爱环卫工人""暖冬行动"等社会公益活动，回馈社会。

易俗河国药店以获得"湖南老字号"称号为契机，内强管理、外树形象，坚持质量优先、顾客优先，为健康中国、健康莲乡再做新的贡献！🖂

（周光曙）

回雁峰：酒醉雁峰60年

中国衡阳，坐守五岳，独秀衡山之南，汲聚湘江、蒸水、耒水三江灵气。2200年前，已是湖湘文化的源头。千百年来，历史泽被，文脉流芳，留下最具人气的文化地标，当属南岳七十二峰之首的"回雁峰"和享誉千年的贡酒"醽醁酒"。

千百年来，沧海桑田，三江好水、古法酿酒的工艺和衡阳人对好酒力求上品的精神，却从来没有改变。清末民初，衡阳城内已有酿酒作坊179家，每年产酒达32 600担，酒肆遍及大街小巷，有"青草桥头酒百家"的赞誉。1958年，湖南雁峰酒业有限公司的前身衡阳回雁峰酿酒总厂，整合原有民间酒坊，承继雁城古酒文脉，优选当年饱熟高粱、小麦，老窖发酵，陶坛陈酿，地窖储存。从此雁峰美酒香飘万家。

名品传古谛　曲窖擎一方

雁峰之美，得益于雁峰酒业所拥有的三件"镇厂之宝"。

雁峰酒业第一宝：老窖池群

1957年，当雁峰酒的创建者在周家坳的河滩上挖出第一锄用于建造窖池的黄泥时，他们或许没有想到，当年建造的窖池，经过时间的历练后，已经成为一座无法复制的活文物。在全省乃至全国的白酒企业中，拥有50年以上历史的窖池并不多见，而雁峰酒业拥有126口，一直未间断地酿酒。2009年5月18日，雁峰酒老窖池群被列

为目前唯一的衡阳市近现代工业遗产保护单位。在衡阳三江汇流处独有的温润气候呵护下，老熟的窖泥弥漫着万千特种微生物菌群，默默代谢，暗暗生香，在自然与历史的不断交融间，酿造出了源源不断的琼浆玉液。

雁峰酒业第二宝：古法酿艺

雁峰酒酿造工艺起源于清末民初，靠师父的言传身教和徒弟的实践领悟而相传，经过几代传承的实践和摸索，随着1958年回雁峰酿酒总厂整合原有民间酒坊恒兴酒坊等五家百年老店及数十名传人，雁峰酒酿造工艺因此而得名，2009年12月，雁峰酒酿造工艺被衡阳市政府列入市级非物质文化遗产名录。

雁峰酒业第三宝：地下酒窖

好酒在酿，更在于藏。藏酒，是走向顶级名酒的必经之路。始建于20世纪50年代的雁峰地下酒窖，堪称是一座无法复制的天然藏酒宝库。其常年恒温恒湿，这种绝无仅有、得天独厚的自然优势，在三湘

雁峰1958年老窖池群

白酒界首屈一指，成为雁峰酒业酿造顶级名酒的基因。

2014年，在整合雁峰酒业的古法酿造技艺和1958年老窖池群的基础上，以"中南第一雁峰地下酒窖"为核心的首款极具收藏和投资价值的标志性和战略性产品——雁峰原浆封坛酒荣耀问世。

匠心一甲子　古艺酿新品

几乎每天，雁峰酒业酿酒车间主任唐国红都要围绕老窖池群仔细地端详一番，这已经成为一种习惯，像对待家里珍藏的宝贝，也好像每天与相交多年的老朋友打个招呼。唐国红已经与这些老窖池打了20多年交道，如今，只要进入窖池车间，无须打开窖池，只须闻一闻窖池车间空气中的酒香味，他就能对窖池中酒糟的发酵程度判断个八九不离十。

酿酒生产现场

　　"老窖出好酒"，作为雁峰酒酿造技艺第三代传人，唐国红清楚地知道，没有30年以上的窖龄，是酿不出好的浓香型白酒的。懂得酿酒常识的人都知道，对（固态）蒸馏酒来说，窖池的使用年龄对酒品的老熟程度和香味水平起着决定性的作用，酿酒窖池使用的时间愈长，其形成的微生物环境愈出色，而这个微生物环境是酝酿发酵出优质白酒的生化反应基础。持续酿酒60年的雁峰老窖池群，已经形成了庞大而不可探知的神秘微生物生态体系，据专家化验分析，在雁峰窖泥中，至今生存着600多种、数以亿计的神奇微生物。正是这些神奇的微生物，让雁峰酒香气幽雅，口感绵甜，回味悠长，上口不上头。唐国红介绍，从制曲开始，到发酵、蒸馏，到地下酒库储存，最后到装瓶出售，一瓶上好的雁峰酒，需要持续数年甚至数

十年的时间。因此，这个过程，既是物华天宝的绽放，也是一段与世隔绝的苦心修炼。

　　凭借数代匠人的细心酝酿，1959年，第一瓶回雁峰大曲酒下线，填补了省内空白，后来"回雁峰大曲酒""神禹酒""雁峰交心50年""雁峰1958"等产品上市即风靡市场，捍卫了衡阳本土市场的第一品牌地位，也收获了众多荣誉。

雁峰依华泽　旷世流酒芳

　　2006年8月，衡阳市政府本着发展本地经济，振兴传统品牌，重塑衡阳酒文化辉煌的战略，成功引入深具白酒行业运营经验的金六福企业（现已更名为"金东集团"），重新整合运营回雁峰酿酒总厂。

　　金东集团，下设华泽酒业集团、华致

获"湖南省优质酒"称号的回雁峰大曲酒

雁峰原浆封坛酒

连锁和金东投资三大业务板块，现有员工15 000名，总资产逾300亿。华泽酒业集团旗下有7家酒类生产企业拥有逾50年的历史，是拥有为数最多的国家酿酒协会白酒委员会委员、国家白酒评委、国家高级品酒师、国家高级酿酒师的民营酒企。

雁峰酒业秉承金东集团"信念坚定、意志坚毅、循序渐进、水滴石穿"的文化理念，推进6S管理，规范推行ISO9001、HACCP体系运行，投入巨资先后完成技术改造和市场建设，着力夯实质量技术基础，创新酿造工艺，重视食品安全生产，成就了雁峰酒卓越的品质。以"雁峰交心50年""雁峰1958""雁峰王"等为主销产品的雁峰品牌，已成为衡阳本土市场第一品牌，未来五年，雁峰酒业将进一步巩固衡阳本土市场，全力拓展湖南省内市场，将雁峰品牌打造成为衡阳靓丽的城市名片。

60年，衡阳人在发展中一路凯歌！60年，衡阳市在变革中缔造传奇！60年，雁峰酒在成长中屡酿奇香，再攀高峰！🔖

（周明）

雁城宾馆：衡阳首家涉外宾馆

1956年，是中华人民共和国成立与衡阳解放的第七个年头，全国上下百业初兴，政府考察与接待工作日趋增多。在此背景下，"衡阳交际处"诞生，这是雁城宾馆最早的前身，承担了许多重大的接待任务。

随着社会发展和历史变迁，衡阳交际处先后升级演变为衡阳市委招待所、岳屏饭店、衡阳市第一招待所，是计划经济时代衡阳市委、市政府最重要的接待窗口。

当改革开放的春风吹拂衡阳大地，市场经济大潮迎面而来，1986年，衡阳第一招待所引入外资合作改造，正式定名为"雁城宾馆"，为衡阳首家涉外宾馆。1988年，雁城宾馆被评定为湖南省首批二星级宾馆。

2000年，是雁城宾馆大踏步发展的关键性时刻。这一年的5月31日，宾馆正式启动了按四星级标准进行的改扩建工程，历时两载，雁城宾馆于2002年正式开业，实现了从二星级到四星级宾馆的成功跨越，成为当时衡阳市首家四星级宾馆。

多年来，雁城宾馆先后接待了刘少奇、陈毅、罗瑞卿、华国锋、王震、王首道、张平化等多位党和国家领导人，以及美国、乌克兰等20多个国家和地区的外宾，代表了当时衡阳的最高服务水平，也留下了弥足珍贵的历史记忆。宫

（陈暑艳）

湘南意旺：荷花烂漫一片天

湖南九市生态农业有限公司坐落于风景秀丽、环境优美的衡阳县台源镇三鑫村，公司流转土地3000余亩，以种植特色农产品为基础，主要从事台源乌莲、金丝枣、优质稻等农作物种植，以及农业科研、休闲旅游、农业技术推广等现代高新农业项目的发展和经营。

台源乌莲为衡阳地方名特产品，主产于衡阳县台源、杉桥等地，因表面呈灰棕色或灰黑色而得名。湖南种莲有3000多年的历史，明清之际为鼎盛时期。衡阳是湖南的主产区之一，衡阳莲实壮而粉，味甘而香，口感细柔、粉而不腻、经火易熟。清光绪年间出版的《商务官报》称衡莲为"中国各地所产之上等者"。衡阳小西门外有衡阳八景之一的"西湖十里白莲花"，还曾设有"莲实局"，专收莲子税。清同治十三年（1874年）《衡阳县图志》载"衡阳岁收莲实有税者六千余万斤，斤二百钱，值钱一千二百万"。

抗日战争爆发后，衡阳县的湘莲种植面积减少到数百亩。中华人民共和国成立后，湘莲生产恢复发展，1950年全县种植面积16.66公顷，1985年种植面积最多达1666.66公顷。

台源乌莲为历朝贡品，故又称台源贡莲，在国内外享有盛誉，深受消费者喜爱。为挖掘和光大台源乌莲的人文价值以及食用、药用价值，台源乌莲的传承人张伶俐于2015年投资近千万元，成立了湖南九市生态农业有限公司，下辖衡阳县意旺金丝枣种植专业合作社，种植和加工台源乌莲、金丝枣等特色农产品。公司经国家工商行政总局商标局注册了"湘南意旺"商标。

公司以发展乌莲种植为前提，以乌莲产品加工为核心，以乌莲产业园为载体，造就一幅"荷花烂漫一片天，最美乡村在台源"的美丽乡村新画卷。公司以"促进三农发展，共创健康生活"为使命，以高品质的特色农产品为依托，建立标准化原生态种植生产基地，实施规模经营，打造湖南省顶级品牌——湘南意旺（注册商标），融入现代网络营销平台，逐步实现品牌、市场、团队、技术、管理与国际化标准接轨，力争产品进入国内国际高端市场。

（陈暑艳）

咂嘴咂舌·波哥农场『鸡萝卜』

1937冬天，衡阳人周凯成开了一家酱菜铺，主打产品是他通过多年反复尝试，腌制而成的酱萝卜。这种酱萝卜因色泽美观、风味独特受到附近村民的喜爱，因腌制时需要将萝卜切开而不切断，制作过程中，需要将配料挤到萝卜中再腌制，"挤"同"鸡"同音，久而久之被人们俗称为"鸡萝卜"。

制作鸡萝卜的手艺在1963年传承给周厚生，2014年11月，第三代传人周波在衡阳市珠晖区创办波哥农场食品有限公司，专业致力于萝卜酱菜的种植、深加工及销售。

2015年，波哥农场食品旗舰店入驻天猫平台，波哥农场食品有限公司至今是衡阳市唯一成功入驻天猫的农产品品牌；2016年，波哥农场品牌入驻1688国际批发平台，当年交易额达300万。

波哥农场团队搭建了自己的品牌官方网站，微信商城及公众服务号，目前忠实粉丝数突破10万，为粉丝营销及顾客互动提供了基础。成熟的电商运营经验，更快地提升了衡阳特产鸡萝卜的知名度。

为进一步创新扶贫开发机制，将电商扶贫纳入脱贫攻坚总体部署和工作体系，实施电商扶贫工程，推动互联网创新成果与扶贫工作深度融合，衡阳市波哥农场食品有限公司，协助衡阳市珠晖区商务旅游局在衡阳市珠晖区的五个贫困村建设电商扶贫服务站，以萝卜收购加工销售为主，帮助贫困村村民销售农产品64.3万元。

公司于2016年12月在珠晖区茶山坳镇地区流转土地200余亩，作为以鸡萝卜种植为主的种植基地，与当地村民签订收购协议保底价，使村民提高种植信心，保证了村民的最低收入。

2017年，公司投入500万元设计酱腌菜国家级食品质量认可的生产流水线，取得了国家食品药品颁发的《食品生产许可证》。

2017年6月，公司通过与湖南省食品研究所共同研发的鸡萝卜特种杀菌技术，延长了鸡萝卜保质期，在保证口感与色泽的基础上，保质期从原有的几天延长至一

年。这一技术彻底解决了鸡萝卜的保鲜保质难题，并改进了萝卜的包装方法及储存方式，使生产不再受萝卜生长周期的影响。公司同时申请了相关专利，有利于提升市场竞争力。

2017年9月，波哥农场投资10余万元与知名影视工作室签订合同，在珠晖区拍摄了《舌尖上的鸡萝卜》。专题片耗时三个月拍摄完成，从历史、种植、深加工、腌制、吃法及多种配菜食用方法等各个方面，形象生动地介绍了鸡萝卜，让更多消费者了解鸡萝卜的文化底蕴，并产生寻味鸡萝卜的冲动，快速提升了鸡萝卜的知名度。

2017年12月，呷嘴呷舌牌鸡萝卜参加第十五届中国（北京）优质农产品博览会，得到消费者的一致认可，荣获畅销金奖。

2018年2月，衡阳市波哥农场食品有限公司呷嘴呷舌牌鸡萝卜入驻衡阳市最大的线下商超所有门店，开启了鸡萝卜进入大型商超的大门，也标志着鸡萝卜的质量得到商超的认可，为入驻全国大型商超打下基础。

2018年，波哥农场为鸡萝卜申办"三品一标"，进一步提升鸡萝卜这块金字招牌的含金量，协助区农业局规范质量标准，通过"合作社+农户+自有基地种植+深加工+线上、线下销售"一条龙，做强珠晖区萝卜产业，实现真正的产业带动致富。以龙头示范带动产业发展、打造地方特产第一品牌。

珠晖鸡萝卜必将走出湖南，走向全国。🔴

（陈暑艳）

巴陵全鱼席：桌桌绰绰有余

早在5000年以前的新石器时代，生活于洞庭湖区的岳阳远古人类以渔猎为食，食鱼成为人类赖以生存的主要生存方式。夏、商以后，随着炊具的变化，人类逐步讲究烹饪方法和熟食的味道。唐宋以来岳州境内不但讲究烹调的技术，连鱼肴的名称也很讲究。"鱼以嘉名采，木以美材侵"，即给鱼肴取一个好名更能使它美名远扬。宋岳州知州李曾伯诗称"午食河豚晚食鲈，两鱼风味绝悬殊"，表明宋代岳阳一带无论官吏还是一般百姓都以食鱼为时尚。洞庭湖区请客，有"无鱼不成席""桌桌（绰绰）有鱼（余）"的谚语。明、清以来，岳阳沿湖的酒楼饭店开始承办以湖鲜为主的"洞庭鱼筵"。据称乾隆食用后龙颜大悦，将"洞庭鱼筵"重赐名为"巴陵全鱼席"，由此巴陵全鱼席名闻遐迩。

民国时期，岳阳鱼筵仍成为饮食行业主攻的菜品。位处岳阳城区繁华老街南正街的味腴酒家博采众家鱼筵之长，设计了整套巴陵全鱼席的菜谱，受到南来北往顾客的赞誉。当时国民党总参白崇禧来岳阳时，县长吴昶在味腴酒家摆酒接风，全席除熊掌、鹿筋外，全用洞庭鱼类烹制，菜肴色艳、形美、味佳，令白崇禧赞不绝口。

中华人民共和国成立后，味腴酒家更名为"岳阳饭店"，以名厨张克亮为首主推巴陵全鱼席。20世纪80年代以后，为适应日益增多的国内外游客需要，岳阳饭店又改回"味腴酒家"之名，并在巴陵全鱼席原有的基础上进一步完善和创新，突出了洞庭湖的鱼文化特色，形成了最能代表洞庭湖湖鲜的菜系。作为洞庭湖鲜的一道名席进入云梦宾馆、岳阳宾馆、君山洞庭山庄、晓朝宾馆、南湖宾馆等宾馆酒店，先后款待了多批党和国家领导人以及外国政要和各界社会名流。1988年，巴陵全鱼席有16个菜品入选《中国名菜谱》；1989年，巴陵全鱼席被评定为湖南省的"金牌菜"；1991年，巴陵全鱼席编入《湖南名菜名点》；1993年，巴陵全鱼席被纳入《世界旅游菜谱》；1999年，香港著名实业家邵逸夫先生

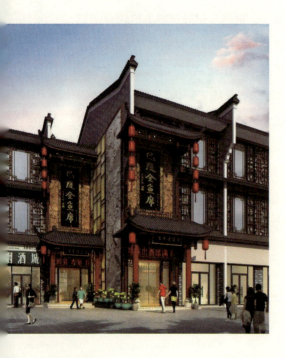

来岳阳品尝巴陵全鱼席后欣然赞叹："条条鱼好吃，道道菜有味。"

巴陵全鱼席是在洞庭湖区民间鱼筵的基础上发展起来的，享有"八百里洞庭特产聚一桌，三千里湖湘风味乐其中"的美誉，历史上不少厨人为巴陵全鱼席的制作技艺做出了默默奉献。其中，张克亮大师为岳阳市餐饮行业首名特一级厨师、湖南省烹协首任常务理事，为巴陵全鱼席第一代掌门人；傅建楚师从张克亮，为巴陵全鱼席第二代传人之一；姚亚生，是湖南省餐饮行业终身成就获得者，1974年，他随同湘菜大师石萌祥赴韶山为毛主席提供餐饮服务，在担任云梦宾馆、岳阳宾馆负责人期间，由他创建的竹筒粉蒸回鱼曾赴北京成为国宴上的一道名菜。

本世纪初，巴陵全鱼席的传承与弘扬陷入困境之际，岳阳著名民营餐饮企业、岳阳市餐饮行业协会副会长、井水餐饮文化管理有限公司董事长曾琳华果断决策，从巴陵全鱼席商标持有人手中取得所有权转让资格。继"味腴酒家""岳阳饭店"等著名餐饮门店之后，接过巴陵全鱼席传承的大旗，于2010年9月28日，创办巴陵全鱼席酒楼。从民国初期张克亮大师整理初创，形成系统的筵席菜品至今，巴陵全鱼席幸运地得以保持品牌的延续性。

巴陵全鱼席不仅是岳阳本地餐饮的重要组成，更是湖南传统文化的一支。2016年，根据湖南省委关于加速推广地方湘菜标准化产业化的会议精神，省质量技术监督局开始在全省范围收集挖掘地方湘菜代表，形成严格的食品质量技术标准。巴陵全鱼席作为岳阳湖鲜风味代表菜肴有幸入选，并筛选出16个菜品：凉菜4道，麻香鱼脆、红油刨花鱼、水晶鱼冻、怪味鱼条；大菜10道，三色回头鱼、怀胎水鱼、龙女一斛珠、乾隆桂鱼卷、芙蓉银鱼、君山银针鱼片、什锦鱼肚、鱼脂湘莲、五彩鱼糕、菊花白鳝；点心2道，伊府面、四喜鱼饺。巴陵全鱼席被编入地方湘菜标准，将更有利于进行连锁化、集团化、产业化发展。通过不懈努力，巴陵全鱼席必将以其独有的地方特色和品牌魅力，扬名于海内外。🔖

（陈署艳）

义丰祥：小磨不知梦深处 香名美誉贡王侯

1940年在长沙市湘春街创建的"义丰祥小磨芝麻油榨坊"生产的芝麻油久负盛名，当时专供长沙市区一些知名老食品店，并成为长沙市民耳熟能详的调味品。1983年恢复创办的湖南省义丰祥实业有限公司是湖南最早的芝麻油生产企业。随后，"义丰祥"芝麻油在长沙下河街市场畅销，逐步走进湖南人的厨房。无论是凉拌菜、炒菜还是汤羹，清澈莹亮、香气扑鼻的义丰祥芝麻油作为绝佳调味品起着"画龙点睛"的作用。"小磨不知梦深处，香名美誉贡王侯"，义丰祥芝麻油历史悠久，制作工艺独特，产品质量上乘，一直深受广大消费者喜爱。

义丰祥三个汉字，"义"为"仁义"之意，寄望义丰祥人勤勇当先、诚信为本、质量行义、与人互助、互爱；"丰"为"丰裕"之意，寄望人们富裕、丰饶，幸福美满，企业兴旺发达；"祥"为"祥和"之意，寄望人们和谐安定，吉祥如意，诸事顺意，义丰祥和。

义丰祥实业有限公司采用"公司+基地+合作社"的运营模式，确保原料品质。产品生产基于传统，又超越传统，将传承近百年的物理压榨工艺融入现代加工技术，从原料选用到生产过程全程实行质量控制。

义丰祥公司秉承"勤勇当先，诚信为本"的企业精神，坚持用心做好一件事——榨好每滴油；公司已成为生产芝麻油、食用植物油、酱油、辣椒酱等系列调味品的省级农业产业化龙头企业。2008年义丰祥商标被国家工商总局认定为中国驰名商标，荣获中国芝麻油十大品牌称号、中国好粮油示范企业、湖南省省长质量奖、湖南省高新技术企业、湖南名牌等省级以上荣誉30多项。

义丰祥产品本着"健康是金、口味是福"的消费理念，以良好的品牌形象、过硬的产品质量、健全的营销网络和优质的服务体系，赢得了广大消费者的长期喜爱和认可，产品畅销全国，并出口新加坡、印尼等国家和我国香港地区。

（杨海英）

王饺儿：从传说中走来的民间佳肴

东汉末年，曹操与刘备在今湖北当阳决战，刘备一路败退，丢失了甘夫人和刘禅，幸得大将赵子龙冲入敌阵，救出刘禅，后连夜向南而奔，天明时来到了作唐县（今安乡）境。饥寒交迫的士兵们发现了王富贵经营的酒店，并在驻扎期间时常光顾。大家最喜欢的是他的饺子和卤腊食品。于是，"王饺儿"和"王卤腊"外号在荆楚大地上流传。

王饺儿食品在千年历史长河中几经沉浮，传到王清元这一代已没了历史辉煌，但传承的技艺还在。20世纪60年代初，王清元开始利用闲暇，在安乡城关镇大街小巷挑着饺儿（安乡人把馄饨也叫饺儿或包面）担子叫卖。

随后，王清元吸收了南北烹饪技术精华，开办了庆陵斋大酒店，并推出了北方面点系列。

改革开放的大潮让王清元青春焕发，他与肖昌武联合起来，共同创立了"王饺儿食品工业公司"。他在祖传烹制秘方基础上，采取现代科学技术，开发出了风干酱板鱼、酱板鸭肉、风味豆干、精制风味蔬菜四大系列50多个品种。

2003年，公司在六家渡征地80亩，兴建了标准厂房和原料储存基地，并与农民签订了上千亩的原材料种养合同，陆续引进了现代化的臭氧全程灭菌系统、高温杀菌系统、自动化风干系统和自动真空包装机等一系列的先进设备，实现了传统工艺与现代科技的完美结合。"王饺儿"产品由此畅销国内外市场。2004年被常德市人民政府评为农业产业化龙头企业。

2008年，公司与湖南农业大学食品科技学院联合，2012年与华中农业大学食品科技学院战略技术合作，走上了一条产、学、研一体化道路。2013年6月经国家工商总局审批，"王饺儿"商标注册成功。

公司传承人肖昌武当选为全国第七届农村青年致富带头人、湖南省青年联合会第九届常务委员、湖南著名智慧创富人、第三届常德市十大杰出青年。

"王饺儿"这块金字招牌，历经多年，熠熠生辉。圓

（杨海英）

谢老头：擂出农耕文化新味

清咸丰五年（1855年），常德桃源人谢聪亨承办秦人擂茶坊，开始小规模生产。此时擂茶制作也并非独此一家，但谢聪亨是擂茶制作技艺的主要代表人物，人称"谢老头"。清同治十二年（1873年），谢聪亨之子谢启鼎成为"谢老头"擂茶第二代传人，其经营36年，改进工艺、技术，逐步固定成形，以适应工厂化生产。清宣统二年（1910年），谢聪亨之孙谢福泰作为"谢老头"擂茶第三代传人，在战火纷飞的年代苦苦支撑近40年，直到1949年全中国解放。1951年，谢福泰三子谢运彦作为"谢老头"擂茶第四代传人，承办公私合营的桃源县桃花源擂茶厂。1965年，"谢老头"擂茶第五代传人谢立钧接手青山大队擂茶馆，1984年自主创办桃源县桃花源萃源擂茶厂，成为民营独资企业。2009年，企业注册商标"谢老头"，意在"弘扬先祖精神，展示武陵渔父形象，践行修善积德，造福广大民生"。2015年1月，谢伟华子承父业，企业更名为谢老头食品有限公司，并对企业进行了大规模扩充，建成湖南最大的擂茶厂。

擂茶既是桃花源人每天必喝的饮料，也是桃花源人待客的佳品。20世纪50年代，一位日本友人来桃花源喝了"谢老头"擂茶后

湖南谢老头食品有限公司董事长谢立钧

赞叹"莫道醉人唯美酒，擂茶一碗更深情"。1963年，中南局书记陶铸在桃花源"五放肆"村时就赋诗"擂茶三碗脱衣裳，笑谈今古话衷肠，全盘尽是农家物，价不高昂情意长"。

桃花源擂茶，最初只用生姜、生米、生茶三种原料，用三苍子木棒擂碎，然后冲入沸水而成，故名"三生汤"。随着人们生活水平的不断提高，擂茶成为时下流行的高纤维的五谷杂粮的绿色健康传统饮食，品类不断丰富。现擂茶的原料除了茶叶、芝麻、花生等重要原料之外，又添加了香料、草药等配料，愈加发挥了擂茶的药饮功效。根据不同的季节气候特征（春湿、夏热、秋燥、冬寒）不同用途加以不同的配料。如春季可加薄荷、茉莉花，夏季可加金银花、白菊花，秋季可加甘草、白扁豆、八角，冬季可加花椒、肉桂、茴香等。若想滋润肌肤，美容润颜还可加入黑芝麻、黑豆、莲子、薏仁等；想防暑清热则可加入鱼腥草、绿豆、藿香、白芍等，以达到祛湿燥、驱寒暑，四季俱爽，全身舒畅的药疗效果。作料从韭菜、菜豆、红薯片等增加到糖果、蜜饯、糕饼、瓜子、水果以及巴掌牛羊肉等，饮用范围也从民间家庭走上了市场，从邻里串门请擂茶的传统习俗扩大到大型社交场所、大型擂茶馆，消费形式也由居家待客变成了社团群体。

谢老头擂茶自谢立钧掌门以来屡获地方和全国名优特新产品大奖，2013年获全国富硒农产品金奖，推荐为"全国补硒产品"；2015年被评为"中国名优硒产品"，是年8月，谢老头擂茶代表湖南名优特新产品在北京参展，广受好评。🔲

（杨海英）

福千府：福及千府 惠泽万家

清光绪十五年（1889年），湖南省桃源县漆河镇土秀才郑开新先生开办了郑家油榨坊——"福千府"，意喻"福及千府、惠泽万家"，迄今已有130年的历史。

1932年，长子郑佳生承续父业，他从15岁开始学习制油技艺，逐渐掌握了采摘与榨油的技巧，成为十里八乡有名的打油匠。

1994年，郑红华因从小出入榨房、耳濡目染，带着对榨油的好奇和浓厚的兴趣另起炉灶，在桃源县漳江镇创办万家油脂厂，商标注册沿袭"福千府"。2012年万家油厂迁入桃源县漳江工业园（省高新技术产业园）；2015年"福千府"被评为湖南省著名商标；2017年企业更名为湖南福千府生物科技有限公司，以便更好地"发展生物经济，萃取植物精华，福送千府万家"。公司在油脂产业的基础上，又开辟了药食同源的葛根产业，其品牌影响力愈来愈大。

因该地土壤富硒，目前公司所产产品均冠以"富硒"二字，主要产品为富硒山茶籽油、富硒双低菜籽油、富硒核桃油、富硒亚麻油以及康必硒葛根片、葛根保健茶、富硒蜂胶囊等1十多种天然富硒、保健功能食品。

公司采用独特的产油工艺：炒籽→碾籽→蒸籽→包枯饼→上榨→装榨楔→撞杆撞击→出油。

2013年，郑红华在炒籽、蒸坯、炒坯、冷冻、纯天然高密度植物纤维精制、聚香、留香、保香等方面进行了独特创新，攻克了茶籽油苯并（a）芘超标的技术难题，并引进浸出法新工艺和脱酸、脱色、脱臭的精炼工艺及自动化、无菌化的小包装工艺，郑红华成为桃源油脂行业的能工巧匠。

公司及其产品先后获得"中国优秀绿色健康食品""第四届中国（长沙）国际食品博览会金奖""中国著名畅销品牌""全国富硒农产品金奖""全国富硒产业开发十佳明星企业""中国诚信品牌万里行重点推荐诚信经营示范企业""全国重质量、守信用诚信示范单位"等荣誉称号。🀄

（杨海英）

兴隆米业产业园航拍

钱缘·富硒福兮

一方水土，决定一种农产品的品质；一项社会变革，孕育出一个进步标志；"钱缘"商号在435年前的田赋变革中应运而生，它历经漫长的岁月更迭、风雨飘摇，但总是在恪守民族先进文化中传承与发展，奉献东方智慧，造福广大民生。

"桃花源里好耕田"

桃源典藏灵山秀水，承延淳风异俗，散逸着一份独特的魅力。这个自宋乾德二年（964年）置县以来积淀了厚重农耕文化底蕴的千年古县，是一个被历代文人墨客、士庶商贾格外推崇，称誉为"人间仙境、世外桃源"的风水宝地。

位于桃源北部的漆河古镇，因有漂亮的沅水一级支流——白洋河和它携带的七条小河的滋润，沃土富硒，气候宜人，堪称膏腴之地、鱼米之乡，是历史上有名的"三米"（大米、莲米、荠米）、

"三红"（红橘、红茶、红椒）产地、军供粮基地，历代官吏、商贾都十分青睐这个物华天宝的地方。

世世代代耕耘在此的漆河人中有一个专治牛病的刘氏家族，几代人都是走乡入户，急农家之所急，忧农家之所忧，且大小牛病都能手到病除。刘家喜添贵子，取名仁义，通读四书五经，凡事知书达理，但他选择的不是做官，而是传承祖业当畜医，为民谋利。

田赋变革出"钱缘"

明万历九年（1581年），田赋征实（收粮食）改为征收银两。

1583年，畜医土秀才刘仁义在走乡串户行医中了解到"钱粮兑换不便、收税交税的两难"的情况，为解人之难，与人方便，加上自己行医每年还有上10担牛谷待售，便在漆河兴隆祠办起了钱缘米行。为了拓展业务，他独辟新径地添置了六副大碓与多级筛对原粮进行精细加工，把大米加工成晶莹剔透的"人怕白"。地方官吏引以为豪，进贡朝廷，"钱缘"大米便成了"京知米"。那时盐巴紧俏，桃源人到四川挑锅巴盐都要求带"钱缘"大米换。

苦苦支撑300年

在清顺治十四年（1657年）至民国三十一年（1942年）的漫长岁月里，钱缘米行第4～13代传人刘天伞、刘绍武、刘正寿、刘宗兴、刘志炳等九代接力传承，始终恪守"买卖公平、与人为善、诚信经营"的儒商德行，通过285年的忠贞不渝、苦苦支撑，在民间留下了许多感人肺腑的故事，使湘北的"钱缘"大米与湖南的"双钱"套鞋齐名。

民国三十二年（1943年），日军侵占桃源，一把火烧了钱缘米行。1949年第14代传人刘大魅通过地下党组织联络，冒着生命危险筹粮支前，使1949年8—10月过境的中国人民解放军和一部分剿匪部队的粮食供应得以补充。解放后，"钱缘"第15～16代传人刘义盛、刘巨庭将钱缘米行改造为漆河大米厂。

重整旗鼓谱新篇

2002年，时任漆河供销社主任刘兴海根据父辈的意愿，买断自己的干部身份，专心致志办米厂，取厂名为"兴隆"，注册商标"钱缘"。他在传承"钱缘"文化时确立了"为耕者谋利、为食者造福"的宗旨。2007年，企业走上创新发展的道路，专注富硒营养稻米的开发。在世界杂交水稻之父袁隆平院士和国家营养健康专家的悉心指导下，企业与大专院校联手，组成10人专家团队。在我国率先开发出了富硒香米、多维锌硒米、高必需氨基酸米、生态紫米等高端营养大米。这四类产品的开发极好地填补了民生健康生活需求的短板，使历史的贡米之乡成为再创奇迹的沃土。"钱缘"商标被评为中国驰名商标。

第18代传人刘操为2017年退伍军官，主动子承父业，打造湖南现代农业特色产业园，以更好地"抒写生命健康的执着追求，彰显华夏儿女的勤奋仁和"，建绿色水稻基地53 748亩，13个"钱缘"系列产品全部通过国家绿色食品认证。现正在实施中国好粮油示范企业工程，建一个世界一流、国内顶尖的日产300吨营养米生产线与可视农业示范基地。

迄今，"钱缘"创牌435年，通过18代人的竭力打造，兴隆米业现已成为融农资供应、水稻种植、稻谷烘干、大米加工、粮食储存、生物能源、市场销售为一体的湖南省农业产业化龙头企业。企业年产销额达2亿元以上。创新研发的四种高端功能性营养米（富硒香米、多维锌硒米、高必需氨基酸米、桃花紫米），获国家多项金奖。企业是"全国放心粮油示范加工企业"；"全国富硒产业十佳明星企业"；中国科协、财政部科普惠农示范企业；国家高新技术企业；创办的合作社为国家级农民专业合作社示范社；中国好粮油行动示范企业；湖南省农副产品加工提质升级示范企业；连续九年获得湖南省"守合同、重信用"企业；"钱缘"牌系列产品为"湖南名牌产品"；企业形成了完善的市场营销网络，产品销售到国内北京、上海、深圳、广州、成都、重庆、长沙等大中城市，品牌影响力和市场占有率居国内同类产品前列。企业于2006年获得ISO9001质量管理体系认证；2014年获得ISO22000食品安全管理体系认证；企业以科技为支撑，建立了"袁隆平院士工作站""常德市富硒功能稻米工程技术研究中心"。企业秉承"为耕者谋利、为食者造福"的宗旨，努力实现"支撑主导产业、托起三农希望、维护粮食安全、引领健康消费"的宏伟目标。⚑

（覃开太）

剪家溪：优质豆腐美名扬

常德市剪家溪豆制品有限公司现任总经理杨国华的高祖父所办杨家客栈因制作豆腐出名，剪家溪豆腐之后长盛不衰，直至1943年日本入侵。20世纪50年代，杨国华的祖父杨有礼与杨玉山在常德市桃源县剪市镇中巷口合开磨坊——剪家溪豆腐坊，剪家溪豆腐坊后收归剪市饭店"一条鞭"经营（计划用量凭票供应），1959年剪家溪豆腐坊划归公社，1970年并入公社综合加工厂。1988年豆腐市场放开，集体、个体一起上，剪市豆腐遍地开花。2014年杨国华返乡创业，创办常德市剪家溪豆制品有限公司，并新修了剪家溪大饭店，注册商标沿袭"剪家溪"与"剪市"。

公司拳头产品是水豆腐，得益于剪家溪水质优异（白果水，清澈晶莹，甜软可口）、黄豆富硒，地下还有豆腐催生剂石膏矿。还开发出油豆腐、千张、腐竹、炸豆腐、五香豆腐干、腊豆腐、豆腐乳、花粉豆浆晶、臭豆腐、霉豆渣等。

公司产品在采用独特的老字号生产工艺基础上，用葡萄糖酸内酯代替传统的石膏和卤水制作。用葡萄糖酸内酯点出的豆腐更加细嫩，味道和营养价值更高。

常德曾有这样的民谣："桃源的酒，陬市的糖，剪家溪豆腐像城墙。"而如今人们这样称赞剪家溪豆腐："剪市豆腐四四方，白白嫩嫩水汪汪，圆润坚韧味醇正，营养可口美名扬。"

公司坚持保证品质，回归自然，精益求精，健康养生的生产理念，力求产品原汁原味。

近几年，公司生产的产品屡获桃源县举办的硒博会与地方土特产品展示展销会金奖。🔶

（杨海英）

百年茂记：『丝绸之路』上的神秘之茶

安化百年茂记茶业有限公司，前身为湖南安化百年茂记茶行，公司注册成立于2013年3月，法人代表张振。

清光绪二十二年（1896年），湖南安化茶叶世家、茶商会会长张茂林先生秉承"茶者仁寿，厚德载福"的祖训，以家族经营的"德记""和生福""顺兴福""同人昌红茶"四大茶号为基础，创立"茂记茶庄"。其寓意饱含制茶世家对"生意兴隆、薪火相传、枝繁叶茂、茶行千里、德福无疆"的期盼。随后，"茂记"沿着"中国丝绸之路"和"中国茶叶之路"两条世界闻名的商道，与安化其他老字号一道，将"世界只有中国有，中国只有湖南有，湖南只有安化有"的湖南安化黑茶销往了中国北方、蒙古高原、俄罗斯大地和阿拉伯世界，使安化黑茶成为"丝绸之路"上的"神秘之茶"和"茶叶之路"上的"生命之饮"。

百年茶事，世代传承。茶叶世家"茂记"第四代传人张剑先生携"百年茂记"出品团队历时20年，扎根安化黑茶原产地，栽培种植优质茶树和收购贮藏优质本地原叶，传承百年黑茶历史，融会湖湘茶人精神，坚守祖辈的制茶道德和传统技法，以独特的个性，只做安化本地高山原叶定制茶和时尚文化茶，不做常规常态茶，更不做外地拼配茶，坚守匠心，极致传承，精工细作，续写传奇。

公司拥有全国茶业唯一以"百年"二字注册的"百年茂记"老字号品牌和全国仅有的"同人昌红茶庄"红茶老字号知名商标，以及"百选茶村""千两月光""娘亲茶"三个子品牌。2016年10月，被认定为省级非物质遗产保护单位。公司为中国茶业流通协会会员单位、中华老人文化交流促进会常务理事单位、湖南省茶叶协会理事单位、湖南省非遗保护发展促进会常务理事单位、湖南省上云标杆企业、益阳市海外联谊会常务理事单位、益阳市黑茶收藏协会和益阳市侨商会副会长单位。🔖

（杨海英 ）

白溪豆腐：一县一品好机遇

很久以前，娄底新化的白溪是一片白沙洲，几十户人家稀稀落落地住在这里，因为到处是白沙，人们就称此地为白沙。

乾隆十年（1745年），乾隆皇帝私访江南，途经白沙，一行歇宿在村上一家小店。店主不知道眼前的人是当朝天子，只拿出豆腐招待。席间，乾隆几次细尝品味，越呷越觉鲜嫩，便要求"再来几盘"。店主又送上三盘，乾隆十分欢喜，在此歇了九宿。临走，他吩咐左右备上匾额，亲笔题写"走过天下府，白溪好豆腐"，方才离去。

店主觉得匾额堂皇，字也好看，便命人悬挂厅中。"白溪"便由此传开，一直称呼至今。乾隆回朝后不久，即宣白溪豆腐进贡。众人不解，为何将"白沙"写成了"白溪"？店主回忆说："可能是乾隆皇帝多喝了两杯酒，将白沙错写成了白溪。"从此以后，小店生意兴隆，白溪豆腐声名大噪。那些过东洋、走西亚、越欧洲，闯北美的人都带上这儿的豆干，作为礼物，赠送亲朋。据说，现在日本、朝鲜等国人民还知道白溪的豆腐呢。

1979年白溪食品厂成立，是娄底地区乡镇企业局和县轻工局重点扶植的单位，当时已研制出的产品有豆奶晶、豆浆粉、鸡汁五香豆干、麻辣五香豆干等系列品种，1986年五香干在湖南省食品展销会上获"芙蓉奖"证书和奖杯，豆奶晶被评为省名优特产。

继原白溪食品厂之后，2004年优秀企业家高红霞的白溪食品有限公司逐渐发展壮大，出产的"新白牌"系列豆制品，在2006年湖南第八届国际农博会上获金奖，产品正式打入国际市场。白溪镇之后又陆续发展了腾飞食品有限公司、曾姐农产品有限公司、白溪水磨豆制品有限公司、顺意食品有限公司等九家规模豆制品加工企业，2016年获得"重点推荐诚信经营示范单位"称号，还曾获得2016年中国中部（湖南）农业博览会农产品金奖。

2018年白溪豆腐被新化县作为一县一品牌正式推出，迎来了前所未有的发展机遇。🔖

（杨海英）

曾泰顺：非遗好口碑

涟源市曾泰顺游浆豆腐有限公司于2016年9月注册成立，其前身为富田桥曾氏游浆豆腐店，秉承200多年的祖传手艺，生产的主要产品为负有盛名的涟源特色农产品——富田桥曾氏（曾泰顺）游浆豆腐干。

富田桥曾氏（曾泰顺）游浆豆腐首创于清乾隆期间，口传心授，传承至今已有 13 代。目前在 90 多岁高龄的第 11 代传承人周秋莲老人的带领下，曾有元、李欢和曾三元等秉承"做游浆豆腐，做良心豆腐"的理念，共同为曾氏游浆豆腐的发展和传播而努力。

曾泰顺游浆豆腐精选优质大豆，加富田桥矿泉水，经20多道工序精制而成，不含石膏等任何添加剂和防腐剂，堪称绿色食品。其具体的加工工艺包括浸豆、磨浆、过滤、煮浆、游浆、王糖膏煮豆腐等十几道工序，加工制作技能要求特别高，其中最具特色和最考验师傅功夫的首推"游浆"工序环节，游浆师傅必须初一、十五祭拜始祖尚奇公，知晓道家阴阳学说和儒家的中庸之道，根据气候节令的变化，豆浆的浓淡和温度，来控制游浆的节奏和时长，以保证豆腐的细腻嫩滑，获得最佳口感。因此豆腐产品直接取名为"曾氏游浆豆腐"。

富田桥曾氏（曾泰顺）游浆豆腐被评选为涟源市名优特产、涟源特色农产品；2003年荣获"娄底市首届'中兴杯'农副产品大奖赛"三等奖；2017年获涟源市"武陵味道"美食餐饮大赛优胜奖，被评为娄底十大特色名小吃。"曾泰顺""富田桥曾氏"已在国家工商局注册商标，其中"富田桥曾氏"2017年被认定为"湖南省著名商标"。目前，富田桥曾氏（曾泰顺）游浆豆腐制作技艺已列入娄底市非物质文化遗产。🖂

（杨海英）

大布江拼布绣：湖南最美珍稀老手艺

郴州市大布江娟娟拼布艺术坊于2011年成立，2014年升级为公司——郴州市大布江拼布绣有限公司，注册资本800万元，法人代表何雄军（何娟），总公司位于郴州市北湖区青年大道21号，主要从事拼布绣作品的制造、生产、批发兼零售，以及非物质文化遗产的保护、收藏、展示和艺术交流。

公司现有3个非遗展示旗舰店（长沙雨花区店、郴州龙女店、郴州友阿店）、2个展示销售一体馆（郴州友阿、永兴人民公园大布江拼布绣展览馆）、3所非遗传习所（永兴青少年宫传习所、永兴特殊学校传习所、资兴茶坪瑶族合作社）、1个非遗传承基地（郴州市北湖区石盖塘镇传承基地）以及3个网络平台（中国拼布、淘宝店、微店平台）。

公司每年自主举办拼布作品、文创产品、手工体验游学等展会和活动20余场次。公司近期重点开发非遗产品，使非遗产品进入文化收藏市场、高端礼品市场和大众旅游市场。公司已研发出四大类产品投放市场：经典民俗类、装饰类、生活实用类、个性定制类。产品类型极为丰富，并通过固定展馆、展会平台、网络平台进行线上线下全覆盖销售。公司现已与湖南省内各重点旅游景点韶山、长鹿国际休闲等景区合作，结合景区特点，开发特色拼布文创产品。公司还与全国60余种类的非遗传承人形成了战略合作，并拥有清华、北大等知名美术院校教授、学者的技术顾问团队，产品开发设计能力极强，市场前景很好。

公司从事的非物质文化遗产产业化发展战略目标：大力发掘非遗产品技术及生产资源，完善和发展非遗产品设计及研发团队，构建融研发、设计、生产和销售为一体的企业模型；立志成为拼布非物质文化遗产传承保护单位、国家级文化产业基地、湖南省文化旅游商品骨干企业。

公司于2011年注册"大布江"商标。

公司从事的"大布江拼布绣"，2012年被列入省级非物质文化遗产保护名录。

学生学习拼布绣的成果

大布江拼布绣传承人何娟在给学生讲解大布江拼布绣的制作

2015年荣获"湖南最美珍稀老手艺"称号、"湖南最具发展潜力的传统技艺项目"。

2015年被湖南省文化厅遴选赴澳大利亚开展国际文化交流（郴州唯一项目入选）。

2016年被评为"女职工培训示范学校""创业就业示范基地""优质初创企业"。

2016年被湖南省贸易促进委员会推选参加第112届法国巴黎国际博览。

2017年拼布产品已获得五项国家外观设计专利。

2017年被湖南省商务厅推荐参加意大利米兰国际手工艺品展。

公司总经理，非遗传承人何雄军（何娟）2014年被评为省级传承人，并入选了湖南省第十二届省妇女代表大会代表。2015年被评为郴州市"十大最美产业工人"之一，2016年在郴州市首届"青年创新创业大赛"荣获二等奖，2016被评为"湖南省十大最美基层文化人"。🔒

（杨海英 ）

『赵子龙』：不含任何添加剂的健康酒

郴州赵子龙酒业有限公司坐落于湖南省桂阳县余田生态园，是一家融科研、生产、销售为一体的规模化企业。

赵子龙酒业有限公司主要生产具有地方特色的黄酒产品和酿造露酒产品，公司注册时间是2011年，注册资金200万元，公司性质是私营有限公司，由刘培弘、刘伟翔两人出资，占地面积10亩，建筑面积3000多平方米，目前拥有资产总额2360万元，其中固定资产620万元。公司年产销黄酒800多吨，露酒100多吨，在职员工30人，其中技术及管理人员5人，高级技术职称2人。

赵子龙酒业有限公司的注册商标是众人皆知的三国名将常胜将军"赵子龙"，该商标于1952年由桂阳县县属企业赵子龙酒厂开始使用，至今已有66年的历史。

赵子龙酒业有限公司一直以来着力于创新研发，申请了数十个国家专利，并多次荣获"专利奖"及"郴州市科学技术进步奖"。其研发的健康红曲酿造酒，独具特色，有降三高的保健功效，于2015年荣获"中国中部（湖南）农博会金奖"、2016年荣获"郴州市农博会金奖"。赵子龙酒业有限公司在2017年荣获"郴州市农业产业化龙头企业"称号，公司建有糯谷种植基地2000多亩，有效地帮扶了贫困户增收，助力地方精准扶贫。

赵子龙酒业有限公司在云南昆明、山西临汾、江苏苏州、广东的广州和深圳等多地有办事处及代理商，年销售额约1600万元。

赵子龙酒业长期专注健康饮酒，立志为顾客提供味美爽口、营养保健、不含任何添加剂的健康酿造酒。🔖

（陆嘉琪）

舜菲：『世界独有的手工艺品』

临武县湘菲编织工艺品有限公司成立于2016年8月，注册资金50万，是一家融产品设计、生产、销售为一体的专业化企业。

公司的主要产品有龙须草席、太阳帽、胸针、钱包、扇子、汽车垫、沙发垫、字画等编织工艺品。其中龙须草席，有着600多年的历史，清朝时曾被作为贡品，故又称"龙须贡席"。1954年，在德国莱比锡世界工艺品博览会上，它被誉为"世界独有的手工艺品"。

在湘南山区，龙须草是常见的野生植物。每年6月，是采摘、加工龙须草的最佳季节。一米长以上的龙须草才适合编织，采时不能摘断、不能破坏，还要保留一部分没有长成的草，等待来年继续采。

龙须草席的生产工艺十分讲究，有采草、煮草、晒草、配料、修剪、清洗、晾干、锤草、刀刮、编席等十几道工序，编织的花纹有波状及人字纹、棱字纹等式样。编织一床龙须草席最少要用6000多根龙须草，需耗时15天左右。湘菲编织工艺品有限公司在继承了龙须草传统编织工艺的同时，还对其进行了进一步的改良和创新，展现了编织工艺品独有的艺术魅力。

2014年，"龙须草席编织技艺"被评为郴州市级非物质文化遗产。2017年，临武县湘菲编织工艺品有限公司的作品《中国福》获"金凤凰"创新产品设计大奖赛铜奖。2017年12月，公司生产的"龙须玉扇"获"湖南（郴州）第三届特色农产品博览会"金奖。

公司秉承"以人为本，诚信立业"的经营理念，在将健康、美观、舒适的产品带给消费者的同，立志把"龙须草编"这一非遗技艺发扬光大，提高本地旅游业的吸引力和竞争力，提升文化价值，助推美丽中国乡村的发展与建设。🅿

（陆嘉琪）

倒缸：醉脚不醉头

嘉禾县倒缸酒厂位于嘉禾县珠泉镇，公司前身是1962年成立的嘉禾酒厂。1997年嘉禾酒厂改制为嘉禾县南霸酒业有限公司，2005年曹茂盛买断嘉禾酒厂资产和品牌，2014年7月10日注册成立嘉禾县倒缸酒厂。

几年来，嘉禾县倒缸酒厂不断发展壮大，酒厂总资产5000多万元，占地面积1.6万平方米，建筑面积0.53万平方米，拥有酿酒车间4栋，各种生产设备17台，年生产能力400多吨。酒厂现有员工100多人，是郴州市和嘉禾县农业产业化龙头企业。

酒厂主导产品倒缸酒，是嘉禾民间特有的传统名酒，属甜型黄酒类。在嘉禾，逢年过节，家家户户都会做上几缸倒缸酒，迎接前来拜访的客人。

嘉禾倒缸酒色泽棕黄、清澈透明、陈香浓郁、醇香味正、甜酸适口，具有滋补养身、强身健体的功效，当地民谚说"嘉禾倒缸酒，醉脚不醉头"，深得广大消费者喜爱。萧克上将饮此酒后，挥笔题写了"水是家乡甜，酒是倒缸好"，大赞倒缸酒的怡人美味；曹里怀中将饮此酒后，也曾挥笔题写了"嘉禾倒缸，美酒飘香"。

倒缸酒通过了 HACCP 食品安全管理体系认证，在 1991 年被评为中国食品工业十年新成就展示会优秀新产品，1994 年被评为第五届亚洲及太平洋国际贸易博览会银奖，2008 年被评为湖南郴州首届农产品展销暨年货交易会最畅销产品，2013 年被评为中国中部（湖南）国际农博会金奖，2015 年被评为第六届湘鄂赣渝闽桂酿酒行业质量检评优质产品金奖，2017 年被评为郴州市十大农产品知名品牌。

嘉禾的倒缸酒和嘉禾文化是一脉相承的，三杯两盏倒缸酒入口，嘉禾人直爽、乐天、热情好客的性格也融入了在了嘉禾浓浓的酒文化中，成为一张美誉嘉禾的文化名片，为外人所称道。

走进新时代，嘉禾倒缸酒厂将坚持品牌提升与产品销售并重，管理创新与生产经营并举，继续保持企业的良好发展态势，为传承嘉禾倒缸酒文化、做大做强倒缸酒品牌而努力奋斗！⑧

（陆嘉琪）

邵阳大曲：匠心好酒润三湘

湖南湘窖酒业有限公司前身是邵阳市酒厂，成立于1957年10月。2003年8月企业改制，由华泽集团（现更名为金东集团）整合并购后更名为湖南湘窖酒业有限公司。公司现有员工近2000人，已发展为邵阳市工业龙头企业，湖南省最大的酿酒企业。

"要情""湘窖""开口笑""邵阳大曲"……这些酒的名字早已融进湖南人的记忆里；"湘窖·我的大学梦""湘窖学子——希望同行""见义勇为基金"……这些由湘窖酒业发起的公益项目和活动更是让湖南人感受到了湘窖作为本土龙头企业的拳拳爱心和社会责任感。

好水酿好酒，"天下第一窖"发酵六个月

坐落于邵阳市北塔区江北工业园的湘窖酒业生态文化酿酒城，占地1700多亩，设有生态叠泉、湘窖体验馆、酿酒车间、鎏金岁月、天下粮仓、曲水流觞、曹婆古井、万吨酒库、开心广场等景点，融园林、生态、环保和工业旅游为一体，被称为"中国醉美白酒厂"。如今，湘窖酒业生态文化酿酒城已经成为邵阳市的一大景

点，每天都有不少游人前来参观，在这么美的环境里，好水好原材料，再加上高水准的酿酒师傅、酿酒技艺，一坛坛醇香四溢的美酒恍若浑然天成。

好水才能酿好酒。酿酒城内有一口曹婆古井，古井内的水是酿酒的清泉，源于资水与邵水交汇的状元沙洲，是罕见的优质矿泉水。酿好一坛酒，光有好水自然是不够的，湘窖酒业巧用心思，修建了地下酒窖、天下粮仓、目前我国最大的陶制酒坛、麻坛酒库和国内最大的发酵窖池——天下第一窖。湘窖的"天下第一窖"长10米，宽8米，高2.4米，总容量200立方米，是国内最大的发酵窖池。"天下第一窖"一次性可投入粮食30吨，可产酒10吨。

在窖池旁，能闻到一股浓郁的酒糟香，那是窖池特有的味道。据介绍，一般的窖池发酵时间为两个月左右，而"天下第一窖"的发酵时间为六个月，每年出窖两次。窖池时间越长，微生物越丰富，酒香就越浓，酒味越好。窖池中的窖泥、糟醅都是经过数十年的循环利用，去粗存精，有益微生物得到了充分的优化和富集。

麻坛储酒，音乐"催"酒陈

酒是粮食精华，更是循天时之变，集天地之灵气孕育而生，因此，白酒有"三分酿七分藏"的说法，可见藏的作用是不可小觑的。湘窖酒业地下酒窖主要用于储存基酒，占地1.5万平方米，有地下酒窖98个，总

容量达到2万吨，窖池中的酒都是通过管道输送的，酒窖内壁均贴有3厘米厚的上等陶片，完全达到麻坛储酒的效果。

在麻坛酒库，工作人员为每坛酒都建立了身份档案，每批酒进库时将其等级、重量、入库时间等基本情况标注于坛卡上，并在储存过程中定期监控、尝评，及时掌握酒体变化规律，为勾调不同风味、口感的系列酒提供基础依据。

而麻坛酒库有什么好呢？工作人员表示，麻坛中含有的多种金属氧化物，在贮酒过程中能溶于酒中，对人体有益。麻坛透气性能好，能够促进白酒的自然老熟。酒的异杂味在酒的储存过程中通过毛细孔隙溢出，有效地促进了酒体的纯净。通过麻坛储存，酒中的各种化学、物理反应达到平衡，各种成分紧密地结合在一起，香气优雅、口感舒适。

湘窖酒业麻坛酒库也是全国为数极少的音乐酒库之一，给酒听音乐，这也是湘窖酒城特有的白酒催陈方法。酒库24小时不间断地播放着古典音乐。工作人员称，实验证明，听过音乐的酒比没有听过音乐的酒更绵醇——音乐触动了酒分子的运动。

传承传统酿酒工艺与文化

邵阳大曲是诞生于1958年的白酒品牌，是湘酒最早的五朵金花之一，也是唯一以地域命名的品牌，更是几代湖南人成长过程中难以磨灭的味觉记忆。邵阳大曲

是湖湘文化的典型代表，其口感跟湖南人的生活习惯息息相关，贴近百姓消费、切合湖南人饮酒习惯、稳定的酒质等特征使之成为"湖南老百姓自己的酒"，一直以来都是湖南市场老百姓用酒的热销品牌，也是湖南人自豪的家乡白酒、湖湘酒文化的载体。同时，在酿酒的工艺流程方面，酿酒人将传统工艺代代相传，铸造出湖南的金字招牌。1960 年邵阳大曲就被评为省地方名酒，1978 年邵阳大曲酒获省优质产品称号。1987 年获评湖南省优质产品，1988 年获中国首届食品博览会金奖，1990 获轻工部优质产品，1995 年获中国国际食品、食品加工暨包装机械展览会金奖，以及"质量信得过，市场信誉好"产品称号。1996 起至今连续被评为湖南省名牌产品，邵阳牌商标获湖南省著名商标。

随着企业的发展，为满足不同消费者的需要，产品从单一邵阳大曲单品，陆续发展为邵阳大曲系列产品，包括精制邵阳大曲酒、特制邵阳大曲酒、邵阳津、老邵大、邵阳大曲金牌、邵阳大曲珍品、邵阳老酒、邵阳老窖、邵阳酒坊以及邵阳窖藏1955、1966、1977、1988、1999等系列年份酒等近100个品种。产品投放市场以来，深受消费者喜爱。同时，企业为做大做强，满足不同层次消费者的需求，在邵阳大曲酒的基础上，又开发了开口笑系列、湘窖酒

当地时间2018年10月18日晚，湖南湘窖酒业企业代表从比利时布鲁塞尔市市长Marion LeMaiher女士手中接过红钻·湘窖获大金奖证书、从比利时布鲁塞尔国际烈性酒大奖赛组委会主席卜度安·哈弗手中接过红钻·湘窖获大金奖奖牌

系列、要情酒系列三大系列白酒，产品160余个。"邵阳大曲"，作为大众消费产品，畅销60年，家喻户晓；中等价位的"开口笑"是一般政务接待、商务应酬的首选；"湘窖"则是湖南高档白酒的代表之作，颇受专家和市场好评；"要情酒"已成为湖南高档白酒的巅峰之作，"重要时刻，要喝就喝要情酒"。"湘窖"品牌和"开口笑"品牌被国家工商总局认定为中国驰名商标。

坚守匠心

60多年传承下来的精湛的酿酒工艺和技术娴熟的酿酒工人是湘窖酒业一笔宝贵的财富。

在湘窖，工匠众多，2018年5月，在湖南省庆祝五一国际劳动节暨表彰劳模和优秀工匠大会上，湖南湘窖酒业满载而归，员工苏曙明获湖南省"湘字号"工艺大师称号，雷春华、刘中强、张长清获湘酒优秀工匠称号。同时，苏曙明被湖南省总工会授予"湖南省五一劳动奖章"称号，雷春华、刘中强、张长清被湖南省人社厅授予"湖南省技术能手"称号。

金东集团党委书记兼湖南湘窖酒业公司总经理汪小鱼表示："酿酒，是一项工艺，靠的是酿酒技术和经验积累，而现在的湘窖绝大多数员工都是工作10年以上的，酿酒师傅们更多的是已经在这行做了30多年了。每一道酿酒程序上安排的师傅都是手艺最好的。"

荣誉见证实力。历经60多年的经营发展，湘窖酒业也在不断创新中超越自我，先后被评为国家级农业产业化龙头企业，湖南知识产权优势培育企业，连续多年被评为湖南省经济效益百强企业，湖南省酿酒行业重点大型骨干企业，2012年2月荣获湖南省省长质量奖。2016年，湘窖酒业技术中心主任杨志龙的技术创新研究项目——一种有效降低回糟入池糟醅酸度的方法，荣获国家发明专利。

湖南湘窖酒业有限公司将再接再厉，抓住机遇，注重安全生产，严格产品质量，保持攻坚克难的锐气和勇气，加快建设步伐，为振兴湘酒事业做出应有的贡献。🐚

（周明）

高腊梅：星琳纸上有乾坤

滩头年画是湖南省唯一的手工木版水印年画。从明末清初到民国初年，滩头年画逐步形成了自己独特的美术风格：艳丽、润泽的色彩，古拙、夸张、饱满、个性化的造型方法，纯正的乡土材料和独到的工艺，使作品具有浮雕一般的艺术效果。

1916年，邵阳县岩口铺镇麦兰村人钟登弟在隆回县滩头镇三坡街21号创办了"成人发"作坊，主要生产年画、凿花（剪纸）、五色纸等，一家人以此为生。1954年，钟登弟病逝。1956年，其子钟海仙为便于经营，将"成人发"年画作坊改为"高腊梅作坊"（高腊梅系钟海仙之妻）。"文革"中，滩头年画因"破四旧立四新"而被停产，印版被毁，钟海仙、高腊梅夫妇将年画版一部分藏在自家地窖中，一部分藏于十里外城背村农民家中，使年画版得以保存。

1980年，"高腊梅"年画恢复生产。2017年3月，高腊梅孙女钟星琳以滩头高腊梅作坊为主资产，创建了隆回县滩头镇星琳纸文化有限公司，并注册了"高腊梅"品牌。此外，钟星琳还在长沙市雨花区非遗馆创办了高腊梅年画传习馆，在长沙市星沙开发区、黄花机场、韶山先后开办了高腊梅年画营业店。

滩头年画从造纸原料的选择、纸张的制造、刷底，到刻板、七次印刷、七次手绘，一张年画的生产需要经过20多道工序。从手工造纸到年画成品都在一个地方生产，在全国年画制作中极为鲜见。

高腊梅年画因制作技艺精良，代表了滩头年画制作的最高水平，制作人钟海仙、高腊梅夫妇及其儿子钟建桐先后被评为滩头年画国家级代表性传承人。1994年，他们的作品在国家文化部主办的中国民间艺术一绝大展中荣获银奖；2003年，在中国首届文物仿制品暨民间工艺品展中荣获金奖。2018年1月，钟建桐被苏州工艺美术职业技术学院聘为苏州桃花坞木刻年画社传承人培养指导专家。

"过年贴年画是我们儿时的美好记忆，这种元素现在正在慢慢淡化。我的长辈们用毕生心力去保护这项技艺，我不能让它在我这一辈消失，一定要守住年画、留住年味！"钟星琳说。

（陆嘉琪）

小塘麻鸭：鲜香辣腊呱呱叫

湖南呱呱叫食品有限公司位于新邵县小塘镇，是一家专门从事肉制品，蔬菜产品研发加工及销售的生产型企业。公司传承百年美食制作历史，以本土生态养殖的优良品种小塘麻鸭为原料，专业加工精品酱板鸭、精品茶油鸭、香辣鸭翅、香辣鸭肉、香辣鸭腿等产品。

小塘镇是著名的麻鸭之乡，养鸭历史悠久，却长期处于"藏在深闺无人知"的窘境。2012年，返乡创业的孙培红看到了这一商机，于是成立了湖南呱呱叫食品有限公司，立志做响"小塘麻鸭"品牌。

一般的肉鸭只需60天就可以达到标准重量，但在孙培红看来，却不是理想的小塘麻鸭，这时候的鸭子，尽管已经成熟，风味还差了一大截。孙培红很看重产品的质量，他安排村民采用田间放养的方式喂鸭，等养够72天，再以合理的价格上门回收。

然而由于缺乏养殖经验，2013年3月，连日的寒冷天气导致几千只麻鸭全部冻死，经济损失近万元。遭受沉重打击的孙培红在冷静思考过后，觉得还是不能放弃，再次担起了带领养殖户致富的重任，走出一条"公司+基地+农户"的农业产业化路子。

2014年，孙培红抵押了房子，拿出多年的积蓄建厂房，开始从事麻鸭加工。为了寻找独特的卤汁秘方，他和团队里的其他小伙伴四处打听卖得好、知名度高的酱卤企业，但是上手实践的娴熟，却不是短时间可以速成的。为此，孙培红和研发人员反复试验，调配各种香料的比例，一次不行就倒掉再做，经过接连十几天的身心煎熬，在倒掉几万多元的食材后，终于找到了理想中"小塘麻鸭"的味道。

除麻鸭这个主料外，公司还引进国内外一流的食品加工设备和技术，自主研发的农副产品已形成五大系列，以鲜、香、辣、腊为主要特色。2015年，湖南呱呱叫食品有限公司被全国供销合作社总社评为"全国供销合作社系统重点龙头企业"。2017年，获邵阳市农业产业化龙头企业荣誉称号，2018年被邵阳市农博览会评为"最受消费者喜爱的农特产品品牌"。❶

（陆嘉琪）

河溪·醋润湘西

湘西弘湘醋业有限责任公司位于湘西富硒带——美丽的河溪古镇，主要从事河溪香醋生产及销售。

河溪镇的香醋酿造历史悠久。据史料记载，清朝嘉庆二年（1797年），河溪香醋即已成为朝廷贡品。河溪古镇地处独特的红岩地质带，水质属碳酸盐或硅酸盐型，富含多种人体必需的矿物元素。当地气候温和潮湿、微酸性土壤，能促进真菌和酵母菌的生长繁殖，具有生产发酵食品的优越环境。这些都为河溪香醋的生产提供了优越的先天条件。

河溪香醋的酿造技艺也是独具特色。它采用原始古法酿造，在阳历7月至9月间，选用武陵山区的优质富硒大米，兑以当地富含多种矿物质的"狮子山"古泉水，采用蒸醋米制曲米。首先，用本地特有的中草药叶均匀铺置于平地上，然后铺上篾垫，将经过浸泡、沥干、蒸煮等工序加工过的优质大米均匀地铺置在篾垫上，再以中草药叶覆盖，自然接种制曲，在太阳下晒干，完成其天然制曲。之后，便进入了长达两年及以上的液态发酵阶段。

河溪香醋经多重过滤，色泽天然、棕红透明、香气馥郁、爽口无涩、回味微甜。同时，河溪香醋富含多种氨基酸、维生素等营养保健物质，长期食用对减少多余脂肪，软化血管，防治高血脂、高血压等心脑血管疾病有很好的作用，是保健、调味佐餐之佳品。

自1956年国营建厂投产至今，"河溪"香醋已走过60年风雨。"河溪"香醋产品先后获得中国食品行业优秀新产品奖、湘西自治州优质产品奖、湖南省食品行业优质产品奖、湖南省群众最喜爱食品芙蓉奖、湖南省优质产品奖、湖南省第二届农博会优质产品奖、湖南省食醋行业2000年质量信得过产品奖、湖南省第三届农博会金奖、2015年获湖南省著名商标、2017年中国中部（湖南）农业博览会产品金奖等多项荣誉。目前湘西河溪香醋享誉武陵山片区市场，市场份额逐年快速递增，已成为湘西自治州最具特色的名优产品。

（陆嘉琪）

英妹子：香高味浓纯天然

湖南英妹子茶业科技有限公司位于湘西土家族自治州古丈县。古丈有着2000年的种茶历史和1600多年的贡茶历史。英妹子茶业科技有限公司的前身"德明茶铺"由创始人李文典成立于清末年间，其主营产品是"古丈毛尖"和"药茶丸"。药茶丸是采用茶叶鲜叶，经过揉捻、做形、晾干等加工工艺，制作出来的一种红茶，曾名响四村八寨。1951年，德明茶铺为扩大经营迁至古丈坪（今古丈县）后街，当时，李文典之子李德明已经子承父业，负责经营"德明茶铺"。

2008年，80多岁的李德明为了传承"德明茶铺"精湛的制茶工艺，将祖业"德明茶铺"传给了在外经商的外孙龙自刚。经过两年多时间的精心准备，龙自刚出资1000万元人民币，注册成立了湖南英妹子茶业科技公司，成为"德明茶铺"的第三代传承人。龙自刚还将原"德明茶铺"商号注册成"英妹子"商标，"德明茶铺"的老店保留作为"英妹子"文化展厅。"英妹子"也就完整地继承了老字号"德明茶铺"的原创工艺、文化和精神。

多年来，得天独厚的生态环境使古丈茶的鲜叶原料质量优异，成品茶不仅外形优美，内含物丰富，而且冲泡后香高味浓，回味甘爽，具有明显的地域特点。特别是英妹子公司研发出的湘西首款红茶，采用"公司+合作社+农户"的方式，与梳头溪茶叶合作社的238户1087位村民签订了订单式收购协议，所有茶叶鲜叶通过全自动智能化红、绿茶生产线，茶不沾地，茶不沾手，使当地茶叶产业效益大幅提高，以前只能采摘一季的茶叶，如今每年春、夏、秋三季均可采摘加工。

如今，公司有英妹子"古丈毛尖"、英妹子"工夫红茶"、英妹子"红砖茶"三大系列茶品，并相继取得"英妹子""黄金红""尖尖翠""梳头溪""湘西壹号""学明哥"六大注册商标。其中，"英妹子"商标为湖南省著名商标。公司的"英妹子"红、绿茶已获欧盟有机认证、美国有机认证、中国国标有机认证、中国绿色食品认证。

（陆嘉琪）

洗车河：把霉豆腐卖成『非遗』

龙山县刘大姐土家特色食品有限公司坐落在湘西自治州龙山县宁静秀美的洗车河古镇，是一家融霉豆腐（腐乳）生产、销售为一体的农产品加工企业。

做霉豆腐是一个古老的手艺，刘家霉豆腐在1928年开始制作，秘方代代相传。当时嫁到刘家的兰艾英为了远航的船哥们在路途中有可口的开胃食品，亲手开创研制了香辣霉豆腐。船哥们食后赞不绝口，常带一些给亲朋好友，亲友们吃了一次想二次，总忘不了嘱托船哥们下次来时多带些，就这样兰艾英制作的洗车河香辣霉豆腐也就销到了常德、汉口一带。

解放初期，兰艾英将手艺传给了勤劳能干的儿媳兰翠玉。兰翠玉在自家门前摆起了小摊，供客人们选购。由于有了销售的固定摊位，名声越传越远。

2002年，刘金霞从工作岗位退休后，接过母亲兰翠玉的手艺，谋划洗车河霉豆腐的发展之路。她于当年注册了"龙山县洗车河刘氏食品厂"，2003年注册了"洗车河"商标。2013年1月，刘金霞向国家工商局依法注册了"龙山县刘大姐特色食品有限公司"，年生产能力达500吨。

洗车河霉豆腐制作工艺复杂，从选料到成品要经过几十道工序，且道道工序讲究，环环相扣。其工艺流程主要包括：选料→浸泡→清洗→磨浆→冲浆→滤浆→煮浆→下膏→蹲脑→翻脑→上箱→上榨→压榨→翻箱→切坯→排坯→摊凉降温→上架→前期发酵→搓毛→配料→腌制→后期发酵（两个月）→分装→倒汤→贴标→检验→成品等，其中最核心的技术必须由老师傅亲自带徒，进行言传身教，全凭丰富的经验去判断，这些不是现代设备所能代替和实现的。

2009年，洗车河霉豆腐被湘西自治州人民政府列入非物质文化遗产保护名录；2014年，公司被湘西自治州人民政府评为"湘西自治州农业产业化龙头企业"，"洗车河"商标荣获"湖南省著名商标"；2016年，洗车河霉豆腐荣获中国（湖南）国际农博会金奖。2009年至2017年，公司总经理刘金霞连续多年被龙山县人民政府评为"非物质文化遗产代表性优秀传承人"。圖

（陆嘉琪）

『太师』：舌尖上的团圆味道

"太师"品牌月饼始创于1958年，当时商业部门成立了国营大庸县糕点厂，时任厂长刘坤富，对月饼情有独钟，他组织技术骨干对原有"洗沙"月饼生产工艺、配方进行改进，创出了香甜可口、酥软、沙脆、色香味俱全的月饼，并取名为"太师月饼"。

"太师"品牌月饼创立后生产销售逐年上升；1985年在政府大力支持下，投入100万元对大庸糕点厂进行异地改造，投入10万元购置"太师"月饼生产烤炉等机械，以扩大生产规模。1989年糕点厂更名为永定区食品厂，1990年更名为张家界食品厂。1995年，张家界食品厂报请国家工商总局批准注册了"太师"商标，获得了"太师"品牌的专利权。

2006年，张家界食品厂实行改制，出让厂房及一些无形资产。厂里下岗职工张建平以5万元投标购买了"太师"商标，后经协商将"太师"商标的使用权纳入张家界永定食品厂，生产经营由双方共同管理。经过多年的努力，现在"太师"月饼的年销售已达320万元，利税近10万元，取得了良好的经济和社会效益。

"太师"月饼的生产技艺是几代太师人在漫长的生产过程中不断地总结摸索出来的。从选料—材料加工—造皮—拌料—包馅—造型—烘烤—包装等，每一道工序都是全手工制作。月饼象征团圆，是传统文化的重要组成部分。"太师"月饼如今已经成为张家界的标志性产品，极大地实现了中秋文化、月饼文化、美食文化、民俗文化的完美结合。

多年来张家界永定食品厂始终注重品牌建设，不断提高产品的质量、培养技术人才，努力服务社会，精心打造"太师"月饼及"丛林"食品品牌，先后多次获得重合同守信用单位、食品安全生产先进单位、优秀民营企业称号、张家界市食品生产龙头企业、市十佳企业等荣誉。🔲

（陆嘉琪）

湖南省『中华老字号』『湖南老字号』名录

老字号是一种自信，

娓娓道来的老字号故事，彰显的是文化自信。

匠心独运、巧夺天工的老字号，

在时空隧道里闪耀着不灭的光芒。

『一万年太久，只争朝夕。』

老字号在助力实现中国梦的征途上，

弥久恒新，再创辉煌！

第一批"中华老字号"名录

企业名称	品牌名称
长沙饮食集团长沙火宫殿有限公司	火宫殿
长沙饮食集团长沙玉楼东有限公司	玉楼东
长沙饮食集团长沙又一村有限公司	又一村
长沙饮食集团杨裕兴有限公司	杨裕兴
长沙市九如斋食品开发有限公司	九如斋
九芝堂股份有限公司	九芝堂
长沙市凯旋门摄影有限责任公司	凯旋门
长沙玉和酿造有限公司	玉和
湖南省老杨明远眼镜有限公司	老杨明远
常德市清真第一春餐饮有限公司	第一春
衡阳市杨裕兴实业有限公司	杨裕兴
沅江億昌食品有限公司	億昌

第二批"中华老字号"名录

企业名称	品牌名称
长沙饮食集团长沙银苑有限公司	银 苑
湖南龙牌酱油集团有限公司	龙
长沙市德茂隆食品工贸有限公司	德茂隆
长沙甘长顺面食有限公司	甘长顺
长沙市黄春和实业有限公司	黄春和
湖南省湘绣研究所	金彩霞
湖南省浏阳金生花炮有限公司	金 生
长沙沃华经贸有限公司	三吉斋

第一批"湖南老字号"名录

企业名称	品牌名称
湖南武陵酒有限公司	武陵酒
湖南德山酒业营销有限公司	德山酒
益阳市修山钟氏面业有限公司	羞山官厅
湖南省白沙溪茶厂股份有限公司	白沙溪
湖南省十三村食品有限公司	十三村酱菜
湖南省安化县晋丰厚茶行有限公司	晋丰厚
湖南皇爷食品有限公司	张新发
湖南莎丽袜业股份有限公司	"达"字牌
长沙新华楼餐饮有限公司	新华楼
长沙金大茂实业发展有限公司	吴大茂
湖南蜜蜂哥哥蜂业有限公司	蜜蜂哥哥
桃源县佳奇食品有限责任公司	桃花源牌桂花糕

第二批"湖南老字号"名录

企业名称	品牌名称
长沙饮食集团有限公司	双燕楼
金杯电工衡阳电缆有限公司	金杯
长沙市沙利文食品厂	沙利文
长沙饮食集团有限公司	向群
长沙凯雪粮油食品有限公司	凯雪牌
汉寿县春华轩餐饮服务有限公司	春华轩
安乡县雨花天大酒店	雨花天
南洲酒业公司	南洲
津市市刘聋子粉馆	刘聋子牛肉粉
湖南锦江泉酒业股份有限公司	锦江泉
徐长兴烤鸭店	徐长兴
湖南海旭实业集团有限公司	海旭

第三批"湖南老字号"名录

企业名称	品牌名称
湖南养天和大药房企业集团有限公司	养天和
长沙市南京美发美容有限公司	南京美发
长沙和记餐饮有限责任公司	湘楚和记
长沙市开福区马复胜食品店	马复胜
长沙福枝春餐饮管理有限公司	福枝春
长沙泥人刘陶艺有限公司	泥人刘
湖南省富兴窑陶艺文化传播有限公司	富兴窑
长沙县金井茶厂	金井茶叶
长沙开福区湘女绣庄	湘女绣庄
湖南省南一门南北特食品有限公司	南一门
益阳茶厂有限公司	湘益茯茶
益阳市舞凤山文化发展有限公司	舞凤山石砚
益阳市青松食品有限公司	青松皮蛋
益阳世林食品有限公司	林结巴
安化县永泰福茶号	永泰福
益阳市福星食品有限公司	有成斋
湖南省古洞春茶业有限公司	古洞春

续表

企业名称	品牌名称
常德市义哥食品有限责任公司	义哥清真牛肉
桃源县洞仙餐饮服务有限公司	洞仙酒家
石门县泰和茶叶专业合作社	泰和合
汨罗市长乐甜酒产销专业合作社	长乐街甜酒
汨罗市九子龙屈原龙舟有限公司	罗江龙
湖南屈原酒业有限公司	"屈原"牌白酒
岳阳县芭蕉扇业有限责任公司	岳州扇
衡阳恒飞电缆有限责任公司	恒飞电缆
衡阳市南北特食品有限公司	"石鼓牌"酥薄月
湖南省鼎谷一酒业有限公司	"湖之"牌湖之酒
衡阳市怡和实业发展有限公司	"谋彩"牌湖之酒
湘潭市雨湖区东昇饺饵店	东昇饺饵
湘潭光霁中医医院	刘光霁黑药
涟源市富田桥游浆豆制品行业协会	富田桥豆腐
双峰县永丰辣酱行业协会	永丰辣酱
娄底市娄星区青云阁笔庄	青云阁
湖南湘春农业科技开发有限公司	湘春蕨菜
永州市异蛇科技实业有限公司	裕顺和异蛇酒
张家界惊梦酒业食品有限责任公司	百根冰
凤凰县文荣昌银号	文荣昌

第四批"湖南老字号"名录

企业名称	品牌名称
浏阳市德胜斋食品厂	德胜斋
湖南锦德商贸服务有限公司	国际眼镜
湖南省南一门南北特食品有限公司	南北特
长沙市湘绣研究所	再红湘绣（罗氏绣庄）
长沙青竹湖湘绣有限公司	青竹湖绣庄（袁氏绣纺）
长沙市新沙宾馆有限公司	新沙池
株洲百货股份有限公司	株百（株洲百货大楼）
株洲千金药业股份有限公司	千金（株洲市中药厂）
湖南醴陵红官窑瓷业有限公司	红官窑（湖南瓷业公司）
湘潭县易俗河镇国药店大药号	易俗河国药店（湘潭县药材公司）
湖南雁峰酒业有限公司	回雁峰
衡阳湘国投商业管理有限公司	雁城宾馆（衡阳市交际处）
湖南九市生态农业有限公司	湘南意旺（台源乌莲）
衡阳市波哥农场食品有限公司	咂嘴咂舌（鸡萝卜）
岳阳巴陵全鱼席餐饮有限公司	巴陵全鱼席
湖南省义丰祥实业有限公司	义丰祥
湖南王饺儿食品有限公司	王饺儿

续表

企业名称	品牌名称
湖南谢老头食品有限公司	谢老头
湖南福千府生物科技有限公司	福千府
桃源县兴隆米业科技开发有限公司	钱缘
常德市剪家溪豆制品有限公司	剪家溪
安化百年茂记茶业有限公司	百年茂记
白溪豆腐组织协会	白溪豆腐
涟源市曾泰顺游浆豆腐有限公司	曾泰顺
郴州市大布江拼布绣有限公司	大布江拼布绣
郴州赵子龙酒业有限公司	赵子龙
临武县湘菲编织工艺品有限公司	舜菲（临武龙须草席）
嘉禾县倒缸酒厂	倒缸
湖南湘窖酒业有限公司	邵阳大曲
隆回县滩头镇星琳纸文化有限公司	高腊梅
湖南呱呱叫食品有限公司	小塘麻鸭
湘西弘湘醋业有限责任公司	河溪
湖南英妹子茶业科技有限公司	英妹子（德明茶铺）
龙山县刘大姐土家特色食品有限公司	洗车河
张家界永定食品厂	太师